KB091186

욕망에 대하여

인문학 공동연구 총서

욕망에 대하여

2024년 6월 14일 초판 1쇄 인쇄
2024년 6월 28일 초판 1쇄 발행

엮음 서울대학교 인문대학
편집 이근영·한소영
디자인 김진운
본문조판 민들레

펴낸이 윤철호
펴낸곳 ㈜사회평론아카데미
등록번호 2013-000247(2013년 8월 23일)
전화 02-326-1545
팩스 02-326-1626
주소 03993 서울특별시 마포구 월드컵북로6길 56
이메일 academy@sapyoung.com
홈페이지 www.sapyoung.com

일러두기
· 단행본이나 논문집 등은 『 』, 단행본에 실린 단편이나 논문, 기사, 영화 제목 등은 「 」,
  회화 작품의 제목은 〈 〉, 화집이나 화첩은 《 》로 표기했다.

욕망에 대하여

서울대학교 인문대학 엮음

사회평론아카데미

욕망은 인간 그 자체이다. 인간의 오욕, 즉 재욕, 색욕, 식욕, 명예욕, 수면욕은 삶의 원동력이자 누구에겐가는 삶의 의미일 수 있다. 그렇지만 식욕이 과해도 부족해도 문제이듯 인간의 욕망은 절제의 대상이고, 욕망의 절제는 인간이 자신과의 부단한 싸움을 통해 도달하고 유지할 수 있는 경지이기도 하다. 따라서 인간의 욕망은 인류의 역사와 함께 해온 인간의 영원한 화두이자 인문학의 주제이다.

서울대학교 인문대학은 2019년부터 매년 이 시대의 화두를 한 가지 선정하여 심포지엄을 개최하고 있다. 2019년에 '인간을 다시 묻는다'라는 주제로 제1회 심포지엄을 개최한 이후, 2020년에는 '팬데믹 넘어, 대학의 미래를 묻다', 2021년에는 '문화의 유통, 그 과정과 변이', 2022년에는 '나이듦에 대하여'라는 주제로 심포지엄을 개최하였다. 작년에는 '인간의 욕망'이라는 다소 도발적인 주제를 선정하여 인간 본성의 심연을 다양한 관점에서 해부함으로써 어느덧 우리 대학의 전통이 되고 있는 인문대학 심포지엄을 인문학의 향연으로 발전시켰는데, 이 책에는 이 심포지엄에서 발표한 글 열세 편을 담고 있다.

욕망은 인간이면 누구도 피해 가지 못하고 결국 마주 설 수밖에 없는 가장 본질적인 문제이기 때문에 동서와 고금을 막론하고 가장 사랑받는 문학과 예술의 주제이기도 하고 철학적 사유의 대상이기도 하다. 그렇지만 욕망은 오랫동안 부정적인 함의를 갖고 있어서 겉으로 드러내지 않는 것을 미덕으로 여겼다. 그러나 개인의 자유가 대폭 신장되고 자유 시장주의가 발달하면서 현대 사회에서 욕망은 족쇄가 풀린 것처럼 다양한 양상으로 분출되고 있어서, 욕망을 바라보는 우리의 관점에도 큰 변화가 감지되고 있다. 자연 과학과 기술이 고도로 발달한 이 시대에도 인간의 욕망에 대한 성찰은 인문학에서부터 출발할 수밖에 없기 때문에 이 주제를 인문학의 세 축인 문학, 역사, 철학의 관점에서 탐구하는 이 책은 인문학의 존재 이유를 매우 설득력 있게 보여 준다고 생각한다.

이 책에 담긴 열세 편의 글은 시간적으로는 고대부터 현대까지, 공간적으로는 동양과 서양을 포괄하는 다양한 관점에서 인간의 욕망을 조망하고 있다. 옥고를 보내주신 열세 분의 필자와 제5회 인문대학 심포지엄을 기획하고 진행하신 이강재 교수님, 그리고 이 책의 출판을 맡아 주신 윤철호 사회평론아카데미 대표님께 감사 드린다. 그리고 정요근 인문대학 기획부학장님과 사회평론아카데미의 편집자분들을 비롯하여 이 책의 출판을 위해 애쓰신 모든 분들께도 깊은 감사의 마음을 전한다. 아무쪼록 이 책이 다양한 욕망과 함께 살아가는 현대인들에게 자신의 욕망과 삶에 대하여 잠시 되돌아볼 수 있는 여유를 선사할 수 있길 바란다.

2024년 6월
서울대학교 인문대학 학장 강창우

차례

우리는 무엇을 욕망하는가?

이강재

이 책은 2023년 가을에 있었던 인문학 심포지엄 '욕망'의 내용을 수정 보완하여 출판한 것이다. 나는 2022년 인문학 심포지엄 '나이듦'에 발표자로 참여하면서, 사람이 나이를 먹는다는 것, 특히 노년이 되어 가는 삶에 대해 돌아볼 기회가 있었다. 공자는 노년이 되었을 때 재물에 대한 욕심을 경계해야 한다고 말하였다. 나이를 먹어감에 따라 많은 것을 내려놓아야 한다는 것이다. 일종의 체념과 달관의 경지이다. 공자의 말은 역으로 생각하면, 사람이 나이를 먹어도 여전히 무엇인가를 갖고자 하는 욕심이 있다는 말이다. '늙은이가 부리는 욕심'을 뜻하는 '노욕'이라는 단어가 있다. 사람이 나이를 먹어가면서 더욱 욕심이 많아지는 경우가 적지 않다. 일반인들도 그렇지만 유명 정치인 등 사회고위층 인사 역시 마찬가지이다.

욕심이 부정적인 것만은 아니다. 개인의 영달을 위해서 혹은 전체 사회의 발전을 위해 적극적으로 노력하는 것에는 무엇인가 희망이 전제되어야 한다. 욕심이 공적이든 사적이든, 긍정적이든 부정적이든 이를 모두 좀 더 포괄적으로 말한다면 '욕망'이라는 단어로 쓸 수 있을 것이다. 학술적으로 '욕망'이라는 말을 어떻게 정의할 것인지는 다양한 견해가 있고, 이는 우리가 더 논의할 것이다. 나는 일단 단순하게 '누구나 무엇인가를 강하게 혹은 간절하게 바라는 것'으로 정의해 본다.

욕망은 그 자체로 인간 본성이라 할 수 있으며, 구체적인 행동이나 의사 결정 과정에서 중요한 역할을 한다. 욕망은 일상에서 개인의 먹고 마시는 것이나 이성에 대한 욕구로 나타나며 재물에 대한 욕심이나 명예와 권력의 추구 등으로 나타난다. 개인의 욕망은 어떤 행위를 하는 동기를 유발하기도 하고 때로는 만족과 성취감의 근원이 되며 이를 통해 개인은 성장과 발전을 할 수 있게 된다. 그러나 과도한 욕망은 재물에 대한 집착을 낳기도 하고 특정 사람을 장악하려는 부정적 모습을 만들어 내기도 한다. 국내외의 정치적 갈등과 전쟁도 결국 인간의 욕망에서 나온다. 이처럼 욕망은 개인과 사회의 발전에 중요한 원동력이 되지만 반대로 그것이 지나치면 개인과 사회가 어려움에 빠지게 된다.

공적으로 어떤 역할을 수행하기에 능력이 부족함에도 아예 그런 자신의 능력을 생각하지 않는 사람이 있다. 공공의 것을 먼저 생각하지 않고 사적인 욕심만이 넘치는 사람도 있다. 물론 이와 반대로 나이와 관계없이 열정적으로 일하는 분들도 적지 않다. 사적인 욕심보다는 공공의 이익과 발전을 위해 자신이 가진 능력, 전문성을 발휘하면서 지내는 모습이다. 그 속에서 우리는 뭔가 긍정적 기운을 느낄 수 있는데, 이들은 자신만이 아니라 우리 사회를 발전적으로 변화시키기 위해서 헌신적으로 일한다는 인상을 준다.

처음 2023년 인문학 심포지엄의 기획을 맡아달라는 요청을 받았을 때, 무엇을 주제로 할 것인지가 가장 큰 고민이었다. 그러던 중 한 해 전의 심포지엄 내용을 생각하다가 '욕망'을 살펴보자는 생각이 들었다. 서울대 인문대학의 인문학 심포지엄은 한 가지 주제에 대해 인문학 내의 모든 분야가 모여 다양한 시각에서 논의를 해본다는 측면에서 중요한 의미가 있다. '욕망'은 인간을 설명하는 데 없을 수 없고 또 인문학 거의 모든 분야의 연구 주제라는 점에 적절하다고 생각하였다. '욕망'은 오랫동안 문학 작품, 역사적 사건, 철학적 사유, 예술 창작품의 주요한 모티브가 되었고 이는 앞으로도 마찬가지일 것이다.

이 책에 수록된 내용은 정말 다양하고 흥미롭다. 원래의 심포지엄에서는 전공 분야를 고려하여 문학 작품, 역사, 철학 속에 나타난 욕망이라는 세 부분으로 나누어 발표했다. 이런 분류는 편리해 보여도 인위적이고 내용을 정확하게 담고 있다고 볼 수 없다. 인간의 삶은 복잡하여 그것을 문학, 역사, 철학이라고 완전히 분리하여 설명할 수 있는 것이 아니다. 이에 책으로 엮으면서, 주제를 고려하여 세 부분으로 나누었다.

제1부 "욕망의 변주, 소유 혹은 사랑"에는 네 편의 글이 들어 있다. 이 글은 사람이 가진 가장 기본적인 욕망이라고 할 수 있는 '소유'와 '사랑'에 주안점을 두고 있다.

고태우의 「마이카로 향하는 여정: 한국인 자동차 소유 욕망의 전개와 한계」는, 자동차 소유의 욕망을 소재로 현대 사회의 위기 문제를 제기하고 있다. 저자는, 화석에너지를 토대로 만들어진 현대문명은 기후 위기와 생태계 파괴 등으로 파생되는 각종 문제가 일어나고 지구 생태계와 인류 사회가 위협받게 되면서 존립 기반이 흔들리고 있다고 진단한다. 이때 자동차는 화석에너지 체제와 대량생산, 대량소비 사회의 상징이기에, 현대문명의 위기 문제를 성찰하는 데 적절한 대상이 된다는 것이다. 이 글에서 저자는 한국에서의 마이카 소유의 역사와 담론으로 논의를 시작하여, '대량생산-유통-소비-폐기'의 물질대사에 따른 인간의 다른 인간과 자연에 대한 착취와 기후 위기를 일으키는 '자동차 사회'로부터 벗어나기 위하여 나름의 실천적 로드맵을 제시하고 있다.

안재원의 「프쉬케와 쿠피도의 사랑 이야기: 즐거움의 탄생」은, 욕망은 구원의 대상이 아니며, 영혼이 구원의 대상이라고 말한다. 저자는 이것이 육신에 기대어 살아야 하는 영혼에게 욕망이 없으면, 살아도 살아 있는 것이 아니기 때문이라고 주장한다. 그래서 저자는 영혼을 그 자신 밖으로 끌고 나와 자신 안의 '욕망'을 욕망하는 것이 아니라 자신 밖에 있는 '사랑'을 사랑하게 만드는 힘이 사랑이라고 말한다. 이는 숱한 고난과 숱한 방황 속에서 사랑을 향한 백절불굴(百折不屈)의 모습을 보여준 프쉬케가 사랑하는 쿠피도를 향한 마음을 버린 적이 없음에서 알 수 있다. 저자는 여기에서 로마 작가들이 입에 달고 살았다는 "사랑이 모든 것을 이긴다(Amor vincit omnia)"는 말을 가져온다. 그래서 저자는 영혼을 자기 욕망으로부터 끌고 나와 '사랑'을 사랑하고 완성하게 만든 힘이 바로 '사랑'이라고 결론을 내린다.

김정하의 「불가능한 기원: 입양 서사와 친족의 욕망들」은, 입양 서사가 상실의 대상 주위를 도는 욕망의 운동이라고 주장한다. 그래서 저자는 서사의 주체인 입양인의 무의식을 분석하기보다, 입양 서사가 상실이라는 이름의 욕망의 대상 주위를 도는 하나의 활동으로서 작동하는 방식에 주목한다. 그래서 '서치'에 성공해 친어머니라는 친족적 기원을 실제로 만난다 해도, 입양 서사를 이끄는 상실의 대상을 향한 욕망은 회복적으로 충족되지 않는다. 즉, 저자에 따르면 '서치'에 성공해도 입양 서사는 끝나지 않으며, 입양 서사에서 상실은 또 다른 '서치'의 대상을 증식시키면서 그 자체로 하나의 탐구의 대상이 되고 서사적 구도(求道)의 화두가 된다는 것이다.

정길수의 「자유롭지 못한 존재의 욕망: 운영·춘향·초옥의 사랑」은, 한국의 고전소설에 나타난 청춘 남녀의 사랑을 주제로 욕망의 문제를 다루고 있다. 전통적인 애정소설의 기본 구도는 서로의 마음을 확인하고 연인이자 지기(知己)에게 자신의 모든 것을 바치는 것이었다. 그런데 이 글에서 다루는 「운영전」의 궁녀 운영, 「춘향전」의 기생 춘향, 「포의교집」의 초옥은 비천한 신분으로 자유롭지 못한 처지에 놓인 여주인공이 서사의 중심에 놓여 있다는 점에서 문인 수준의 교양을 갖추었으며 상대적으로 자유로운 처지의 상층 여성이 사랑의 주체였던 앞선 시대의 소설과 구별되는 특징을 공유하고 있다. 이 때문에 저자는 세 작품의 여주인공 모두 진실한 마음을 토로하고 사랑의 욕망에 충실했을 뿐이지만 자유롭지 못한 처지였기에 사랑의 '범위'를 넘어서는 당대 사회의 문제를 건드리지 않을 수 없었다고 주장한다. 그래서 이들의 사랑은 모두 기존 체제의 금기를 위반하는 '금지된 사랑'이었으나, 독자들은 이들의 자유로운 사랑과 욕망의 실현을 함께 꿈꾸며 이들의 욕망을 금지한 당대 체제 일반을 회의하고, 인간의 가치를, 체제 너머의 세상을 상상한다는 것이다.

제2부 "욕망이 남긴 삶의 여적"에는 다섯 편의 글이 들어 있다. 조선의 화가 강세황, 소설 속 여우와 귀신, 일본의 무사, 스페인 감독 루이스 부뉴엘의 영화, 소련의 공산당원 등 다양한 형태의 욕망을 통해 인간의 삶과 욕망을 돌아보게 한다.

장진성의 「삼세기영지가의 영예: 강세황의 명예에 대한 열망」은, 1728년에 일어난 역모 사건인 무신란(이인좌의 난)에 친형과 장인이 억울하게 연루되면서 역적 집안의 일원이라는 불명예를 안게 된 강세황의 이야기를 다루고 있다. 이 사건으로 강세황은 평생 벼슬을 할 수 없게 되어 우울증과 좌절감으로 고통받으며 살았다. 그런데 1773년에 영조의 특별 배려로 그는 처음 벼슬을 하게 되고 이후 초고속으로 승진하여 1783년에 기로소에 들어갔다. 기로소는 정2품 이상, 70세 이상의 문신만이 들어갈 수 있는 명예의 전당인데, 강세황은 할아버지 강백년, 아버지 강현에 이어 기로소에 들어감으로써 '삼세기영지가(三世耆英之家)'의 영예를 얻었다. 저자는 강세황이 평생 그를 괴롭혔던 역적의 동생이자 사위라는 불명예에서 벗어나 자신과 집안에 대한 자긍심을 되찾는 과정을 다루고 있다.

김월회의 「소설 『요재지이』에 투영된 여우와 귀신의 심상한 욕망」은, 중국 청대의 소설집 『요재지이(聊齋志異)』 속의 여우-귀신 서사에 나타난 여우와 귀신의 욕망에 투영된 인간의 욕망을 고찰하였다. 저자는 먼저 여우와 귀신의 욕망을 인간의 욕망으로 간주할 수 있는 근거를 살폈고, 『요재지이』의 여우-귀신 서사에 투영된 여우론과 귀신론을 고찰하였다. 이를 통해 여우-귀신 서사에서 도출할 수 있는 욕망은 '보통의 인간'이 품을 법한 '소시민적 평강과 대단원의 추구'임을 확인하였다. 이는 안정되고 편리하며 안녕하며 넉넉한 삶, 금실 좋고 천수를 누리는 대단원의 삶을 욕망함을 말한다. 저자는 이런 모습이 소시민적 욕망과 연관되었다고 보면서 그 함의를 설명하였다.

박수철의 「16세기 일본 무사의 고명이라는 욕망」은, 16세기 일본 사회, 특히 지배층이라 할 무사들이 지닌 욕망과 추구하는 가치를 살펴보았다. 저자는 특히 동서고금에 통용되는 지배층으로서의 핵심 가치인 '명예(honor)'에 대한 욕망이 16

세기 일본 사회 속에서 어떻게 규정되고 발현되고 있었는가 하는 점에 초점을 두었다. 당시 일본의 '명예'는 전쟁터에 나가 이름을 떨치는 것을 의미하는 '고명(高名)'이라는 특색이 있다. 넓은 의미에서 고명은 어느 시대, 어느 지역에나 존재하는 명예의 범주에 속하지만 한국이나 중국과 달리 무사가 지배층인 16세기 일본 사회는 고명이란 독특한 용어를 만들어 냈다. 이 때문에 일본 사회는 과거를 통해 입신양명을 지향하는 한국(조선) 사회와 달리, 공(功)에 입각한 고명 추구가 널리 일반화된 사회로 자리 잡게 되었다는 것이 저자의 설명이다.

임호준의 「루이스 부뉴엘의 영화 속 욕망의 궤적: 프로이트에서 라캉까지」는, 스페인 영화의 대부(代父)라 할 수 있는 루이스 부뉴엘 감독을 다루고 있다. 그는 평생 32편의 영화를 만드는 동안 자신이 초현실주의자가 아닌 적이 없었다고 말했을 정도로 초현실주의 예술가로서의 정체성을 확고하게 가졌던 인물이다. 초현실주의자 부뉴엘의 영화 세계를 관통하는 키워드는 단연 욕망이다. 그런데 그의 영화는 첫 작품 〈안달루시아의 개(Un chien andalou)〉(1929)와 〈황금시대(L'age d'Or)〉(1930)에서 프로이트의 초기 저술을 토대로 무의식의 세계를 탐사하였고, 마지막에 〈자유의 환영(Le fantôme de la liberté)〉(1974)과 〈욕망의 모호한 대상(Cet obscur objet du désir)〉(1977)에서 욕망의 속성에 대한 라캉의 이론을 영화로 재현하며 초현실주의자로서 일관했다. 이 때문에 저자는 정신분석학이 프로이트를 거쳐 자크 라캉에 의해 수정되고 체계화되는 진화를 겪은 것과 마찬가지로 부뉴엘의 영화 또한 정신분석학의 진화된 이론을 담아내고 있다고 지적한다. 또한 이런 점에서 시종일관 무의식에 대한 탐사와 의식 세계의 허위성을 보여주는 데 진력했던 부뉴엘의 영화는 정신분석학 논의를 위한 흥미로운 예를 제공한다고 설명한다.

노경덕의 「스탈린 시대 소련 공산당원의 욕망」은, 소련 역사 연구의 주요 패러다임이 공산당원의 욕망 문제를 어떻게 다른 시각에서 바라보았는지를 다루고 있다. 저자는 이를 다음과 같이 정리하였다. 전체주의론자들은 공산당원의 개성과 개인적 욕망의 존재를 인정하지 않은 채 그들을 중앙당의 이념과 정책을 군중에 주입하고자 작동하는 집단주의적 성향의 사람들로 묘사했다. 반면, 수정주의자들은 개인적 이익 추구를 공산당원의 욕망 리스트 중 윗자리에 놓는 '합리'적 인간들로 바라보았다. 푸코주의자들의 경우, 중앙당의 담론 체계에 대한 당원의 자발적인 수용을 강조하면서, 이들을 자기 파괴적 성찰과 욕망 억제를 통해 사회주의 체제의 이상적 지도자상을 실현하고자 하는 인물들로 규정했다. 마지막으로 신전통주의

자들은 당원의 경력과 일상 속에 남아 있는 전통의 요소를 부각함으로써, 그들이 단순히 근대 산업 사회의 '합리'적 인간도 아니었고, 동시에 공산주의 담론 체계에 종속된 수동적 인간들도 아니었다고 주장했다.

제3부 "욕망으로 철학하기"에는 네 편의 글이 들어 있다. 앞에서 삶의 구체적 모습에 나타난 다양한 욕망을 보았다면 여기는 욕망의 본질에 대해 생각해 볼 수 있는 글이다. 그래서 서양 정치사상사에 보이는 금욕주의, 이성과 욕망을 동전의 양면처럼 보았던 플라톤, 철학의 실용성을 성적 욕망과 함께 논의한 푸코, 공적 욕망과 사적 욕망을 통해 본 공자와 맹자 등에 대한 논의를 통해 인간 본연의 모습으로서의 욕망을 바라보게 만든다.

윤비의 「서양 정치사상사에서 욕망을 바라보는 시각들」은, 금욕주의가 서양 정치사상, 특히 전근대 서양 정치사상에 끼친 영향을 살펴보았다. 저자는 이를 두 가지 주제를 따라가며 짚어보는데, 첫째는 금욕주의의 가장 보편적인 대상인 인간의 욕망, 물질적 욕망을 다루면서 그 아래 자리 잡고 있다고 흔히 여기는 안락과 쾌락에 대한 욕구이다. 둘째는 앎에의 욕망이다. 저자는 계몽사상이 힘을 얻고 19세기를 지나면서 지식과 과학의 진보에 대한 긍정적 생각이 자라났으며 교회의 권위가 쇠퇴하고 학교 교육이 보편화되는 가운데 이 욕망은 더 굳어 졌다고 설파한다. 또한 이 글은 결론에서 금욕주의적 사고의 전통이 오늘날, 특히 한국의 정치를 이해하는 데 있어서 갖는 문제점을 지적하여 현재의 우리를 돌아보게 만든다.

강성훈의 「플라톤과 욕망의 다면성」은, 플라톤이 이성과 욕망을 이분법적으로 구분하고 욕망에 대한 이성의 우위를 주장한 철학자로 알려진 것에 대해 의구심을 표한다. 이 두 가지를 구분하는 것은 플라톤의 진의가 아니라는 말이다. 저자에 의하면, 플라톤은 이성과 욕망이 오히려 동전의 양면과 비슷한 성격을 가지며, 욕망이 언제나 좋음에 대한 믿음이나 지각을 반영한다고 생각했다. 다만, 좋음에 대한 믿음이나 지각이 복잡한 방식으로 형성되고 변화하기 때문에 그에 따른 우리의 욕망도 복잡하고 다면적인 성격을 갖는다는 것이다. 저자는 결국 플라톤에 의할 때 믿음이나 지각 사이의 갈등, 투쟁과 설득 등의 상호 작용이나 외부 영향 등을 거치면서 우리가 어떤 욕망을 갖는지가 바로 우리가 어떤 사람인지를 규정하며, 우리가 좋은 삶을 살지 그렇지 않을지를 결정하게 된다고 설명한다.

도승연의 「푸코 철학의 실용성: 성적 욕망의 계보학을 넘어서」는, "철학의 실용성이 무엇일까"라는 질문이 가능하다면 그것은 경제적이거나 도구적 관점이 아닌 삶을 분투하게 하는 비판적이고도 시학적 가능성일 것이라고 주장한다. 저자는, 흔히 푸코를 근대의 자율적 주체의 허구성을 비판하기 위해 '인간의 죽음'이라는 은유를 활용한 구조주의적 철학자로서, 그리고 억압과 금지로서의 권력을 넘어 생산적 효과에 주목하였던 권력의 이론가로서 알려져 있다고 전제한다. 그러나 저자에 따르면 푸코는 연구 주제가 '지식-권력-윤리'로 수차례 수정되었던 자신의 작업은 언제나 주체의 문제를 위한 것이었음을 강하게 주장해 왔다. 그래서 이 글은 '지식과 권력'의 효과로서 인간의 죽음을 다루었던 철학자 푸코에 관한 통상적 이해와는 거리를 두고, 푸코의 후기라고 구분되는 윤리적 전환, 즉 서구 고대인들의 욕망의 문제에 대한 '자기 배려'의 논의에 집중함으로써 철학의 실용성에 관한 푸코의 대답을 그의 후기 논의 속에서 발견하고자 하였다.

이강재의 「공맹이 사유한 리더의 공적 욕망과 사적 욕망」은, 공맹 사상이 기본적으로 욕망의 절제를 주장하되 모든 일반 사람을 대상으로 욕망을 절제 혹은 억제해야 함을 주장하는 것은 아니라는 전제로 출발한다. 저자는 공맹 사상이 리더들에게 올바른 삶의 길을 제시한 정치사상의 측면이 강하기 때문에, 인간이 누구나 욕망이 있음을 인정하되 리더는 자신의 욕망을 사적인 실현이 아닌 공적인 실현을 목표로 해야 한다고 주장한다. 그래서 이 글에서는 공자와 맹자의 언행을 기록한 『논어』와 『맹자』의 구절을 중심으로 사적 욕망을 어떻게 공적으로 실현할 것인지를 언급한다. 또 공적 욕망과 사적 욕망의 충돌과 관련된 사례를 언급하면서, 현대 사회의 리더는 인간의 욕망을 어떻게 대해야 하는지 언급한다.

우리는 이상의 논의를 통해 인간의 욕망에 대해 함께 생각해 보고, 우리 인간은 어떻게 살아가는 것이 옳은 것인지, 세상은 급변한다고 하지만 그 속에서도 변하지 않는 인간의 가치는 무엇인지에 대해 인문학적 성찰의 시간을 가졌다. 지금 우리는 문명 대전환 시대를 보내고 있다. 인공 지능 AI가 우리의 생활 깊숙한 곳까지 들어와 있는 본격적인 디지털 시대를 살아가고 있다. 인간 중심의 문명은 이제 자연과 인간이 함께 살아가야 하는 생태 문명으로 전환해야 할 시기이다. 인구의 감소는 그동안 팽창 일변도의 삶을 살았던 우리를 돌아보고 축소의 사회를 대비해야 하는 시점이 되었다. 사회 곳곳에서 갈등의 골이 깊어지고 있다. 빈부의 격차에 의한 갈등, 진영 간의 갈등, 남녀 사이의 갈등, 세대 사이의 갈등이 증폭되면서 진정 우리가 행복한 삶을 살아가고 있는지 돌아보게 만든다. 경쟁을 통해 승자가 열매를 독식하며 성장하던 시기가 있었지만,

이제 서로가 양보하고 함께 살아가면서 성숙한 사회를 만들어야 할 시기가 되었다.

바로 여기에 인문학이 더 크게 중시되고 더 열심히 본래의 역할을 해 내야 할 이유가 있다. 인간에 관한 모든 것을 연구하는 학문인 인문학은 그동안 언어, 문학, 역사, 철학이라는 학문 분류에 따라 연구하고 교육을 수행해 왔다. 이 분류는 연구의 대상과 방법에 따른 것으로 장점이 있기는 하지만, 인간을 온전히 살펴보는 데에 장애가 되기도 한다. 최근 다양한 융합이 시도되고 있는 것은 이 때문일 것이다. 어떤 특정한 현상을 다양한 분야의 전공자들이 함께 분석하고 논의해 본다는 것은, 마치 하나의 산을 다양한 방향에서 오르는 것과 같아서 그 합이 모였을 때 진정한 산의 모습을 설명할 수 있다. 이번 심포지엄 '욕망' 역시 그 시도의 하나이다. 급변하는 세상 속에서 모든 것이 달라지고 있다지만, 다양한 각도에서 인간을 설명하려는 인문학의 노력은 앞으로도 지속될 것이다.

1부

욕망의 변주, 소유 혹은 사랑

01

마이카로 향하는 여정[1]

: 한국인 자동차 소유 욕망의 전개와 한계

고태우

자동차는 사람들을 매혹하는 소유와 과시의 대상이자 운전을 통해 만끽하는 자유의 상징이며, 달리는 집이자 음악 감상실의 역할을 하는 욕망이 아로새겨진 기계로서 현대 문명을 대표할 만한 존재이다.[2] 자동차로 상징되는 현대 문명은 화석 에너지를 기반으로 하고 있고, 이 점에서 현재 그 지속 가능성이 크게 의문시되고 있다. 기후 위기와 생물 다양성 급감, 이에 파생되거나 연관되는 식량난과 물 부족, 주거 가능 지역의 축소, 각종 대형 재난의 일상화 등으로 인류 문명이 크게 위협받고 있다. 에너지 차원만 보더라도 우리 앞에는 온실가스를 대량으로 배출하는 화석 에너지 체제를 벗어나야 하는 매우 중차

대한 과제가 다가와 있다.[3]

탈탄소 체제로의 대전환을 위하여 자동차의 동력원을 석유가 아닌 전기와 수소로 바꾸는 작업이 추진되고 있다. 그 전환이 제대로 되려면 전력을 화석 연료가 아닌 재생 에너지로부터 생산하여야 한다. 그러나 석유에 의존하지 않는 새로운 모터를 대체하는 것만으로 불안정한 기후를 안정된 상태로 돌릴 수 있을까? 자동차 대량 생산에 따른 자재와 배터리 확보, 이를 위한 광물 채굴, 도로 유지와 건설을 위한 아스팔트, 시멘트 등 원자재 생산, 주차장 용지 마련과 같은 자원 및 물리 환경의 문제와 함께, 자동차와 연관된 여행 산업 및 자동차의 이동성(mobility)이 촉진하는 대량 생산·대량 소비 체제가 그대로 남아 있다면 지구 생태계와 우리 삶에 가해지는 압박은 계속될 것이다.

따라서 자동차를 현대 문명의 위기 완화와 관련하여 살펴볼 때, 단순히 전기차로의 전환만 논의할 수 없다. 자동차를 생산하고 유통, 폐기하는 과정 전반과 자동차라는 존재를 둘러싼 정책 및 제도, 사회 체계, 자동차 제작 회사로 대변되는 자본의 이해관계, 자동차라는 모빌리티가 연관하는 사회경제적 체제, 자동차에 대한 여러 주체의 인식 등을 폭넓게 검토하고 이에 대한 전환을 모색할 필요가 있는 것이다.

자동차를 둘러싼 여러 측면을 살펴보기 위하여 자동차에 관한 과거 역사를 돌아보고자 한다. 역사적 접근은 어떠한 연원에서 현재 상황이 발생했는지를 검토할 수 있다는 점에서 적절한 방법이 될 수 있다. 자동차 역사의 분석 대상으로는 한국을 설정했다. 식민과 전쟁, 분단을 겪으면서도 한국은 세계적으로 드물게 '압축 성장'을 이룩해 왔고 자동차 산업도 급속하게 발전했다. 그로 인해 자동차 보유가 급증하고 화석 에너지에 의존하는 사회가 되었으며, 2023년 기후변화협약 당사국 총회 기간 기후행동네트워크에 의해 한국이 '오늘의 화석상'을 수상하는 등 국제 사회에서 기후 악당 국가로 지목받고 있다.[4] 왜 이렇게 자동차 소비가 늘고 화석 에너지에 중독되었는지를 비판적으로 분석하는 데 한국이라는 지역은 적절한 대상이 될 수 있다.

그동안 한국의 자동차 역사에 관한 검토는 한국에 자동차가 처음 등장한 20세기 초부터 자동차에 관한 흥미로운 사실을 열거하는 대중서,[5] 자동차 수출 강국으로 발돋움한 역사에 주목하여 자동차 산업의 성장 과정을 정리한 연구,[6] 자동차 기업의 사사(社史) 차원의 연구,[7] 고속도로 등 도로의 발달 과정에서 교통과 자동차를 다룬 연구,[8] 차종과 그 디자인에 주목한 연구[9] 형태로 진행되었다. 산업사, 기업사 또는 문화사로서 연구가 일정하게 추진되었다. 그러나 그간의 연구는 대체로 자동차와 자동차로 상징되는 근대 문명을 긍정하거나, 그것이 배태하는 위험과 지속 불가능성에 대해서는 지적하지 않았다. 현재의 위기 완화를 위한 사고의 전향점을 제공하는 데는 한계가 있다.

이상의 문제의식 아래 이 글은 자동차를 둘러싼 욕망, 그 가운데 특히 한국에서의 자동차 소유 욕망에 집중하고자 한다. 지난 세기 한국은 미군이 남긴 지프를 두드려 자동차를 만들다가, 이제 연간 300만 대 이상을 생산하는 세계 5대 자동차 생산국이 되었다.[10] 이와 함께 국내 자동차 등록 대수는 50년 전 10만 대 수준에서 현재 2,500만 대를 돌파하기에 이르렀다. 자동차 소유는 생산, 소비와 연관되며, 자동차를 둘러싼 각종 제도와 이해관계, 권력관계를 가늠해 볼 수 있는 핵심 사안이다.[11] 이렇게 극적으로 자동차 환경이 변화한 한국 사회에 담긴 자동차 욕망을 들여다보면서 현대 사회의 위기를 생각해 보는 시간을 갖고자 한다.

'마이카 시대'는 언제부터?

〈그림 1-1〉은 한국의 지난 50여 년간 자동차 등록 대수 추이이
다. 자동차 수는 꾸준히 증가해 왔는데, 〈그림 1-1〉에서는 절대
수치가 작아서 잘 안 보이지만 1970년대 후반 급증했다. 1977
년 전년 대비 등록 대수 증가가 25.7%, 1978년 39.7%, 1979년
28.6%로 매우 높은 급증세를 보였다. 그러나 1979년 말에서
1980년대 초까지의 경제 불황으로 자동차 등록 대수 증가율은
한 자릿수로 내려앉았다. 이후 1985년 100만 대를 돌파한 뒤
에는 1986-1989년 이른바 3저 호황에 힘입은 소득 수준의 전
반적인 향상으로, 자동차 등록 대수는 1990년대 전반까지 매
년 20% 전후의 높은 증가율을 보이며 해마다 100만 대 정도씩
늘어나, 1997년에 천만 대를 돌파했다. 1997년 외환위기 직후
1998년 자동차 수가 정체를 보인 것을 예외로 하면, 2000년대
들어서도 자동차 대수 증가율이 매년 2~3%를 기록하여 2014
년 2천만 대를 돌파했고, 2022년 현재 2,500만 대 이상의 자동
차가 한국 내에 등록되어 있다.[12]

　사회 구성원 대다수가 자가용을 구입할 수 있었던 이른바
'마이카 시대'[13]는 언제부터라고 할 수 있을까? 결론부터 이야
기하면 위 〈그림 1-1〉의 그래프 곡선 기울기에서 가늠할 수 있

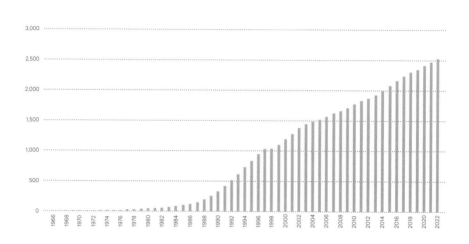

듯이, 대체로 3저 호황을 거쳐 한국인의 전반적인 소득 수준이 향상한 뒤인 1980년대 후반 무렵으로 볼 수 있다. 이 시기부터 이후 차량 등록이 거의 매년 100만 대 가깝게 꾸준히 늘어났다. 사회 구성원 다수가 자동차를 구매할 수 있는 상황이 조성된 것이다.

그런데 한국에서는 1960년대 후반부터 다소 일찍 자가용 소유에 대한 담론이 형성되기 시작했다.[14] 1967년 언론에서는 자가용 운전자 시대, 곧 '마이카 시대'가 멀지 않았다는 보도가 등장했다. 텔레비전과 냉장고가 월부로 판매되고 있고, 자동차 제작 회사가 있어 자동차 양산도 머지않아 진행될 것이며, 서울 시내 자가용이 많이 늘었다는 것이 그 근거였다.[15] 1961년 전국에 2만여 대였던 자동차 수가 1971년에 15만 대로 증가한 점에서 1960년대를 자동차의 시대로 보고, 1960년대 후반에 마이카의 꿈이 실현되었다고 진단하기도 하였다.[16] 그러나 같은 시기에 마이카 시대가 멀었다는 평가도 동시에 등장했다. 한 신문의 논평에서는 "마이카 시대는 먼 꿈나라의 이야기"이라며, 자동차 중심의 서울 도로 개발을 비판하면서 정부 당국에 보행자 위주의 공로행정(公路行政)을 주문하기도 하였다.[17]

한국 사회에 유포되던 자가용 시대, 마이카 시대 담론은 1970년대까지는 현재형으로서보다는 앞으로 다가올 희망이 담긴 미래형의 서사로 보는 것이 타당할 것이다. 1970년대 말에서 1980년대 초 무렵이면 막연하게 모든 사람이 차를 구매할 수 있을 마이카 시대가 다가오리라는 기사가 등장했고,[18] 전국 방방곡곡을 관통할 고속도로, 한국의 자동차 기업이 완전 국산화 자동차를 생산할 수 있을 때 모든 국민의 자가용 소유의 꿈이 활짝 피어날 수 있으리라는 전망이 제시되었다.[19] 그러나 승용자동차는 1950년 「물품세법」이 제정될 당시부터 제2종 갑류에 포함되어 물품가의 30%가 세금으로 부과된 이래, 1976년 12월 「특별소비세법」 제정 이후에도 사치성 소비재로 분류되어 과세 대상이 되었다. 현실에서는 거리를 활보

〈그림 1-2〉 신진자동차의 퍼블리카 광고 (출처: 『京鄕新聞』 1969.6.30. 3면 등)

하는 정부 관리나 일부 계층의 자동차 운전에 대하여 분에 넘치는 소비이며 낭비라고 비난하는 분위기도 있었다.[20] 1970년대 후반 주요 자동차 보유국과 한국의 승용차 보유를 비교하면, 승용차 1대당 인구 비율에서 미국 1.8명, 영국 3.7명, 서독 3.5명, 일본 4.8명이었는데, 한국은 무려 268명이었다.[21] 1978년 『경향신문』이 중견 샐러리맨 150명을 대상으로 조사한 결과, 거의 100% 텔레비전과 냉장고를 보유했지만, 승용차 보유율은 2.7%에 불과했다.[22] 1977년 무렵 승용차 한 대 값이 서울 변두리 서민주택 한 채 값에 해당할 정도인 상황[23]에서 '마이카 시대'는 아직 먼 미래의 일이었다.

1960년대 후반 등장한 '마이카 시대' 담론은 박정희의 1967년 대선 공약으로 시작된 경부고속도로 착공과 맞물리면서 박정희 정권의 '조국 근대화'를 상징하는 이데올로기 역할을 한 것으로 평가할 수 있다.[24] 더불어 〈그림 1-2〉에서 보듯이 마이카 용어는 자동차 회사의 선전, 이윤 추구에 활용되었다. 정부와 기업의 광고, 언론의 보도가 이어지는 과정에서 '마이카'라는 외래어, '마이카 시대'라는 미래형의 용어가 사회적으로 흡수되었다.

앞서도 봤듯이 한국에서의 자가용 구입은 1970년대 후반 급증했고, 서울뿐만 아니라 지방 대도시에서의 수요도 꾸준히 늘어갔다.[25] 그럼에도 1980년대 중반까지 사회 일반의 평가는 아직 자가용 시대가 도래하지 않았다는 것이 일반적이었다. 당시 일반 소득 수준과 승용차의 가격, 유지비를 고려하면, 1980년대 초중반까지 자동차는 아직은 '있으면 좋지만 힘에 겨운 사치품'이라고 말하는 사람들이 많았다. 여기에 도로율과 주차 시설의 미비, 서울 등 대도시 지역 도심의 차량 포화 상태는 일반 대중의 자동차 구매를 망설이게 하였다.[26] 그러나 1980년대 들어 각종 문화 시설이나 편의 시설이 자동차를 소유한 이들에게 유리하게 바뀌어 갔다. 자동차로 등하교하는 학생, 한낮 쇼핑센터 앞에 줄을 이은 운전자의 모습 등에서 보듯이, 사람들 사이에 점차 자동차가 필요하다는 생각이 커지고 있었다. 1980년대 중반 한국에서의 자동차는 "생활필수품과 사치품의 중간쯤에 위치하는 시대"[27], 또는 "동트는 자동차 시대"[28] 정도로 볼 수 있을 것이다.

1990년대는 확실히 마이카의 시대가 열렸다고 할 수 있다. 1994년 여론 조사 기관과 한 언론사가 자동차에 대한 여론 조사를 실시하였다. '자동차가 사치품이냐 필수품이냐'는 물음에 전체의 14.8%가 '사치품'이라고 답했지만, 75.8%는 '생활 필수품'이라고 답했다.[29] 1980년대 중반과 비교할 때 상당한 인식 변화이다. 1980년대 말이 되면 언론보도에서도 "마이카 시대의 문턱을 넘어섰다"라거나,[30] '올 마이카 시대'로 들어서려 한다는 등의 표현이 등장했고,[31] 이 시기에 많은 이들은 자동차가 부의 기준이 아니라 생활의 필수품으로 바뀌었다고 생각했다.[32] 1989년 한 회사의 사례는 자가용 소유의 가속화를 잘 보여준다. 사원 650여 명 규모 지식산업 계통의 어느 회사는 1980년 초 사원들의 자가용 승용차가 3대뿐이었는데, 1989년에는 122대로 10년 만에 40배가 증가하였다.[33] 이러한 몇 가지 사례와 앞 〈그림 1-1〉의 추이를 볼 때, 1980년대 후반 이후 한국은 본격적으로 '마이카 시대'에 접어들었다고 할 수 있다.

방지턱을 넘어서: 일상에서의 자동차 소유 욕망

마이카 시대로 진입하는 여정은 탄탄대로가 아니었다. 마이카 담론을 살펴봤듯이 다수의 사람이 자가용을 소유하는 사회가 되기까지는 수십 년의 세월이 필요했고, 그 소유를 주저하게 만드는 여러 장애물이 존재했다. 자동차 보유와 자동차 사회의 형성 앞에는 방지턱이 여럿 놓여 있었다.

다수가 자가용을 몰기 위해서는 자동차를 구매하기 쉬워야 하고, 자동차 시장에서의 수요와 공급이 원활하게 이뤄져야 한다. 자동차는 통상의 상품보다 고가이고 유지비와 세금 지출이 추가로 필요한 점을 고려할 때 일정한 소득이 뒷받침되어야 비로소 구매할 수 있다.[34] 다른 나라와 마찬가지로 한국에서 자동차 구매는 소득 증가와 밀접한 관련이 있다. 이런 점은 〈표 1-1〉이 잘 보여준다.

〈표 1-1〉을 보면 대체로 1인당 GDP 상승 폭이 커진 시기에 자동차 내수도 함께 상승했던 양상을 확인할 수 있다. 특히 두 시기가 주목되는데, 먼저 1976-1979년은 1인당 GDP 상승 폭이 컸던 시기(2.07배)로, 자동차 내수 판매도 급증(3.38배)하는 양상을 보였다. 다음으로 1985-1995년 사이는 1인당 GDP가 5.07배, 내수 판매가 6.32배로 증가했고, 이 시기가 바로 한국

〈표 1-1〉 1인당 GDP와 한국 자동차 생산 및 판매(1962-2000) (단위: 미국 달러, 대수)

연도	1인당 GDP	1인당 GDP 지수	생산	판매			
				내수	내수 지수	수출	합계
1962	89.9	100	1,777	1,777	100	-	1,777
1963	102.8	114	1,254	1,254	71	-	1,254
1964	106.1	118	249	249	14	-	249
1965	108.1	120	141	141	8	-	141
1966	128.2	143	3,430	3,430	193	-	3,430
1967	145.4	162	6,604	6,592	371	-	6,592
1968	173.6	193	17,657	17,570	989	-	17,570
1969	215.6	240	30,994	27,772	1,563	-	27,772
1970	253.2	282	28,819	22,342	1,257	-	22,342
1971	290.2	323	23,002	20,310	1,143	-	20,310
1972	324.2	361	18,648	17,470	983	-	17,470
1973	406.9	453	26,314	26,210	1,475	-	26,210
1974	563.3	627	30,451	29,280	1,648	-	29,280
1975	617.5	687	37,179	36,953	2,080	31	36,984
1976	834.1	928	49,545	48,123	2,708	1,341	49,464
1977	1,055.9	1,175	85,210	75,195	4,232	9,136	84,331
1978	1,459.4	1,623	158,958	151,838	8,545	26,337	178,175
1979	1,723.1	1,917	204,447	162,512	9,145	31,486	193,998
1980	1,714.1	1,907	123,135	104,474	5,879	25,252	129,726
1981	1,882.8	2,094	133,084	109,691	6,173	26,283	135,974

1982	1,991.4	2,215	162,590	140,624	7,914	20,602	161,226
1983	2,197.8	2,445	221,019	193,788	10,905	25,356	219,144
1984	2,413.1	2,684	265,361	210,094	11,823	52,350	262,444
1985	2,480.9	2,760	378,162	246,282	13,859	123,110	369,392
1986	2,835.2	3,154	601,546	288,251	16,221	306,369	594,620
1987	3,555.3	3,955	979,739	420,048	23,638	546,310	966,358
1988	4,754.5	5,289	1,083,655	523,476	29,458	576,134	1,099,610
1989	5,817.7	6,471	1,129,470	762,959	42,935	356,040	1,118,999
1990	6,608.1	7,351	1,321,630	954,277	53,702	347,100	1,301,377
1991	7,634.4	8,492	1,497,818	1,104,184	62,138	390,362	1,494,546
1992	8,124.7	9,037	1,729,696	1,268,374	71,377	456,155	1,724,529
1993	8,884.3	9,882	2,050,208	1,435,967	80,808	638,557	2,074,524
1994	10,383.1	11,550	2,311,663	1,555,602	87,541	737,943	2,293,545
1995	12,568.5	13,981	2,526,400	1,555,902	87,558	978,688	2,534,590
1996	13,397.6	14,903	2,812,714	1,644,132	92,523	1,210,157	2,854,289
1997	12,400.8	13,794	2,818,275	1,512,935	85,140	1,316,891	2,829,826
1998	8,296.9	9,229	1,954,494	779,905	43,889	1,362,164	2,142,069
1999	10,666.5	11,865	2,843,114	1,273,029	71,639	1,509,660	2,782,689
2000	12,260.8	13,638	3,114,998	1,430,460	80,499	1,676,442	3,106,902

출처: 1인당 GDP 통계는 국가통계포털(https://kosis.kr/index/index.do, 검색 날짜: 2024.2.15), 자동차 생산 및 판매 통계는 한국자동차공업협회·한국자동차공업협동조합 및 한국자동차공업협회(2005), 『한국자동차산업 50년사』 945, 954, 963 참조.
비고: 연도별 1인당 GDP 지수와 내수 지수는 1962년(=100)을 기준으로 하여 산출.

이 자동차 사회로 진입하는 구간이다.

그러나 규모의 경제가 작동하여 자동차의 대량 생산 체제가 확립되는 데까지는 오랜 시간이 필요했다. 한국의 자동차 산업은 부침을 거듭했다. 1960년대 전반에는 자동차 공업 5개년 계획이 발표되었지만, 자동차 산업을 담당할 안정된 기업이 등장하지 않아 자동차 생산에 차질을 빚었다. 〈표 1-1〉에서 보듯이 해당 시기 자동차 판매량도 부진했다. 이후 1970년대 전반까지 연 2만 대 안팎의 생산과 판매량을 보였고, 1974년 정부의 장기자동차공업진흥계획이 확정된 이후부터 기업들의 투자가 이뤄지고 부품 국산화율이 제고되고 현대자동차의 포니 등 소형 승용차가 출시되면서 자동차 생산 및 판매가 급증했다. 그러나 이 시기 기업의 과감한 투자는 과잉·중복 투자의 부작용을 낳았고 1979년 제2차 석유 파동과 함께 경제 불황이 이어지면서 1981년 전두환 정권에 의해 자동차 산업 '합리화 조치'가 단행되었다. 이 과정에서 1980년대 전반까지 자동차 생산과 판매가 부진했다.[35]

이후 1980년대 후반 들어 비로소 한국 자동차 산업의 대량 생산 체제가 확립될 수 있었다. 1986-1988년 낮은 국제 유가와 미국 달러화의 가치 하락, 낮은 국제 금리라는 '3저 호황'을 맞이하며 경제 규모와 소득 수준이 급격히 상승하면서 한국 내

자동차 수요가 늘어날 수 있었다.[36] 미국 달러 가치 하락에 따른 상대적인 엔고(円高) 현상으로 일본 제품의 가격 경쟁력이 하락하면서 자동차를 비롯한 한국 제품이 반사 이익을 거두어 수출이 증가할 수 있었다. 〈표 1-1〉에서 보듯이 1983~1988년 사이에 자동차 생산과 내수 및 수출 판매가 동시에 증가한 것을 확인할 수 있다. 비록 1988년 자동차의 미국 수출이 급락하지만 내수가 계속 늘어나면서 한국은 자동차 사회에 진입했다.

1980년대 후반 자동차 국내 수요가 폭발했던 것은 앞서도 언급했듯이 1인당 GDP 상승에서 찾아야 할 것이다. 1970-1980년대 자동차 가격이 상승했지만, 물가 상승률이나 임금 상승률이 이를 상회하면서 자동차 구매력이 증가했다. 시기별 1인당 국민 총소득과 소형차 가격을 비교하면, 1972년 1인당 국민 총소득이 322달러(약 13만 원)에 뉴코티나 가격이 209만 원으로 소형차 가격이 소득에 약 16배였으나, 1982년 각각 1,927달러(약 141만 원)에 포니II 가격이 347만 원으로 약 2.5배, 이어 1988년에는 4,548달러(약 332만 원)에 엑셀 가격 450만 원으로 1.4배가 되었다.[37] 소득과 자동차 가격의 격차가 빠르게 줄어들었다는 점을 알 수 있다.

안전하지 못한 운전 환경도 자가용 소유에 허들로 작용했을 터이다. 자동차 보급이 한창 진행 중이던 1980년대 후반까

연도	1980	1985	1990	1995	2000	2005	2010	2015	2020
대한민국 사망자 수	51.7	29.5	20.8	8.4	6.5	3.4	2.6	1.9	1.1
1위국 사망자 수	-	-	-	-	10.6 (칠레)	8.6 (칠레)	6.3 (칠레)	4.6 (칠레)	3.3 (칠레)
2위국 사망자 수	13.3 (포르투갈)	8.4 (그리스)	12.7 (리투아니아)	7.5 (리투아니아)	-	4.3 (리투아니아)	-	-	2.7 (멕시코)
미국 사망자 수	3.5	2.6	2.4	2.1	1.9	1.8	1.3	1.3	1.3
일본 사망자 수	2.3	1.9	1.9	1.5	1.2	0.9	0.6	0.5	0.4
전체 국가 중 대한민국 순위	1/25	1/25	1/27	1/30	2/31	4/31	2/31	2/31	4/31

출처: 도로교통공단 교통사고분석시스템(https://taas.koroad.or.kr/, 검색날짜: 2024.3.5.)

지도 "운전수는 사잣밥 지고 다닌다"는 말이 당시 사회에 떠돌 정도로 도로에서의 운전이 위험했고 자동차 사고가 많았다.[38] "운전이란 일종의 생사를 건 모험이며 긴장의 연속"으로 불렸다.[39] '윤화(輪禍)'의 굴레는 상당 기간 지속되었다. 〈표 1-2〉는 지난 1980년부터 최근까지 경제협력개발기구(OECD) 국가 중 자동차 1만 대당 교통사고 사망자 수를 비교한 것이다. 〈표 1-2〉는 편의상 5년 단위의 수치를 표시한 것이라 매년의 수치를 나타내지는 않지만, 한국은 1999년까지 해당 통계치가 있는 OECD 국가 중 줄곧 사망자 수에서 압도적인 1위를 차지했다. 사망자 수는 2000년대 들어 급속히 감소했지만, 여전히 2~4위를 기록하고 있다. 이웃 일본과 비교하면 2010년대 이후에도 사망자 비율이 3~4배 정도 높은 편이다. 안전하지 못한 자동차 운행 문화가 현재까지 지속되고 있다고 하겠다.

마이카 욕망을 실현하기까지에는 여러 장애물과 방지턱이 있었지만, 자동차 소유에 대한 한국 사회의 욕구는 시간이 지날수록 더욱 확산했다. 1970년대의 몇 사례를 살펴보자. 어느 무역 회사의 중견사원 K씨는 매일 아침 출근을 위해 택시에 합승하는 일이 너무 힘들어 퍼블리카[40] 구입을 결심했다. 1970년 가을 "월부로 퍼블리카를 사던 날은 아이들은 물론 부인, 친척들까지 기뻐 날뛰어 집안은 온통 잔칫집" 같았다고 한다. 그의 가족은 주말에 교외로 드라이브를 즐기게 되어 이웃이 부러워하는 마이카족이 되었다.[41] 한 여성은 설악산에 다녀오기 위해 렌터카를 빌렸는데, 렌터카 번호판에 적힌 '대여' 글자를 진흙으로 발라 숨기며 운전했다.[42] 렌터카라도 빌리면서 자가용 소유의 욕구를 일시적이나마 해소하고픈 욕망을 읽을 수 있다.

1977년 현대자동차 창립 10주년 기념행사로 서울에서 열린 자동차 전시회에 보름 동안 17만 명이 참관했다. 회사 측에서 관람객 500여 명을 대상으로 여론 조사한 결과, 70% 가량은 앞으로 3년 이내에 한국에도 마이카 시대가 올 것이며, 국민소득이 1천 달러를 넘으면 내 자동차 가지기가 소망이 될 것이라고 응답했다.[43] 자동차 전시회에 올 정도면 일반 사람들보다 상대적으로 자동차에 관심이 더 많았을 사람들로 볼 수 있지만, 마이카 시대가 곧 찾아올 것이라는 다수의 열망이 한국 사회에 존재했다는 점도 짐작할 수 있다.

한편 1978년 시골에서는 의사가 자동차를 사면 약방 주인도 따라 차를 사고, 이어서 다른 특약대리점 주인들도 덩달아 차를 구매하는 이를테면 '전시(展示) 효과적'인 구매 동기가 작용했다고 한다. 농촌에서도 상류층을 중심으로 자가용 시대의 흐름이 서서히 나타나고 있었다.[44] 이는 소스타인 베블런(Thorstein Veblen)이 일찍이 언급한 과시적 소비 현상이 1970년대 한국에서도 벌어지고 있었음을 보여준다.

자동차 보급이 본격화하기 전까지 자동차는 사치품으로서, 자동차 소유는 상류층 중심으로 '구별짓기'의 수단이 되었다. 1960년대까지 폴크스바겐 소형차를 끌고 다녀도 주변에 과시할 수 있던 시절이었는데, 한국 내 조립 자동차가 양산되면서부터는 "돈 있고 권세 높은 사람들은 신흥 마이카족과 그 신분을 구별하기 위해서 자가용 대형화를" 서둘렀다.[45] 이에 고급·

대형 승용차 수요가 점차 증대되었으며, 연료 소비량이 많고 소형차에 비해 도로를 많이 점유하는 고급·중대형 승용차 사용에 대한 사회 일각의 비판도 있었다.[46]

1980년대 들어 자동차 생산이 증가함에 따라 과시적 소비, 구별짓기 방식과 함께, 남들의 소비를 따라가고자 하는 행위도 확산하였다. 1982년 30대 후반의 섬유 회사 차장은 중고 소형 승용차를 구입하였다. 그는 17평짜리 전세 아파트에 살지만 "집은 없어도 승용차는 있어야 한다"라고 주장하였다. 셋방살이하더라도 '사는 것처럼 살아야 한다'는 것이다. 그의 5인 가족은 휴일이면 서울 근교의 유원지로 나들이를 떠났고, 여름휴가 때 설악산을 거쳐 동해안을 일주하기도 하였다.[47] 자가 주택이 없어도 자가용을 소유하는 것을 '사는 것처럼 산다'고 보는 시각은, 그 자신의 생활 스타일이 반영된 것이면서도 과시적 소비의 일종으로 봐도 좋을 것이다.

자동차를 통해 자신의 지위를 드러내려는 행위도 계속되었다. 1980년대에는 차 안에 무선전화기를 달고, 일본제 카 스테레오와 프랑스제 미슐랭 타이어를 사용하는 이들이 등장했고, 향수와 바닥 깔개도 외제나 고가품을 사용하는 운전자들이 나타났다. 이러한 소비 행태에 대하여 당시 언론은 자동차가 생활의 편의를 위해 타고 다니는 이기(利器)라는 인식보다는 자기 신분을 나타내주는 장식품이라는 인식이 작용한 결과로 보았다. 당시까지도 과시가 지나치고 허세이며 사람들에게 위화감을 불러일으킨다는 시선이 많았다.[48]

서울대 행정대학원 정홍익(鄭弘翼) 교수는 "1970년대만 해도 자동차가 지위의 상징으로 통했지만, 웬만한 가정이면 자가용을 갖게 되면서 경쟁적인 심리가 작용해, 자가용 소유욕을 부채질하게 될 것"이라 전망하였다.[49] 그의 말처럼 주변과 비교하며 자가용 소유가 경쟁이 되는 상황이 1980년대 중반 이후 두드러졌다.

몇 가지 사례를 살펴보자. 회사원 K씨(38세)는 두 아들이 평소 "아빠, 우리는 왜 차가 없어"라고 졸라댔다. 두 아들은 아파트 주차장에 세워둔 남의 차 가운데 자기 마음에 드는 차를 하나씩 '자기 차'로 정하고, 아침저녁으로 '내 차 나갔네' 하면서 차량이 드나드는 것을 체크했다. K씨는 결국 "이러다가 어린 것들 가슴에 못을 박지 않을까" 싶어 조금 무리하면서까지 월부로 새 차를 구입하였다.[50] 한편 월급 60만 원을 받던 ㅁ상사 자재과장 박모씨(39세)는 중학교 1학년과 초등학교 4학년인 두 딸이 있었다. 두 딸은 "친구 집에 모두 있는 자가용이 우리 집만 없어 창피하고 일요일에 차가 없어 가족들이 함께 놀러 가지도 못한다"라며 당장 자가용을 사자고 졸랐다. 박씨는 출퇴근 외에 회사나 개인 일로 이곳저곳 들르는 일이 늘어나고 비싼 택시비 등을 생각할 때 자가용이 필요하다고 느꼈다. 그러나 아내와 가계부를 펴놓고 의논하다 보면 쉽사리 구입하기 어려운 상황이었다.[51]

어느 회사의 40대 부장은 1986년에 구입한 프레스토를 팔고 1989년 쏘나타로 자가용을 바꾸었다. 같은 회사에 쏘나타를 몰고 다니는 신입 직원과 평사원들이 있어서 '자존심'이 상했고, 골프장에 소형차를 타고 오는 사람이 자신밖에 없고, 왠지 골프장 직원들도 소형차를 몰고 온 자신을 얕잡아보는 듯한 기분이 들었기 때문이었다고 한다.[52]

1980년대 일반 대중의 '마이카 붐', 자동차 소유 욕망에 발맞추어 자동차 구입과 등록, 보험, 유지 관리 등 자동차 운행과 관련한 각종 절차를 알려주는 정보가 언론 매체에 등장했다.[53] 이는 자동차에 관한 상식을 넓혀주고 자동차 문화의 정착을 위해서는 필요한 정보 제공 역할을 하였다고 할 수 있는데, 한편에서는 자동차 구매를 더욱 조장하는 역할을 했을 것이다. 자동차 기업들은 1980년대 초 '마이카' 상담실, 안내실을 개설하여 판촉 경쟁을 벌였다. 〈그림 1-3〉의 광고에서 보듯이 서로 경쟁적으로 할부 판매 제도를 도입함으로써 업계에서의 판매 점유율 확보와 이윤 추구에 노력하였다.[54] 이들 기업은 광고비

<그림 1-3> 현대자동차의 신문 광고 (출처: 『京鄕新聞』 1985.6.26. 1면 등)

를 제공하며 언론사의 주요 수입원이 되었다.[55]

여러 장애물에도 불구하고 자동차 소유의 꿈은 차츰차츰 서울에서 지방으로, 도시에서 농촌으로, 한국 사회 곳곳에 자리 잡았다. 그 결과 한국의 자동차 등록 대수는 1985년 백만 대, 1997년에는 천만 대를 돌파하며 완연한 마이카 시대를 맞이하게 되었다.

욕망 발현의 다양한 효과와 사회 생태적 한계

사회문화적·산업적 효과

자동차 소유 욕망이 함께한 자가용 차 중심의 자동차 보급은 사회 전반의 이동성을 증대시켰고 여러 다양한 사회문화적 변화를 일으켰다. 첫째, 자동차 여행의 확장이다. 1969년 경인고속도로와 1970년 경부고속도로의 연이은 개통과 함께 자동차 보급은 여행의 패러다임을 바꾸었다. 철도 여행이 철로를 따라 '선의 관광' 형태로 발달했다면, 자동차는 운전자 의향에 따라 마음대로 목적지를 변경할 수 있는 '면의 관광'을 촉진했다.[56] 1970년대 고속도로 개통과 함께 자가용족들은 고속도로를 이용하여 휴가를 즐겼다. 그러나 이 시기까지 자가용으로 여가를 누리는 행위는 바캉스의 "딜럭스화"[57]라 부를 정도로 상류층에 국한한 일이었다. 그러나 1980년대 들어와서는 자가용 레저가 더욱 대중화하였다. 자동차 수요가 폭발적으로 늘면서 휴일에는 도시를 빠져나온 자동차 행렬이 꼬리를 물고, 서울이나 대도시 근교의 유원지에는 자동차를 세울 자리가 없을 정도로 만원사례를 빚었다.[58]

1980년대 이후 자가운전자가 크게 늘면서 자동차를 이용한 '신세대 바캉스', 캠핑(오토캠핑) 열기가 조성되었다. 1990년대 초에는 주차 및 취사장, 화장실, 샤워장, 전기, 상하수도 시설까지 갖춘 오토캠핑장이 전국에 수십 군데 조성되었다.[59] 또한, 휴가철에 많은 이들이 승용차를 이용하면 '차캉스'라는 새로운 용어도 생겼다.[60]

둘째, 외식 문화의 확대이다. 주말이면 자가용을 이용해 도시를 벗어나 한적한 교외에서 피자, 스테이크 등 양식이나 불고기, 냉면 등 한식을 즐기며 가족이나 친구끼리 정담을 나누는 모습이 정착하였다.[61] 자동차 보급 확대로 이동성이 증가함에 따라 집에서 1~2시간 거리의 교외로 나가는 일이 수월해졌다. 여기에 4~5인 이내의 핵가족화는 자가용 한 대로도 충분히 교외로 이동이 가능한 조건을 만들어 새로운 교외 외식 문화 정착에 배경이 되었다. 외식업소는 도심과 부도심의 값비싼 임대료 부담을 덜고자 주요 간선도로변을 중심으로 들어섰고, 이는 도시의 단조로움에서 잠시나마 벗어나 보려는 소비자들의 욕구와 맞아떨어졌다.[62]

셋째, 쇼핑 문화의 변화이다. 1990년대 들어 서울 등 대도시 외곽 국도변에 창고형 할인매장과 식당, 주차 공간, 유희시설 등을 복합적으로 갖춘 레저형 쇼핑몰이 등장했다. 레저형 쇼핑몰은 소규모 매장, 식음료 매장 및 각종 놀이시설을 갖춘 새로운 개념의 공간으로, "마이카 세대의 이동성과 동시다발적 기호를 겨냥한 새로운 차원의 부동산 투자상품"이 되었다.[63] 자동차 보급으로 도심의 백화점이나 대형 쇼핑센터는 물론, 동네 슈퍼마켓을 들를 때도 승용차를 이용하게 됨으로써, 유통업체에 주차 공간 확보는 필수적인 일이 되었다.[64]

이처럼 자동차 보급으로 인한 이동성의 증대는 여행과 외식, 쇼핑 문화의 변화를 가져왔고, 소비 생활과 자동차의 관계가 견고해지는 양상을 보였다. 한편으로 자동차와 도로 확장 및 건설이 내포하는 이동성의 확장은 이동 시간을 단축함으로써 공간과 공간, 지역과 지역 간 밀도를 높이게 되어 수도권 또는 대도시권 형성에 기본 축이 되었다고 할 수 있다.[65] 한편으로 외식과 쇼핑, 여행에서 자동차 없이는 불가능한 영역이 늘어난 점은 특정 시공간을 특정 계층만이 전유하는 자동차를 둘러싼 불평등의 확산이기도 하였다.

2만여 개의 부품이 필요한 자동차 특성상 자동차 소유 욕망의 실현은 부품산업을 비롯하여 자동차 연관 산업의 발달을 촉진하는 요인이었다. 1968년 서울 서교동에 자동차 거래소가 개설되면서 중고차 시장이 발달하였다.[66] 1979년에는 서울 장안평에 중고차 매매시장이 만들어지면서 60여 개의 자동차 매매 업소, 100여 개의 자동차 장식 전문점, 부품상가가 입점하였다.[67] 1980년대 후반 이후 마이카 시대가 도래하면서 자동차 거래소는 장안평뿐만 아니라 서울 외곽 지대에도 들어서는 등 중고차 시장이 확대되었다.

1965년 사설강습소법이 발표된 이래 늘어나는 자동차 인구에 따른 자동차 운전교습소의 확대,[68] 자동차 증가에 비하면

느린 속도였지만 그 가운데서도 꾸준히 확장되어 간 자동차 정비업소,[69] 1976년 첫 렌터카 회사 설립 이후 비자가용족의 욕구를 충족시켜 간 차량 대여업체,[70] 자가용 소유에 따라 개별 자동차에 대한 인테리어 관심이 높아지면서 확장된 자동차 부품업계,[71] 1981년부터 은행에서 도입되어 패스트푸드점 및 세차장으로 이어진 '드라이브 인' 사업,[72] 자동차 구입 및 손해 배상을 위한 보험업 및 금융서비스 확대 등[73]이 모두 자가용 시대가 도래하면서 성장한 산업 분야라 할 수 있다.

자동차 중심 교통 체계와 사회 생태 비용의 증가

자동차 소유 욕망은 여행과 음식, 쇼핑 등 소비 분야에서의 일상을 바꿨고, 자동차 생산 증가와 더불어 각종 산업 분야의 발달을 불러왔다. 2020년대 현재 삶의 많은 외양적 형태가 1980년대 이후 마이카 시대의 도래와 함께 전개되었다고 할 수도 있다. 자동차 욕망의 실현과 그에 따른 사회문화적, 산업적 변화는 자동차 중심으로 교통 체계가 형성된 역사와 함께한다.

한국의 교통시설 예산은 자동차가 잘 달릴 수 있는 도로 중심으로 편성되었다. 도로와 철도 등 교통 분야의 원활한 확충과 관리, 운용을 위하여 「도로등교통시설특별회계법」[74]이 1993년 12월 제정되어 1994년 1월부터 시행되었다. 이 법률의 제9조에서는 교통세의 각 계정 배분에 관한 사항을 대통령령으로 정하기로 했다. 이에 따라 제정된 「도로등교통시설특별회계법시행령」 제2조에서는 각 계정 간 교통세의 배분을 도로 계정에 1천분의 675, 도시철도 계정에 1천분의 135, 고속철도와 공항 계정에 1천분의 90의 비율로 하고, 나머지 1천분의 100은 예산이 정하는 바에 따라 필요한 계정에 배분하기로 했다. 도로 건설과 정비를 위한 도로 계정에 전체 예산의 67.5%를 사용하기로 규정한 것이다. 이에 반하여 도시철도는 전체의 13.5%에 지나지 않았다. 교통시설특별회계의 대다수를 도로 계정에 배정한다는 것은 결국 도로를 통해 이동하는 교통수단, 곧 자동차 중심의 교통 체계를 구축하겠다는 의미였다.[75]

자동차 중심의 교통 체계는 육교와 지하도, 횡단보도의 관계에서도 살필 수 있다. 서울의 경우 교통난 완화를 중점 정책으로 삼은 김현옥 서울시장이 1966년 취임하면서부터 육교와 지하도가 대량으로 설치되기 시작했다. 보행자 안전과 교통난 완화를 목표로 했지만, 횡단보도가 차량의 멈춤이 필요한 시설이었던 것에 비하여, 육교와 지하도는 보행자가 지하나 공중으로 길을 건너게 하며 차량 운행의 속도를 높이기 위한 것이기 때문에 자동차 중심의 사고가 담긴 시설이었다.[76] 무엇보다 장애인과 노약자, 아기차를 끄는 사람 등 교통 약자에게 육교와 지하도는 통행이 거의 불가능한 공간으로서 보행권을 보장하지 않는 교통시설이었다.

심지어 교통 약자의 보행권을 제약하는 제도가 법령으로 뒷받침되었다. 육교와 지하도 근처에 횡단보도 설치를 금지하는 규칙이 생길 정도였다. 1985년 「도로교통법시행규칙」(내무부령 제426호)이 개정되면서 제9조에 "횡단보도는 육교·지하도 및 다른 횡단보도로부터 200미터 이내에 설치하여서는 아니 된다."라는 문구가 포함되었다. 교통 약자가 이용하기 어려운 육교와 지하도가 설치된 곳 근처에 횡단보도를 설치할 수 없다는 것으로, 교통 약자는 도로를 건너기 위해 다른 횡단보도가 있는 곳까지 멀리 돌아가거나 무단횡단을 해야 하는 상황에 놓이게 되었다.[77] 이 규정은 자동차 수가 급격히 늘어나 교통혼잡이 가중되던 1985년에 자동차 중심의 교통 체계를 뒷받침하기 위하여 마련된 것이라 할 수 있다.

육교와 지하보도, 횡단보도의 관계를 볼 때 보행자가 도로로부터 배제되는 관점은 2000년대 초까지 유지되었다가 이후 완화하였다. 서울시의 경우 지하보도는 1997년 68개에서 2009년 91개로 정점을 찍었다가 점차 줄어서 2019년 80개, 2022년 84개인 상태이다. 보도육교는 1999년 250개, 총 연장 8,822m였는데, 점차 폐지하여 2022년 현재 149개, 총 연장 7,512m가

되었다. 반면 횡단보도는 2003년 1만 9,380개(1km당 2.43개)에서 2021년 3만 7,884개(1km당 4.56개)로 늘어났다.[78]

자동차 소유 욕망의 실현과 자동차 중심 교통 체계는 사회 생태 비용을 증가시켰다. 먼저 자동차의 급증으로 인한 도시 지역의 교통 정체는 도로가 계속 건설되어도 해소되지 않았다. 오히려 도로가 증가함에 따라 교통량 증가도 커지면서 정체 현상이 심해지고 있다. 실제 전국 도로 연장이 1992년 5만 8,847km에서 2021년 11만 3,405km로, 약 20년 사이에 두 배 가까이 증가했고,[79] 같은 기간 서울의 도로 연장은 7,515km에서 8,328km로 늘어났다. 그러나 서울의 승용차 평균 속도는 2013년 시속 26.4km에서 2021년 시속 23.0km로 오히려 느려졌다.[80]

교통사고는 1990년대에도 계속 증가하다가 2000년대 들어 다소 안정화하였다. 교통사고 발생 건수 및 사상자 수는 1996년 사고 건수 26만 5,052건, 사상자 수 36만 8,615명을 기록하였는데, 2000년 각 29만 481건, 43만 7,220명으로 최고에 이르렀다가, 2021년에는 20만 3,130건, 29만 4,524명으로 감소하였다.[79] 그렇지만 매년 20만 건 이상의 사고와, 30만 명을 웃도는 인명피해는 그 자체로 심각한 것이며, 여기에 야생동물의 로드킬까지 포함하면 희생되는 생명은 더욱 늘어난다. 〈표 1-3〉에

〈표 1-3〉 교통 관련 외부비용

연도	도로교통 혼잡비용	교통사고 비용	국가물류비	환경비용	대기오염 비용	온실가스 비용	소음비용
1996	15,920	-	42,378	-	-	-	-
1997	18,539	-	46,546	-	-	-	-
1998	12,193	-	50,244	-	-	-	-
1999	17,113	-	55,178	-	-	-	-
2000	19,448		66,908	-	-	-	-
2001	21,110	-	80,723	-	-	-	-
2002	22,136	8,454	86,616	-	-	-	-
2003	22,769	9,499	88,004	-	-	-	-
2004	23,116	8,799	88,519	-	-	-	-
2005	23,698	8,947	94,641	-	-	-	2,942
2006	24,621	9,449	100,852	16,288	13,287	-	3,001
2007	26,532	10,184	106,090	17,432	13,054	1,273	3,105
2008	26,903	10,630	121,408	20,247	14,378	2,924	2,946
2009	27,706	11,582	116,865	31,975	16,621	12,306	3,048
2010	28,509	12,823	132,855	31,670	14,984	13,527	3,160
2011	29,097	13,059	151,525	29,226	14,043	11,889	3,294
2012	30,315	21,194	149,564	30,755	14,690	12,333	3,732
2013	31,419	21,820	152,037	30,876	14,225	12,835	3,932
2014	32,385	24,136	162,832	33,427	-	15,219	4,121
2015	33,350	25,985	168,033	-	-	-	-

2016	55,860	21,583	160,794	-	-	-	-
2017	59,619	-	164,613	-	-	-	-
2018	67,763	-	177,719	-	-	-	-
2019	70,619	-	186,569	-	-	-	-

출처: 한국교통연구원 교통빅데이터연구본부(2022), 『2021 국가교통통계(국내편)』 283

서 보듯이 교통사고 비용도 대체로 매년 증가 추세에 있다.

〈표 1-3〉에서의 대기오염과 소음, 온실가스 등 환경비용은 그 추계 연도가 몇 년 되지 않고 불안정하지만, 대기오염 비용을 제외하면 해마다 늘어나는 추세다. 대기오염의 경우 지난 세기 산업화 단계부터 최근까지 계속해서 문제가 되었는데, 여기에 자동차는 대기오염 문제의 핵심적인 변수였다.[82] 지금도 석유를 사용하여 생성된 상당량의 오염물질이 자동차 배기관을 통하여 대기로 방출되고 있다.

온실가스 배출은 탈탄소 체제로의 전환에서 핵심 문제인데, 2018년 당시 온실가스 총 배출량 7억 2,760만 톤 CO_2eq 가운데 수송 부문의 배출량은 전체의 13.5%인 9,810만 톤 CO_2eq로, 그 가운데 도로 분야는 수송 부문 내에서 96.5%로, 절대적으로 큰 비중을 차지하고 있다(민간항공 1.6%, 해운 1.0%, 철도 0.3%, 기타 수송 0.5%). 그리고 수송 부문의 온실가스 배출량은 1990년 대비 약 2.8배 증가하였다.[83] 도로를 달리는 자동차는 자기 엔진을 데울 뿐 아니라 지구를 데우고 있다.

이밖에 매년 확장되는 도로와 주차장 건설[84]에 잠식되고 있는 대지는 본래 인간의 주거지와 동식물의 서식지 또는 산림이었고, 그 면적의 축소는 결국 생태계 훼손으로 볼 수 있다.

교통 정체와 교통사고 등 교통 외부비용의 증가와 생태계 훼손과 파괴, 대기오염 및 온실가스 배출 등의 환경비용, 다시 말해 사회 생태 비용은 누가 어떻게 부담할 것인가? 벌써 50년 전 일본의 경제학자 우자와 히로후미(宇沢弘文)는 자동차 보급이 많은 문제를 일으킴에도 끊임없이 증가하는 이유를 자동차 통행에 따른 사회적 자원의 소모와 피해에 대한 대가, 곧 '사회적 비용'을 지급하지 않아도 되는 상황에서 찾았다. 어린아이가 뛰놀고 보행자가 자유롭게 걸었던 길이 자동차 통행을 위해 도로로 바뀌면서 사회에 주는 피해, 도로 건설과 유지에 필요한 재원, 자동차 교통으로 인한 오염물질 배출에 따른 건강 악화와 도시 환경 파괴, 지구온난화에 따른 비용, 너도나도 승용차를 끌고 나와 발생하는 도로 혼잡에 따른 시간 낭비, 여기에 인간과 다른 생명체의 부상과 사망에 따른 비용 등은 자동차 소유주나 운전자가 부담해야 할 비용이지만, 이를 전체 구성원과 나누게 되면서 자동차를 운전하는 이는 갈수록 이익을 얻는 셈이 된다. 우자와 히로후미는 자동차 소유자와 운전자에게 사회 생태 비용을 계산하여 그들에게 부담시킴으로써 사회 생태 비용에 내재한 불평등함을 해소하고자 하였다.[85]

우자와 히로후미와 같은 시기에 이반 도미니크 일리치(Ivan Dominic Illich)는 사회 생태 비용뿐만 아니라 현대 교통이 초래하는 '근본적 독점'의 문제를 지적했다. 그는 자연환경 파괴도 문제이지만, 현대 교통이 일으키는 정신적인 욕구 불만과 생산에서의 비효용성 확대, 권력으로의 부당한 복종 문제가 더욱 심각하다고 보았다. 현대 사회의 많은 이들은 출퇴근에 많은 시간과 에너지를 낭비하고 있다. 현대의 수송 체계는 더욱 빠른 속도를 내도록 바뀌어왔다. 더 빠른 수송 체계의 등장은 직장 내지 작업장과 거주지 사이의 거리를 증대시켰다. 그러나 교통 속도가 빨라지더라도 인구와 자동차 증가 등으로 교통은 혼잡해지고, 출퇴근 시간에 맞추기 위해 일반 시민은 길거리에서 더 많은 시간을 보내고 진을 빼게 되었다. 교통의 속도가 빨라질수록 이동의 총 거리와 총 시간이 증가하는 비합리성이 증대하는 것이다. 또한, 많은 이들은 자동차를 사고 기름값을 벌고 보험료와 세금을 내기 위해 임금의 상당 부분을 들이며, 더 새로운 자동차를 구매하기 위해 다시 그만큼의 임금을 소비하게 된다. 인생의 상당 시간을 자동차 소유와 그 유지를 위해 복무하고 있으며, 자동차 기업의 이윤 추구를 돕고 있다.

이반 일리치는 자동차와 같은 많은 에너지가 필요한 수송 산업에 의존하면서 발생하는 비합리성, 삶과 이동에서의 자율성 상실을 '근본적 독점'이라 불렀다. 그는 자전거와 같이 인간의 자력으로 움직이는 이동 수단을 거론하며 모든 장소가 일부 계급이 독점하지 않고 모두에게 열려 있는 세상, 한 사회의 살림을 인민대중이 직접 참여하는 과정에서 만들어 가는 세상을 지향했다.[86]

두 현자의 문제 제기는 반세기 전 등장한, 오래된 것이지만, '자동차 사회'로 상징되는 화석 에너지 체제와 현대 문명의 위기를 해소하는 데 여전히 유효한 지침이다. 그들의 문제의식을 더욱 설득력 있게 현실화하는 작업이 필요하다. 마지막으로 그 현실화 가능성을 생각해 보기로 한다.

자동차 사회에서 벗어나기 위하여

자동차에 바치는 사랑 없이는 자동차를 소유하려는 뜨거운 욕망 없이는 그 모든 자동차 장려 조치들이 무용지물이었을 것이다.[87] 앞에서 살펴봤듯이 한국의 대다수 사람이 자동차 문을 열고 운전하기까지는 여러 많은 제약이 존재했다. 그럼에도 자동차 소유에 대한 욕망은 대다수 사람에게 공유되어 오늘날 한국에는 2,500만 대 이상의 자동차가 도로를 달리고 대지를 잠식하고 있다.

내연 기관으로 작동하는 자동차를 전기 모터로 작동하는 것으로 모두 바꾸더라도 더 비싸고 커다란 자동차를 살 때 자신의 지위가 향상된다는 믿음, 남들이 구입하니 나도 그 차를 몰아야 한다는 정서가 우리를 지배한다면, 여전히 '자동차 사회'는 굳건하게 유지될 것이다. 자동차와 연관된 대량 생산과 대량 소비가 지속되고, 자동차가 만들어지고 굴러가는 과정에서 발생하는 자원 소모·환경 파괴·인간 및 자연에 대한 착취를 고민하지 않는다면, 탈탄소 체제로의 전환, 나아가 기후·생태 위기라는 커다란 재난을 피하기는 쉽지 않아 보인다.

한국에서는 대체로 1990년대 들어 '자동차 사회'로부터 벗어나야 한다는 목소리가 등장하기 시작했다. 본격적으로 생태주의를 표방한 잡지 『녹색평론』에서는 자동차로 상징되는 근대 문명에 비판적인 볼프강 주커만(Wolfgang Zuckermann), 스기타 사토시(杉田聰) 등 해외 학자의 논의를 소개하면서 자동차 소유를 둘러싼 불평등, 자동차에 관한 사회적 비용의 문제

를 지적했다.[88]

1993년 3월 창립된 시민단체 '녹색교통운동'은 교통에서의 시민권으로서 보행권을 선언하면서 자동차 중심의 교통 체계를 개혁하고 도보와 자전거 등 '녹색교통'을 활성화하여 '사람을 위한 교통의 실현'을 목표로 활동했다.[89] '녹색교통운동'은 생명을 위협하고 환경 오염과 생태계 파괴를 일으키는 자동차의 반환경성을 강조했다.[90] 그리고 자동차 중심 교통 체계를 바꾸기 위해 교통 계획의 최우선 순위에 보행자와 자전거 이용자를 두고, 다음으로 대중교통 이용자, 가장 후순위에 자가용 승용차 이용자를 놓는 발상의 전환을 강조했다.[91] 기관지 『녹색교통』을 통해 그들은 보행권 용어를 확산하고 장애인의 교통권 문제를 환기했으며,[92] 교통 체계에서 자전거로의 수송 강화와 대중교통 체계의 개선을 주장했다.[93] 자동차보험의 제도적 한계를 지적하거나 자동차 이용자에 비용을 부과하는 오염자 부담 원칙을 주장하는 등 구체적인 정책 방향이 제시되기도 하였다.[94]

그러나 1990년대 이후 생태주의의 확산에 따른 자동차 사회에 대한 비판에도 불구하고 한국의 자동차 등록 대수는 매년 기록을 경신했고 도로는 늘어만 갔다. 일반 도보자 및 장애인과 노약자의 보행권을 강조하는 운동이 진전되어 일부 보호 구역과 감속 구간이 도입되었고, 규제 강화와 차량 개량을 통하여 배기가스 오염도가 줄었으며, 고속도로변에 야생동물을 위한 생태 통로가 들어서는 등 일정한 성과가 없지 않았다. 그럼에도 이러한 조치는 자동차로부터의 사고 위험을 줄이거나 오염 피해를 줄인 것일 뿐 자동차 중심의 교통 체계, 자동차 소유와 운전에서 일어나는 불평등 문제를 해소한 것은 아니다. 『녹색평론』과『녹색교통』 등에서 자동차의 반환경성을 강조하고 생각의 전환을 제안했으나, 그러한 제안은 자동차 소유와 운전의 욕망을 바꾸지 못했다. 사회 전반에 이동과 교통의 전환에 대한 인식이 확산하고, 자동차 생활을 대신하여 다수 구성원이 매력을 느낄 만한 대안 체계가 필요하다.

'대량생산-유통-소비-폐기'의 물질대사에 따른 인간의 다른 인간과 자연에 대한 착취, 생태환경 파괴, 기후 변화의 순환고리를 끊어내자면 일정한 로드맵에 따른 실천이 있어야 할 것이다. 먼저 온실가스 배출 억제를 위하여 빠르게 자동차 연료를 재생 에너지 공급에 입각한 전기로 서둘러 바꿔야 할 것이다. 화석 연료로부터 탈피하기 위해서는 화석 연료 생산에 보조금을 지급하지 않고 재생 에너지를 민간이나 지역사회가 쉽게 생산하고 공유, 거래할 수 있는 제도 혁신이 필요하며, 전기 충전 시설을 대대적으로 확충해야 한다.

이를 위한 재원은 우자와 히로후미가 언급한 것처럼 '자동차의 사회 생태 비용'을 내부화하는 것으로 일정하게 충당할 수 있다. 자동차 이용에서 발생하는 사회 생태적 비용, 곧 탄소 배출과 대기오염이라는 생태 비용과 교통 혼잡에 따른 사회적 비용 등을 계산하여 승용차 이용자에게 청구하는 방식이 필요하다. 이와 함께 친환경적 세제로의 개혁이 필요한데, 과세 척도를 노동(소득)보다는 에너지와 자원 소비, 환경에 끼치는 유해성으로 전환하는 방법이 있다. 이로써 소비를 친환경적인 양상으로 유도하면서 지구환경 내에서 지속 가능한 기업의 발전을 촉진할 수 있을 것이다. 친환경 조세로 발생하는 수입은 사회 구성원에게 공평하게 분배하고 위에서 말한 탈탄소 체제를 위한 인프라 조성, 대중교통 확충 자금으로 사용할 필요가 있다.

다음으로 차량 보유량과 차량 운행 수도 줄어야 할 것이다. 대체로 총 시간의 80~90%는 차량이 주차된 시간으로, 총 시간 대비 사용 중인 자동차는 많아야 20%에 불과하다. 그만큼 많은 차량이 필요하지는 않으며, 자동차 운행의 대부분을 자율 주행 시스템에 의한 차량 공유 시스템으로 전환할 필요가 있다. 운전자가 필요 없는 자율 주행 시스템이라면 운전자 임금과 운전 노동자 고용을 위한 업체의 관리비를 감쇄할 수 있으며, 이를 통해 업체의 상업적 이윤 추구 동기를 대폭 줄여 차량을 공유하는 체제로 탈바꿈하는 것이 가능하다. 그리되면 특정 사회의 자동차 보유량도 대폭 감소하고 도로에서 차지하는 자동차 비율이 줄기 때문에 자전거와 대중교통 주행 환경에 한결 여유가 생길 수 있다. 한편, 코로나19 상황이 사람들의 행동과 노동 환경에 준 변화를 경험했듯이, 재택근무를 가능한 만큼 상시화하면 출퇴근 과정의 탄소 배출과 교통 혼잡을 줄일 수 있다. 이 과정에서 개개인은 출퇴근 이동의 부담에서 자유로워지고 직장의 일과 가사, 돌봄노동 사이에서 자율성을 확보하기가 한결 수월해질 수 있다.[95]

자동차의 사회 생태적 비용의 내부화, 전면적인 자동차 공유 시스템 도입이 정착되어 자동차 보유와 소유의 필요성이 줄게 되면, 이반 일리치가 기대한 것처럼 사회의 이동 수단이 자동차가 아닌 도보와 자전거 등 인간 및 생물 친화적인 다른 수단으로 바뀔 가능성이 커진다. 자동차가 줄어드는 만큼 주차와 도로 공간은 재자연화, 녹지화 과정을 거쳐 인간과 비인간 생명체가 공존할 만한 지대(地帶)로 전환하는 작업도 가능할 것이다.

요컨대 자동차 소유로부터 자율성을 확보하는 일은 굳이 내 전기차가 남의 것보다 더 크지 않아도 되고, 나아가 내 차가 없어도 되는 상황에 다다르는 길이 될 수 있을 것이다. 자동차에 대한 집단적 욕망을 대체하는 일은 인간과 여타 생명체가 공존할 수 있는 여러 사회 생태적 파급 효과를 불러올 것이라 기대한다. 이제 마이카로 향하는 여정 앞에는 위기를 그대로 들이받는 파국의 길과 조금 돌아가면서도 지속 가능한 공존의 길, 그 갈림길이 놓여 있다.

02

프쉬케와 쿠피도의 사랑 이야기

: 즐거움의 탄생

안재원

이 글은 "욕망의 구원"[1]에 대한 한 이야기다. '욕망의 구원 가능성'을 설파한 이야기꾼의 생각을 소개하겠다. 이 이야기꾼에 따르면, 욕망은 구원될 수밖에 없다고 한다. 그 이유인 즉, "욕망은 영혼의 달콤한 짝꿍(『변신 이야기』 5권 5장 9절)[3]"이기 때문이라고 한다. 욕망이 사라지면 영혼도 함께 죽을 수밖에 없지만, 영혼은 불사의 존재이기에 욕망도 죽지 않는다는 것이다. 플라톤의 '영혼불멸설'을 바탕으로 깔고서 '욕망도 구원될 수 있다'[4]는 주장을 피력한 이 이야기꾼의 이름은 아풀레이우스(Apuleius, 서기 125~180?)이다. 물론 한국의 독자들에게는 낯선 인물이다.[5] 사실, 이 이야기꾼의 존재감은 그가 활약했

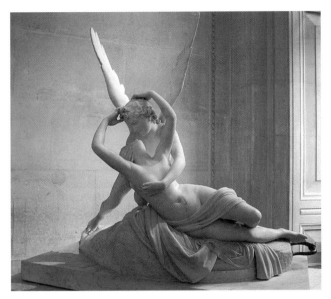

〈그림 2-1〉 안토니오 카노바(1757-1822),
〈사랑의 키스로 되살아난 프쉬케(1787-1793)〉, 파리 루브르 박물관.[2]

던 당시 로마에서도 미미했다. 그럼에도, 그는 고향 마다우루스(Madaurus, 오늘날 알제리의 작은 항구)에서는 꽤 이름이 알려진 저명인사였다.[6] 마다우루스에서 수학한 적이 있는 히포의 아우구스티누스(Augustinus Hipponensis, 서기 354~430)도 '아풀레이우스'라는 이름과 그가 남긴 작품을 『신국론(De Civitate Dei)』에서 언급해 줄 정도였다.

아풀레이우스는 『황금 당나귀』라는 제목의 책들에서 마법의 약을 마시고 사람의 영혼을 유지한 채로 당나귀가 되어 버린 일을 자신이 실제로 겪었다고 밝히듯이, 혹은 지어냈다고 하는데, 이 것들은 거짓이거나 아주 드물게 일어나는 것이므로 제정신이 라면 믿을 수 없는 것이다. (『신국론』 18권 18장)[7]

아우구스티누스가 황당무계한 이야기라고 말하는 이 책이 프쉬케(Psyche)와 쿠피도(Cupido)의 사랑 이야기를 담고 있는 『황금 당나귀』 혹은 『변신 이야기(Metamorphoses)』[8]이다. 『황 금 당나귀』는 그리스의 테살리아 지방에서 마법에 심취한 루 키우스(Lukius)라는 젊은이가 마법의 약을 잘못 마신 탓에 당 나귀가 되어서 1년에 걸쳐서 갖은 고생을 하다가 이집트의 이 시스(Isis) 여신의 구원으로 다시 사람으로 회신(回身)하여 그 여신의 사제가 되었다는 이야기다. 이 이야기 안에 액자 소설 의 형태로 끼어 있는 것이 『프쉬케와 쿠피도의 사랑 이야기』(4 권28장-6권24장)다. "새로운 베누스(Venus nova)"로 칭송될 정 도로 미모(formonsitas)를 타고난 프쉬케가 베누스 여신의 질 투(invidia)를 사 끔찍한 죽음의 절벽 위에서 괴물의 아내로 바 쳐지게 되었다. 이때 남편 쿠피도의 사랑으로 구원받고 더는 바랄 것이 없는 행복한 결혼 생활을 하게 되었다. 하지만 프쉬 케는 질투에 사로잡힌 언니들의 유혹과 술책에 넘어가 남편의 명령과 당부를 저버린 탓에 남편에게서 버림받고 만다. 프쉬케가 남편을 다시 만나기 위해 온 세상을 헤매던 끝에 마침내 시어머니인 베누스 여신의 궁전을 찾아가 시어머니가 내려 준 과제들을 완수하고 당당하게 베누스 여신의 며느리로 인정받는다는 이야기다. 여느 주말 드라마에서 나올 법한 뻔한 이야기이다. 하지만, 이야기는 2천년이 넘게 살아 남았다. 도대체, 어떤 서사의 힘이 이『프쉬케와 쿠피도의 사랑 이야기』에 이런 생명력을 불어넣은 것일까?『변신 이야기』는 원래 "음담패설 (fabula Milesiaca)"[9] 모음집이다. 이런 모음집을 하나의 텍스트로 묶어주는 생명(spiritus)을 불어넣은 힘은 다름 아닌 플라톤 (Platon)의 철학이었다.[10] 아풀레이우스가 플라톤의 대화편들에 대해서 여러 편의 저술을 남긴 것은 유명하고, 이 저술들 중 몇 편은 지금도 전승되고 있다. '영혼불멸'의 생각도 플라톤 철학에게서 영향을 받은 것이었다.[11] 여느 저녁 술자리를 채우는 잡담이 철학의 세례를 받아 지성을 담는 문학으로 상승할 수 있었던 대표적인 사례가 바로『변신 이야기』이다.

프쉬케와 쿠피도의 만남

이 만남의 성격을 이해하기 위해서 먼저 다음을 지적하고자
한다. 이 만남의 당사자들인 프쉬케와 쿠피도, 특히 쿠피도가
실은 플라톤의 『향연(Symposium)』에 등장하는 두 종류의 에로
스(Eros)가운데 하나인 천상의 에로스(Eros Ouranios)라는 점
이 그것이다. 플라톤의 말이다.

> 실은 그 여신이 둘이니까 에로스 역시 둘일 수밖에 없네. 그 여
> 신이 어찌 둘이 아닐 수 있겠나. 분명히 그 중 하나는 더 나이
> 든, 어머니 없는 우라노스의 딸이며, 그래서 그녀를 우리가 천
> 상(우라니아) 아프로디테라는 이름으로 부르네. 다른 하나는 더
> 젊은, 제우스와 디오네의 딸이고, 그래서 그녀를 우리가 범속의
> (판데모스) 아프로디테라고 부르네. 그러니 에로스도 하나는 한
> 쪽 여신과 일하는 자로서 범속의(판데모스) 에로스라고 부르고,
> 다른 하나는 천상의(우라니오스) 에로스라 부르는 것이 옳을 수
> 밖에 없네. (『향연』 180 d-e)[12]

사정이 이와 같다면, '욕망의 구원'이라는 말은 적어도 이
이야기에서는 처음부터 성립하지 않는다. 이미 쿠피도가 천상

의 에로스인 마당에, 감히 어느 누가 누구를 구원할지 말지를 따질 수 있겠는가? 그도 그럴 것이, 이 이야기에 등장하는 천상의 쿠피도는 그야말로 아름답고 착하디 착한 엄마인 베누스의 자랑이었다. 세칭, '엄친아'였다. 날카로운 칼로 머리와 몸을 두 동강 내어 죽여야 할, 사납고 치명적인 독을 품은 사악한 뱀이 아니었다.[13] 사랑하는 프쉬케의 잘못으로 인해 그녀에 대한 사랑을 잃고, 그녀가 떨어뜨린 촛농에 오른쪽 날개에 깊은 상처를 입었지만, 그녀를 잊지 못하고 괴로워하는 순수한 청년이었다. 심지어 그녀가 또 다시 자신의 잘못으로 영원한 잠에 빠져 있을 때에도 그녀를 다시 구원한 존재였다. 금방 사랑에 빠진다는 "금사빠(cupido temerius)"였다는 단점만 빼면 빠질 게 없는 존재였다. 금방 사랑이 식는다는 '금사식'도 아니었다. 어머니와 천상의 재판을 벌여서 사랑을 지켜낸 멋쟁이였기 때문이다. 그렇다면, 구원의 대상은 욕망이 아니라 영혼인 셈이다. 다행스럽게도, 『프쉬케와 쿠피도의 사랑 이야기』는 프쉬케의 행복, 방황, 시련 그리고 구원으로 전개된다. 총 5막이다.[14] 제1막은 죄없는 프쉬케(Psyche innocens: 4권 28장-35장), 제2막 죄지은 프쉬케(Pscyche nocens: 5권 1장-20장), 제3막 방황의 프쉬케(Psyche errans: 5권 21장-6권 7장), 제4막 고난의 프쉬케(Psyche patiens: 6권 8장-21장), 제5막 행복한 프쉬케(Psyche felix: 6권22장-24장)로 이뤄져 있다. 프쉬케를 구원하기 위해서는 우선 프쉬케의 몰락과 고행의 원인을 먼저 알아야 할 텐데, 도대체 그것은 무엇일까? 그리고 그 몰락과 고행의 의미는 무엇일까?

그 원인은 프쉬케의 "불경스러운 호기심(sacrilega curiositas)"[15]이었다. 쿠피도는 그녀를 처음 만나는 순간부터 이를 조심하라고 엄중하게 경고한다. 아풀레이우스의 말이다.

그러나 그는 마찬가지로 다시 경고하고 겁을 주었다. 어떤 일이 있어도 언니들의 해로운 조언에 설득되어 남편의 모습을 보지 말고 불경스러운 호기심으로 말미암아 행운이 가져다 준 행운의 저토록 높은 지복에서 자신을 나락으로 추락시키지 말라고 말이다.(『변신 이야기』5권 6장 6절)[16]

"행운의 저토록 높은 지복(de tanto fortunarum suggestu)"이란 이런 곳이다. 다시 아풀레이우스의 말이다.

없는 것이 없는 곳이다. 다른 휘황찬란한 것들 이외에도 특히 이것이 놀라운 일인데, 사슬도 없고, 빗장도 없으며, 경비도 없지만 온 세상의 보물이 지켜지고 있다는 것이다. 이 모든 것을 지고의 즐거움으로 바라보고 있는 그녀에게 몸이 없는 어떤 목소리가 말하길, "주인님, 무슨 이유로 이런 재물에 놀라서 입을 다물지 못하시나요? 이것들 모두가 당신의 것입니다."(『변신 이야기』 5권 2장 2절)[17]

세상만보(世上萬寶)의 주인이 된 프쉬케. 더는 부러울 게 없는 존재였다. 이런 만보를 쥐고 살게 된 프쉬케. 그런데, 아풀레이우스는 이를 "행복한 감옥(beati carceris)"이라고 부른다. 그녀도 결국은 인간이었기에. 부족한 것이 아무것도 없지만, 뭔가 2% 부족한 존재가 인간이란 존재이기에, 사람들과 이야기를 나눌 수 없다는 것, 특히 사랑하는 사람들과 대화를 나눌 수 없는 조건에서 홀로 외롭게 지내야 한다는 것(tanta solitudine)이 프쉬케에게는 결코 사소한 문제는 아니었다.[18] 하지만, 이 문제도 프쉬케를 몰락과 고행의 길로 떨어뜨린 결정적인 사유는 아니었다. 그것은 바로 자신을 사랑하는 남편이 누군인지, 어떤 모습의 존재인지를 모른다는 점이었다. 작가의 말이다.

즐거움이 끝나고 저녁이 설득하자, 프쉬케는 잠자리로 나갔다. 이윽고 밤이 다가오자 어떤 점잖은 목소리가 그녀의 귓전에 닿

왔다. 그러자 그토록 홀로 지냈기에 자신의 순결을 걱정하면서 떨면서 두려워하였다. 다른 어떤 나쁜 일보다도 '자신이 모른다'는 사실에 더욱 두려워하였다. 누군지 모르는 남편은 곧장 침대에 올랐고 그녀를 자신의 아내로 만들었으며, 날이 밝기 전에 서둘러 떠나버렸다. (『변신이야기』 5권 4장 4절)[19]

예전에 한국에서 유행했던 개그 프로인 「대화가 필요해」의 한 장면을 떠올리는 대목이다. 뭔가를 기대할 수 있는 장면인 것 같지만, 그야말로 허망하게 독자의 기대를 배신하는 장면이다. "남편은 침대에 오르고 아내로 만들었다"는 한마디로 상황을 종료시켜 버린다. '성관계'만 언급될 뿐이다. 어떤 대화도 없다. 물론 대화가 없었던 것은 아니다. 하지만, '호기심'에 빠지지 말라는 정도의 명령만 반복되었을 뿐이다. "나를 알려들지 말고, 나의 모습을 보려 들지 말라"[20]는 경고 이외에 쿠피도는 프쉬케가 궁금해 하는 그 어떤 것도 알려주지 않는다. 이 대목에서, 여러분이라면, 어떻게 할지를 묻고자 한다. 쿠피도의 명령을 따를 것인지 아니면 호기심을 따를 것인지를. 이에 대한 답을 굳이 강요할 필요는 없을 것이다. 누구나 인정하는 선택을 할 것이기 때문이다. 인간이면 본성적으로 그럴 수밖에 없듯이, 우리의 프쉬케는 호기심을 따른다.[21] 물론, 언니들의 설득도 한몫 거들었지만, 그게 그렇게 본질적인 것이 아니다. 물욕에 기반한 언니들의 설득이 프쉬케의 호기심보다 더 근본적인 것은 아니었기 때문이다. 호기심이 저지른 사건의 한복판으로 바로 들어가자.

하지만 불을 밝히자, 침대의 비밀이 분명하게 드러난다. 그녀는 모든 짐승들 가운데에서 가장 부드럽고 가장 달콤한 짐승을 본다. 빼어난 모습으로 잠든 그 쿠피도 자신을, 아름다운 신을 본다. 이 모습에 등잔의 불빛도 또한 좋아서 활짝 타오르고, 불경한 짓을 시도했던 비수도 후회한다. 이 모습에 진실로 프쉬케는 맥이 풀리고 두려움에 떨면서 더 이상은 자신의 마음의 주인 노릇을 하지 못한다. (…) 신적인 얼굴의 아름다움을 보고 또 보는 중에, 정신이 다시 돌아온다. (『변신 이야기』 5권 22장 2절)[22]

이런 대목에서 로마 작가들이 버릇처럼 하는 말이 있다. "hac tenus!",[23] '여기까지만'이라는 뜻이다. 아마도, 프쉬케에게 애정이 있는 독자라면, 이 말을 분명히 할지도 모르겠다. 정신이 되돌아왔을 때, 거기에서 멈추라고 말이다. 프쉬케는 침대 발치에 내려놓은 쿠피도의 활과 화살을 보고 만다.[24] 호기심이 자동적으로, 그러나 제대로 발동하는 순간이다.

만족할 줄 모르는 마음으로 프쉬케는, 물리도록 호기심에 이끌려, 살피고 만져보며 남편의 무기에 감탄한다. 화살통에서 화살 하나를 뽑아내어 화살촉에 엄지를 시험해본다. 하지만 너무도 큰 일을 감행한 탓에 아직도 떨고 있는 손가락을 깊숙하게 찔러버린다. 살갗을 통해서 작고 붉은 방울들이 떨어진다.(『변신 이야기』 5권 23장 1절)[25]

사태는 여기에서 종료되지 않는다. 더 걷잡을 수 없을 정도로 커진다. 프쉬케의 호기심이 보여준 대담함에 이를 함께 지켜보던 촛불도 놀라는데, 이 촛불이 그만 경솔하게 촛농을 사랑스럽게 자고 있던 쿠피도의 오른쪽 날개에 떨어뜨리고 만다. 뜨거움에 놀란 쿠피도가 분노하고 프쉬케를 버리고 자신의 어머니의 집으로 날아가 버리고 만다.[26]

호기심 때문에 모든 것을 한 순간에 잃어버린 프쉬케. 쿠피도를 잃게 된 프쉬케. 이것만큼 더 큰 상실이 있을까? 그런데, 뜻밖의 반전이 일어난다. 쿠피도를 잃었지만, 프쉬케는 아모르(Amor)를 얻게 되기 때문이다. 에둘러 돌아갈 필요가 없을 것이다. 아풀레이우스의 말이다.

자신도 모르게 프쉬케는 자발적으로 사랑을 사랑하게 되었다.

세 가지를 지적하고자 한다. 하나는 아풀레이우스의 서사 전략이 바뀌었다는 것이다. 프쉬케가 욕망하는 대상으로 '욕망'이 아니라 사랑하는 대상으로 '사랑'이 전면적으로 부각되고 있기 때문이다. 다른 하나는 프쉬케가 '사랑'을, 물론 그녀 자신도 모르게 일어난 일이지만 '자발적으로(sponte)' 행하고 있다는 것이다. 쿠피도가 쏜 화살을 맞은 것이 아니라 자신이 직접 화살에 자신의 엄지를 찔러서, 물론 호기심과 두려움 덕분이었지만, '사랑'을 사랑하게 되었다는 점이다.[28] 이와 관련해서, 쿠피도와 프쉬케의 처음 만나는 대목을 떠올릴 필요가 있다. 그 대목에서 프쉬케는 그야말로 쿠피도의 사랑만 받는, 하지만 명령을 따라야 하는, 그래서 '행복한 감옥'에서 갇혀 살아야 하는 영어(囹圄)의 존재였다. 수동적인 존재였다. 지복했고, 부족할 게 없는 그런 생활이었다. 아풀레이우스의 묘사이다.

하지만 겁에 질려 떨고 있는 프쉬케를, 절벽의 정상에서 울고 있는 그녀를 부드럽게 호흡하는 제피로스의 온화한 숨결로 외투가 부풀어 오르고 가슴을 가득 채우고 그녀 자신도 모르게 들어 올려서 그 자신의 고요한 숨결로 평온하게 실어 날라 양쪽으로 우뚝 솟은 절벽 아래에 꽃이 피어 있는 제단의 품에 미끄러지듯이 내려놓았다. (『변신 이야기』 4권 35장 4절)[29]

사랑을 능동적으로 하는 것이 아니라 사랑을 수동적으로 받기만 하는, 다시 말해, 자신이 바라는 것이 자신의 욕망이라는 점을 몰랐던 시기의 쾌락과 만족의 절정을 보여주는 장면이다. 술자리의 잡담에서는 기대할 수 없는, 하지만, 음담의 최고치를 보여주는 광경이기도 하다. 어쨌든, 육욕의 최락(最樂)에 있을 때, 프쉬케는 자신이 사랑하는 것이 자신의 욕망 그 자체였음을 몰랐다. 자신의 욕망 안에 갇힌 존재가 프쉬케였다. 프쉬케처럼, 자신 안에 갇힌 존재가 실은 나르킷수스였다.[30] 그도 자신만을 사랑한 대표적인 인물이다. 오비디우스(Ovidius, 기원전 43년-18년)의 말이다.

사냥에서 얻은 열기와 더위를 식히고자 찾아 헤매다가 숲의 눈인 샘에 도착한다. 수면에 닿기 위해 몸을 엎드린다. 갈증을 푸는 동안 새로운 갈증이 생겨난다. 물을 마시는 중 수면에 떠 있는 거짓 형상에 사로잡힌다. 이룰 수 없는 사랑을 희망하게 된다. 몸이라 생각하나 그림자에 불과한 것을 말이다. 파로스 섬

대리석으로 깎은 조각처럼 빼어난 자신의 얼굴에 시선을 고정한 채 경이에 휩싸인다. 땅바닥에 엎드려 자신의 두 눈을, 자신의 반짝이는 눈동자를, (중략) 자신을 빛나게 하는 모든 것에 경탄하면서. 착각 속에서 자기 자신을 욕망하니, 사랑하는 이가 사랑받는 자이고, 구애하는 이가 구애받는 자이며, 동시에 불타오르고 함께 이글거린다. 얼마나 많은 입맞춤을 수면 위에 헛되이 주었던가, 수면 아래에서 가까이 올라오는 목 줄기를 껴안으려 두 팔을 물 속에 담갔으나 실패한 게 몇 번이었던가! 무엇을 보고 있는지, 그는 모른다. 보여진 것에 의해서 불타오른다. 자신을 속인 착각이 두 눈을 이글거리게 한다." (오비디우스의 『변신 이야기』 3권 413-431행)

오비디우스의 지적대로, "사랑하는 이가 사랑받는 자"임을 알아채지 못한 사람이 나르킷수스였다. 그는 자신만을 사랑했다. 죽음에 이르러서야 마침내 자신이 자신만을 사랑하는 존재라는 사실을 깨닫게 된다. 하지만 너무 늦은 깨달음이었다. 물론 자신을 사랑했다는 점에서는 똑같은 모습을 보였다는 점에서 나르킷수스와 프쉬케는 서로 닮았다. 하지만, 이들 사이에는 근본적으로 다른 점이 하나 있었다. 나르킷수스에게는 없지만, 프쉬케에게는 발견되는 것이 있는데, 그것은 다름 아닌 호기심이었다. 이 호기심 덕분에 프쉬케는 자신의 밖으로 나올 수 있게 된다. 호기심 덕분에 프쉬케는 욕망 밖에 있는 쿠피도를, 즉 '사랑'을 사랑할 수 있게 되었기 때문이다. 이 장면 이후로 "쿠피도(Cupido, 욕망)" 대신에 "아모르(Amor, 사랑)"라는 이름이 자주 사용된다. 마지막은, 자발적으로 자신이 쏜 화살에 자신이 희생자가 됨으로 말미암아 프쉬케가 쿠피도를 잃게 되자, 자신의 잃어버린 사랑을 찾아서 방황과 고행의 여행을 떠나게 되고, 이 여행의 말미에 프쉬케가 마침내 "자기 인식(self-knowledge)"으로 나가게 된다는 것이다. 물론 죽음을 불사해야 하지만 말이다.

프쉬케의 시련과 구원

그러는 동안 프쉬케는 이곳저곳 밤낮으로 자신의 남편의 발자취를 쫓아 헤매었다. 가슴이 편안하지 않으면 않을수록, 비록 그가 화가 나 있지만, 아내의 사랑스러움으로 누그러뜨릴 수 않을까 해서, 적어도 노예들이 하는 간청으로도 그의 분노를 달래지 못하지나 않을까 싶어서 그녀는 그만큼 더 간절해졌다. 높은 산의 정상에 우뚝 서 있는 어떤 신전에서 그녀는 말하길, "내 님

은 어디에? 저기에 살고 있을까?"(『변신 이야기』 6권 1장 1절)[31]

　사랑의 장도(長途)에 오르는 프쉬케의 상황에 대한 아풀레이우스의 말이다. 쿠피도를 찾아서 프쉬케는 온 세상을 헤매고 다녔다. 곡식의 여신인 케레스의 신전을 찾아가기도 하고, 결혼을 담당하는 유노 여신을 찾아가기도 해보았지만, 모든 시도는 물거품이 되고 만다. 끝내 그녀는 그를 찾지 못한다. 자신의 날개가 불타 버렸고, 또한 실연의 상처로 마음이 병이 깊어진 쿠피도는 어머니 베누스의 궁전 깊은 곳에 숨어 버렸기 때문이다. 그러자 프쉬케는 정면 승부를 시도한다. 베누스 여신을 직접 찾아간다. 한편, 프쉬케의 몸에는 쿠피도의 아이가 자라고 있었다. 자신의 손자[32]가 자라고 있다는 사실을 알게 베누스는, 프쉬케를 용서할 수 없는 원수로 보고서, 프쉬케에게 인간적으로 거의 수행 불가능한 미션을 내린다. 한자리에 섞어 놓은 온갖 곡식들을 분리해서 원래처럼 '각득기소(各得其所)'해 놓으라고 명한다. 하지만, 천우신조(天佑神助)로 일개미들이 나타나서 그녀의 첫번째 미션을 깔끔하게 완수한다. 이에 분노한 시어머니는 더 어려운 미션을 부여한다. 황금 양모를 가져오라는 것이었다. 그리스의 영웅들도 간신히 수행한 과업이었다. 하지만 프쉬케는 순박한 갈대의 조언을 얻어 이

미션 또한 문제없이 수행한다. 이에 격노한 베누스 여신은, 신들도 가기 싫어하는 스틱스 강에 가서 신들이 맹세의 증표로 사용하는 "차가운 물(ros rigens)"[33]을 떠오라고 명한다. 이에 절망한 프쉬케는 절벽에서 뛰어내려 죽으려고 마음먹는다. 그런데, 예지의 신이 이를 보게 된다. 그러자 유피테르의 독수리가 나타나서 그녀에게 스틱스의 "차가운 물"을 떠다준다. 이에 진노한 시어머니는 살아 있는 사람이라면 도저히 해낼 수 없는 미션을 부여한다. 이 미션에 성공한 사례는 손꼽을 수 있을 정도다. 헤라클레스, 오디세우스, 아이네이스, 오르페우스 정도의 완력과 지력과 능력과 재주를 가져도 사실 성공할 수 없는 과업이다. 사실 프쉬케에게 그냥 죽으라는 것과 다름없는 명령이었다. 하지만, 프쉬케는 이를 담담하게 받아들인다. 어차피 수행할 수 없는 미션이라면, 차라리 죽는 것이 더 낫다고 생각했고,[34] 어차피, 사랑하는 쿠피도를 만나지 못한다면, 살아도 산 것이 아니므로, 그녀는 잘 되었다고 여겼기에 이 미션을 기꺼이 받아들인다. 그래서 결말은? 그녀는 여러 도움으로 지하 세계 방문을 성공적으로 완수한다. 그 어떤 소란도 없이 말이다. 헤라클레스가 지하 세계를 뒤집어 놓은 것은 유명한 사건이다. 그 어떤 후회도 없이 말이다. 오르페우스도 에우리디케를 끝내 지상으로 데리고 오는 것은 실패했으니 말이다.

하지만, 프쉬케는 어떤 소란도, 어떤 후회도 없이 시어머니가 며느리에게 내린 과제를 성공적으로 완수한다. 하지만, 여기에서 또 다른 반전이 숨어 있다. 시어머니 베누스가 며느리 프쉬케에게 내린 과제는 이런 것이었다. 지하 세계를 다스리는 프로세르피나 여신으로부터 그녀가 가지고 있는 "소량의 아름다움(modicum de tua formonsitate)"**35**를 얻어 작은 보석함에 담아서 되돌아오는 것이었다. 모든 것이 순조롭게 끝났을 것이다. 만약 그녀의 호기심이 방정을 떨지 않았다면 말이다. 지상에 발을 내딛는 순간, 프쉬케에게는 문득 이런 생각이 들었는데, 직접 아풀레이우스의 목소리를 들어보자.

다시 찾은 밝은 빛이 빛나자, 비록 명령을 완수하기 위해서 서둘렀지만, 프쉬케의 마음은 경솔 한 호기심에 붙잡혔다. 그리고 말하길, "저런, 이런 바보! 신적인 아름다움을 담은 보석함을 나르면서, 여기에서 아주 조금만 나를 위해서 쓸 생각을 하지 않다니. 사랑하는 내 님을 기쁘게 해 줄 수 있는데." 이 말과 함께 보석함을 열어 버렸다.(『변신 이야기』 6권 20장 5절-21장 2절)**36**

도대체 무엇이었을까? 아풀레이우스가 말하는 '신적인 아름다움'은 도대체 어떠했을까? 다시 아풀레이우스의 말이다.

거기에는 어떤 것도 없었다. 어떤 아름다움도 없었다. 대신에 죽음의 잠만이, 진실로 스틱스 강의 잠만이 있었을 뿐이다. 뚜껑을 한 번 열자마자 거기에서 뛰쳐나온 잠이 그녀를 덮쳤고 깊은 잠의 검은 구름이 그녀의 온 몸을 덮어 버렸다. 그 발걸음에서 쓰러진 그녀는 그 길의 차지가 되어 버렸다. 미동도 없이 쓰러져 있었고, 그냥 잠자는 시신에 불과했다. (『변신 이야기』 6권 20장 5절-21장 2절)

너무도 허망한 순간이다. 그토록 성실했고, 그토록 용감했으며, 그토록 슬기로운 프쉬케였지만, 한순간의 경솔한 호기심을 못 이기고, 죽음 같은 잠에 덮이고 말았으니 말이다. 지성으로 따지면, 프쉬케는 처음부터 똑똑했고, 현명했으며, 알아야 할 것을 다 알고 있었다. 이는 이 작품의 시작에서 자신이 왜 죽음의 결혼식을 치러야 하는지를 정확히 알고 있다는 점에서 분명하게 확인된다. 그녀의 말이다.

그러니까, 나의 비교할 수 없는 아름다움에 대한 영광스러운 보상이 당신들께는 이런 것들이었군요. 당신들은 사악한 질투로부터 죽음의 일격을 당하셨다는 것을 이제는 아실 거예요. 종족들과 사람들이 신적인 명예를 우리에게 바치면서 한목소리로 나를 '새로운 베누스'라고 인사했을 때, 그때 당신들은 슬퍼해야 했어요. 그때 눈물을 흘리셨어야 했어요. 그때 나를 이미 잃어버린 딸로 보고 애도했어야 했어요. 이제 저는 깨달았어요. 이제 나는 알아요. 나를 파괴한 것이 베누스라는 이름 때문이라는 것을. 저를 데려다 주세요. 운명이 정해준 바위 위에 나를 세우세요. 나는 저 행복한 결혼으로 서둘러 가고 싶어요. 나의 인자한 남편을 얼른 서둘러 만나보고 싶어요. 왜 내가 주저해야 하나요? 온 세상을 파괴하기 위해서 태어난 그를 만나는 것을 내가 왜 머뭇거려야 하나요? (『변신 이야기』 4권 34장 4절)[37]

프쉬케는 뭐 하나 부족함이 없고 뭐 하나 모자란 것이 없는 소녀였다. 이성과 지성, 그리고 미모와 용기를 지닌 존재였다. 천상의 쿠피도의 짝으로 손색이 없는 짝이었다. 그런 그녀임에도, 어찌보면, 아무것도 아닌, 아니 그야말로 별것 아닌 호기심에게는 속절없이 당하고 만다. 한 번이 아니다. 호기심이 발동하는 순간, 여지없이 무너지고 만다. 호기심은 과연 그럴 만한 위력을 지닌 것일까? 이 물음에 대해서 나는 "그렇다"고 생각한다. 신의 명령을 거스르게 만드는 위력을 지닌 것이 실은 호기심이기에. 프쉬케가 이에 대한 방증일 것이다. "분명히 열어 보지 말라는 보석함"[38]을 그녀는 열어 버렸기 때문이다. 사실 궁금하면, 못 견디는 것이 인간의 마음이다. 어떤 면에서 보면, 여러 욕망 가운데에서 가장 높은 곳에 위치한 것이 호기심이다. 가끔은 경솔함으로 말미암아, 선을 넘는 짓도 곧잘 저지르지만 말이다. 그래서 끔직한 대가를 치러야 하지만 말이다. 예컨대 프쉬케가 죽음과 같은 잠에 눌려 산송장이 된 것처럼 말이다.

이것으로 끝일까? 놀라운 반전이 하나 더 기다리고 있다. 다름 아닌, 호기심의 경솔함에 대한 대가는 죽음 같은 잠이었지만, 그 대가로 프쉬케는 아름다움의 실체를 보게 되고 알게 되었다는 점이 바로 그것이다. 프쉬케는 자신을 명예로운 존재로 만들어주고, 쿠피도의 아내로 만들어 준 그 아름다움이 "아무것도 아닌 것(Nec quicquam ibi rerum nec formonsitatis ulla)"임을 알게 되었기 때문이다. 그렇다면, 자신을 이루고 있는 것이 아무것도 아닌 허망한 것에 불과하다는 것을 알게 해준 힘이 실은 호기심일 것이다. 고마운 존재이지만 방정맞고 경솔한 호기심을 그렇다면 도대체 어떻게 해야 할까? 이런 호기심을 다룰 수 있는 혹은 제어할 수 있는 주인 혹은 임자는 과연 있을까? 아마도 없지는 않을 것이다. 다름 아닌 "자기 인식(self-knowledge)"이 바로 그것이다. 아름다움이 무엇인지를 알게 되면, 그것으로부터 벗어나서 구원받게 된다는 것으로 이야기가 매듭지어져도 큰 무리가 없는 서가(序歌)이다. 그런데, 흥미롭게도, 아풀레이우스는 자기 인식의 대가로 죽음과 같은 잠을 제시한다. 따라서, 플라톤이 말하는 '자기 인식'만으로는 뭔가 부족하다. 적어도, 프쉬케에게는 구원은 아니었기 때문이다. 이 지점에서 아풀레이우스는 한 걸음 더 밀고 나간다. 잠이 빠진 프쉬케를 다시 깨어나게 할 구원으로 "사랑"을 제시하기 때문이다. 아풀레이우스의 말이다.

> 한편, 쿠피도의 상처도 이제는 치유되었다. 그의 힘도 다시 돌아왔다. 그는 더 이상 프쉬케로부터 그토록 오랫동안 떨어져 있을 수가 없었다. (…) 최대한의 속도로 프쉬케의 곁으로 뛰어내려갔다. 조심스럽게 잠을 닦아 내고, 그 잠을 원래 있던 상자 안에 놓았다. 자신의 화살 가운데에 하나를 뽑아서 아무런 해가 없는 찌름으로 그녀를 일깨우면서 말하길, "아, 가련하고 불쌍한 이여, 어떻게 너는 이전에 호기심으로 인해서 망했으면서, 또 다시 그랬는가? 하지만 이제 모든 정성을 대해서 나의 어머니가 내려 준 과제를 완성해야 한다. 나머지는 내가 돌볼 것이다. (…)"(『변신 이야기』 6권 21장 3-4절)[39]

『프쉬케와 쿠피도의 사랑』에 대한 이야기는 이렇게 대단원의 막을 내린다. 도대체, 결론적으로. 쿠피도는 프쉬케의 어떤 면이 좋아서 그렇게 바보 같은 프쉬케를 사랑하고, 그녀를 구원했을까? 과연 프쉬케는 천상의 쿠피도의 사랑을 받을 만한 존재였을까? 경솔한 호기심의 잘못을 덮어 줄 만한 뭔가가 프쉬케에게는 있을까? 그것은 다름 아닌 프쉬케의 순수함(simplicitas)이었다. 이는 쿠피도가 그녀를 "가장 순수한 프쉬케(simplicissima Psyche)"**40**라고 부르는 데에서 분명하게 드러난다. 오로지 쿠피도를 향한 사랑의 일념이 바로 그 순수함이다. 이는 그녀가 그를 찾기 위해 온 세상을 방황하고 고행하는 과정에서 아주 오롯이 드러난다. 프쉬케의 꺾이지 않은 불굴의 모습(Psyche invicta)이 말이다. 이는 '겪고 난 뒤에 깨닫는 교훈(πάθει μάθος)'을 전하는 그리스 비극에서는 찾아보기 힘든 면모이다. 어떤 일이 있더라도, 어떤 난관에서도 포기하지 않고 꺾이지 않는 불굴의 순수함이 돋보이는 작품이다. 어느 순간에도 쿠피도를 사랑하는 프쉬케의 마음만큼은 변하지 않았기 때문이다. 오히려 고난이 크면 클수록, 그 순수함은 더욱 빛난다. 앞에서 언급했듯이, "사랑하는 내님을 기쁘게 해"주기 위해서 작동한 호기심도 그 근원은 사랑을 향한 순수함이었다. 이런 순수함을 통해서 프쉬케는 구원받게 된다. 사랑의 화살에 의해서 잠에서 다시 깨어나고 쿠피도와의 행복한 재회의 기쁨을 맞이하게 된다. 날이 가고, 달이 차자, 그녀에게서는 딸이 한 명 태어난다. 그 이름이 "즐거움(Voluptas)"이었다.

단순하고 순수한 사랑

한번 물어보자. 도대체, 프쉬케에게 사랑은 무엇이었을까? 도대체, 어떤 힘을 지닌 것이었기에, 심지어 죽음까지 불사하도록 만들었을까? 작품에서 프쉬케는 끊임없이 자살 시도를 하는데, 이는 아풀레이우스가 스토아 철학자처럼 자살을 미화하고 정당화하기 위함이 아님을 지적하고자 한다. 오히려 그 반대이다. 사랑을 얻기 위해서는 죽음을 각오할 수 있을 정도의 각오와 마음 가짐을 가져야 한다는 것이 아풀레이우스가 프쉬케의 방황과 고난을 통해 오롯이 부각시키려 한 점이었다. 이에 따르면, 사랑에는 어떤 의심과 주저함도 있어서는 안 된다. 이를 잘 보여주는 것이 "단순하고 순수한 마음(simlicissima mens)"이라는 언표이다. 사랑에는 복잡한 지적인 능력이 필요한 것이 아니다. 사랑하는 이에 대한 무한 애정과 불타는 열정과 지울 수 없는 그리움과 사모함, 그리고 죽음을 불사하는 용기가 중요함을 강조하는 이야기가 「프쉬케와 쿠피도의 사랑

이야기」이기 때문이다. 프쉬케가 바라는 것, 즉 그녀의 욕망은 곧 그녀의 사랑이었다. 그 어느 누가 이를 비난하고 반박할 수 있을까? 욕망이 사랑이라는 점을 말이다.

끝으로, 이야기의 시작에서 언급한 욕망의 구원 문제에 대한 내 생각을 밝히는 것으로 이야기를 갈무리하겠다. 복잡다단한 논증이 요구되지만, 핵심은 간단하다. 욕망은 구원의 대상이 아니다. 영혼이 구원의 대상이다. 하지만, 육신에 기대어 살아야 하는 영혼에게 욕망이 없으면, 살아도 살아 있는 것이 아니다. 생명의 활동 자체가 욕망의 작용이기에. 이런 의미에서, 욕망은 달리 어찌해 볼 수 있는 것이 아니다. 생명의 활동 그 자체이기에. 물론, 살아가면서 굳이 구원이 필요하다면, 그것은 영혼일 것이다. 하지만, 그 구원은 이성과 덕성을 통해서 영혼을 달래고 설득하는 정도일 것이다. 따라서 완전한 구원은 아니다. 방정맞은 호기심 때문에. 그 호기심으로 말미암아 끊임없이 방황하고 시행착오를 겪을 수밖에 없는데, 이 대목에서 아풀레이우스의 통찰이 빛난다. 결국은 사랑밖에는 없다는 것이 바로 그것이다. 영혼을 그 자신 밖으로 끌고 나와 자신 안의 '욕망'을 욕망하는 것이 아니라 자신밖에 있는 '사랑'을 사랑하게 만드는 힘이 사랑이기 때문이다. 자기 인식을 가능케 한 것도 실은 사랑이기에 그렇다. 자기 인식만으로는 영혼으로 하여금 '사랑'을 완성하지 못하기에 더욱 그렇다. 그도 그럴 것이, 불굴의 순수함이 함께 해야 하는 것이기 때문이다. 사실, 숱한 고난과 숱한 방황 속에서 프쉬케는 사랑을 향한 백절불굴(百折不屈)의 모습을 여실히 보여준다. 자신이 사랑하는 쿠피도를 향한 마음을 꺾은 적이 없기 때문이다. 죽음을 불사하면서까지 말이다. 로마 작가들이 입에 달고 산 "사랑이 모든 것을 이긴다(Amor vincit omnia)"[41]는 소리가 이 대목에서도 통용되기 때문이다. 영혼을 자기 욕망으로부터 끌고 나와 '사랑'을 사랑하고 완성하게 만든 힘이 바로 '사랑'이기 때문이다. 진정한 즐거움의 참맛과 참멋은 사랑을 통해서만 제대로 느낄 수 있고 제대로 누릴 수 있다는 소리다. 적어도 살아 있는 동안에는 말이다. 사랑하는 한, 방황할 수밖에 없음에도 말이다.

03

불가능한 기원

: 입양 서사와 친족의 욕망들

김정하

해외 입양은 20세기 전쟁의 역사 및 전 세계 양극화와 맞물려 시작되고 이어져 온 친족 구성의 한 형태다. 그 중에서도 20세기 중후반 아시아에서 미국으로의 입양은 한국 전쟁과 베트남 전쟁이라는 냉전의 구체적 사건을 경유해 이뤄진다. 그러나 전쟁 이후로도 한국의 해외 입양은 지속되고 있다. 이른바 '정상 가족' 이외의 형태를 정서적으로 인정하지 않고 행정적으로도 지원하지 않는 한국 사회의 독특성이 그 원인이라 할 수 있다. 이러한 역사적 맥락에서 보면 입양 서사(adoption narrative)는 입양을 소재로 한 사실적·허구적 서사 일반을 지칭하는 것을 넘어서, 불가피하게 시대의 풍경과 모순을 담는 역사

기록학(historiography)의 성격을 갖게 된다.

입양 서사는 대체로 성인이 된 입양인이 친어머니(biological mother)를 찾아 모/이국(m/other country)에 오는 이야기가 그 골자를 이룬다. 서사를 움직이는 주요한 축이 자신을 낳아 준 어머니를 찾는 과정, 즉 입양인들 사이에서 '서치(search)'라 불리는 과정이기 때문에 친족적 기원을 찾고자 하는 욕망이 서사를 움직이는 일차적 동력이 된다. 친족적 원본을 향해 움직이는 입양 서사의 이러한 서사적 욕망은 범인을 찾는 탐정소설의 서사적 긴장에 비유되기도 한다. '그' 어머니와 만났을 때의 극적 상황은 마침내 범인을 밝혀냈을 때의 극적 해소와 통하는 바가 있다. 그러나 과연 '그' 어머니를 찾는 것이 입양 서사의 서사적 종착지일까?

입양 서사와 정신분석학

이 글은 입양 서사가 상실의 대상 주위를 도는 욕망의 운동이라는 점을 살펴보려고 한다. 서사의 주체인 입양인의 무의식을 분석하는 것이 아니라, 입양 서사가 다양한 상실 대상을 탐색하고 회복하고자 하는 욕망의 활동이라는 점에 주목하고자 한다. 이러한 발상은 많은 입양 서사들에서 '그' 어머니를 찾는 것이 (혹은 찾지 못하는 것이) 어떤 문제의 해결이라기보다는 또 다른 시작에 가깝다는 발견에서 비롯되었다. '서치'에 성공해 친어머니라는 친족적 기원을 실제로 만난다 해도, 상실의 대상을 향한 욕망은 충족되지 않는다. 입양 서사에서 상실이라는 이름의 욕망의 대상은 '그' 어머니라는 친족적 원본뿐 아니라 '그' 곳, '그' 유대, 혹은 그 모든 것을 포함하면서도 그것을 넘어서는 일종의 초과(excess)다. 그래서 '서치'에 성공해도 입양 서사는 끝나지 않는다. 입양 서사에서 상실은 또 다른 '서치'의 대상을 증식시키면서 그 자체로 하나의 탐구의 대상이 되고 서사적 구도(求道)의 화두가 된다.

입양 서사를 텍스트의 욕망과 운동이라는 차원에서 접근할 때 경유할 수밖에 없는 것은 프로이트다. 그 중에서도 프로이트적 우울과 오이디푸스 콤플렉스라는 특권적 가족 구조는 입양 서사를 정신분석적으로 독해하는 데 유용한 일차적 렌즈다.

우선, 상실의 주위를 도는 이야기라는 점에서 입양 서사는 프로이트적 의미의 우울 서사다. 프로이트는 『애도와 우울』(1917)에서 이렇게 쓴다. 애도와 우울은 모두 "사랑하는 이의 상실에 대한 반응, 혹은 그 자리를 차지했던 추상체, 예컨대 고국, 자유, 이상 같은 것들의 상실에 대한 반응이다."[1] 시간이 지남에 따라 "현실을 존중하는 가운데" 상실한 대상에 집중되었던 리비도의 방향을 전환하며 "자아를 해방시키는" 애도(244, 246)와 달리, 우울의 상태에 있는 자아의 리비도는 분산되거나 다른 대상을 찾지 않고 자아 속으로 들어온다. 그렇게 떠난 너는 내 안으로 들어온다. 너에게 향해야 할 분노는 나에 대한 징벌로 바뀐다. 그래서 "애도의 경우는 빈곤해지고 공허해지는 것이 세상이지만, 우울의 경우는 바로 자아가 빈곤해진다"(247).

입양 서사는 대개 생모라는 매우 구체적인 상실의 대상을 찾아 나서면서 시작하지만, 그 여정에서 목도하는 상실의 대상은 단일하지 않고 때론 형체가 없이 추상적이다. 생물학적 어머니뿐 아니라 혈연 가족, 모국, 소속감, 본능적(이라 믿어지는) 모성이나 애착과 같은 것들이, 혹은 이 모든 것들을 다 포함하는 그 무엇이 상실이라는 상황으로 주어져 있다. 그러나 모호한 형태로 주어져 있는 상실을 온전히 회복할 수 있는 방법은 없다. 그런 의미에서 입양 서사는 친어머니라는 친족적 기원을 찾는 탐정소설의 플롯을 따르는 것이 아니라, 상실이라는 상형문자를 더듬어 나가는 서투른 고고학자의 일기 같은 것이다. 이 일기에 담긴 이야기는 해소나 종결이 불가능한 시간성 안에서 상실의 주위를 끊임없이 맴도는 우울의 서사 구조를 가진다. 입양 서사를 프로이트적 의미의 우울 서사로 볼 수 있는 첫 번째 이유다.

입양 서사를 프로이트적 우울 서사로 볼 수 있는 이유는 하나 더 있다. 우울자의 자학성이다. 프로이트는 상실의 대상을 향해야 할 분노와 공격성이 자아의 내부로 그 방향을 전환할 때 나타나는 것이 우울자의 자기-학대, 자기-징벌이라고 설명한다. "대상을 향해 발산되었던 적개심이 자아 자신에게로 되돌아 오게 되면, 자아는 자신을 죽일 수도 있다"(256). 구체적인 대상을 향해 발산될 수 없는 상실의 감정이 자아를 공격하는 방식으로 되돌아 오는 자학적 메커니즘은 입양 서사 안에서 다양한 자기-공격의 형태로 나타난다. 자전적 입양 서사에서 빈번하게 언급되는 동료 입양인의 자살은 자기-파괴의 실제적이고 극단적 형태라고 할 수 있다.

입양 서사의 이러한 우울적 구조는 친족적 욕망과 맞물려 움직인다는 점에서, 프로이트를 다시 한 번 다른 방향에서 소환한다. 이번에는 오이디푸스 콤플렉스라는 프레임을 통해서다. 입양 서사는 '그' 어머니라는 친족적 원본만을 향한 것이 아니라 강렬하고 단독적인 유대와 애착의 상징인 어머니라는 형상 주위를 움직인다.

프로이트에게서 인간 주체의 역사는 어머니로부터 시작된

다고 말할 수 있다. 이런 관점에서 보면, 프로이트 주체론의 요체인 오이디푸스 콤플렉스는 아버지라는 형상과의 대결로부터 그와의 동일시로 이어지는 서사가 아니라, 전-오이디푸스 단계에서 아이가 경험하는 어머니에 대한 거대한 애착과 친밀감이 성차의 출현과 더불어 재배치되는 드라마라고 이해할 수 있다. 잘 알려진 바와 같이, 프로이트에 따르면 남자아이는 어머니에 대한 강렬한 애정으로부터 분리되어 아버지(라는 법)와의 동일시를 통해 오이디푸스 콤플렉스를 해소, 통과해 간다. 이 시나리오에 따르면, 어머니로부터 회수된 리비도는 훗날 어머니를 대체하는 대상에 투여될 것이다.

그러나 이성의 부모에게 성애적으로 끌리고 동성의 부모에게 적대하지만 이후 동성의 부모와 동일시하면서 통과한다고 이해되는 오이디푸스 콤플렉스의 구조 안에서, 여자아이가 어머니와 맺는 관계는 모순적인 데다 상처투성이다. 전-오이디푸스 단계에서 여자아이는—남자아이와 마찬가지로—어머니에 대한 환상적 동일시와 유일무이한 애착을 경험한다. 그러나 성차가 들어오는 오이디푸스 단계에 이르러 여자아이는 아버지에 대한 성애적 끌림 속에 어머니와의 적대를 경험하는데, 이때 어머니는 남근을 가지지 못한 결핍의 어머니이기 때문에 이후 동성의 부모와의 동일시를 통해 이 단계를 통과

해 갈 때 여자아이에게는 근본적인 우울과 가학성이 자리 잡게 된다. 절대적인 합일에 가까웠던 전-오이디푸스적 어머니가 상징적 결핍의 오이디푸스적 어머니로 바뀌면서 여자아이가 직면하는 우울은 결핍의 어머니에 대한 비난, 경멸, 질책과 교차한다. 그러나 어머니를 향한 이러한 파괴적 충동은 여성의 공격성에 대한 내재적, 사회적 억압 때문에 여자아이의 내부로 향하게 되기 때문에 여성 주체성은 근본적으로 가학적일 뿐 아니라 우울적이라고 프로이트는 설명한다.[2]

이처럼 우울과 오이디푸스 콤플렉스라는 두 가지의 프로이트 정신분석의 프레임은 입양 서사에 담긴 정신적 심리적 구조를 이해하는 데 중요하고 유용한 해석적 틀로 분명 기능한다. 여성의 가학적 우울이 어머니와의 관계에서 온다는 프로이트의 통찰은 입양 서사를 관통하는 주제 중 하나이기도 하다. 그러나 일련의 입양 서사들은 오이디푸스적 친족 구조로부터 상실이라는 주제를 분리해 상실이라는 이름의 욕망의 대상을 자신의 서사적 동력으로 삼는다. '서치'에 성공해도 입양 서사는 끝나지 않는다. 이 서사에서 상실은 형태도, 시작도, 끝도 없기 때문이다. 그러므로 입양 서사에서 상실은 언제나 또 다른 '서치'의 대상이 되고, 입양 서사는 그 자체로 상실과 탈-오이디푸스적 친족성에 대한 필사적인 탐구가 된다. 디앤 볼셰이 리엠(Deann Borshay Liem)의 자전적 다큐멘터리 「First Person Plural」(2000)과 「In the Matter of Cha Jung Hee」(2010), 그리고 데이비드 추(Davy Chou)의 영화 「리턴 투 서울」(2023)은 그러한 탐구들의 흥미로운 사례다.

입양 서사의 친족적 욕망들

「First Person Plural」의 첫 장면에서 디앤 볼셰이 리엠은 여덟 살에 전주의 한 고아원에서 캘리포니아에 사는 볼셰이 부부에게 입양된 1966년 이후 오랜 기간 그녀를 지배해 온 혼란과 우울이 3개의 다른 이름 안에 담겨 있다고 말한다. 강옥진. 차정희. 디앤 볼셰이 리엠. 강옥진은 그녀의 '진짜' 한국 이름이다. 차정희는 입양될 당시 그녀에게 '주어진' 이름이다. 디앤 볼셰이 리엠은 그녀의 미국 이름이다. 「First Person Plural」은 강옥진이 왜 차정희라는 이름으로 입양되었는지, 그 '뒤바꿈'이 어떻게 가능하였는지, 그리고 이후 강옥진과 차정희의 뒤바뀐 정체성이 일종의 봉인된 비밀이 되어 디앤 볼셰이 리엠의 삶에 어떠한 영향을 미쳤는가를 천천히 살핀다.

세 가지 이름을 둘러싼 사연을 요약하자면 이렇다. 1966년 입양될 당시 여덟 살이었던 강옥진은 자신의 이름은 물론 한국의 가족에 대한 뚜렷한 기억을 가지고 있다. 볼셰이 가족이 입양을 결정하기까지 서신을 주고받았던 아이는 비슷한 나이대의 차정희다. 또래에 비해 "똑똑하고" 모든 면에서 동급생 중 "우등이며" 누구보다 "순종적인" 차정희에게 유난히 마음이 갔던 볼셰이 가족은 당시 부흥하던 미국 경제의 혜택을 한껏 누린 백인 중산층이었다. 볼셰이 부인은 입양을 결정하던 당시를 회상하며, "우리의 삶이 너무나 완벽하게 좋았기 때문에 이제 누군가를 위해 무언가를 하고 싶다"는 생각을 하던 차였다고 말한다. 그렇게 차정희는 볼셰이 가족에게 입양이 결정되지만, 미국으로 출발하기 직전 공교롭게도 친아버지가 그녀를 찾으러 와 고아원을 떠나게 된다. 난감한 상황에 처한 입양기관은 결국 차정희와 비슷한 또래의 강옥진을 차정희라는 이름으로 바꾸어 보내기로 한다. 그리고 어린 옥진은 이 사실을 비밀로 하기로 약속한다.

영어로 자신의 의사를 완벽하게 전달할 수 있을 만큼 컸을 때, 디앤 볼셰이 리엠으로 자라난 옥진은 미국 엄마에게 이 비밀을 털어놓는다. "내 이름은 차정희가 아니라 강옥진이고, 나는 한국에 형제자매와 엄마가 있어요"라고. 이 이야기의 진위를 파악할 수 없는 엄마는 "네가 꿈을 꾸고 있는 거야"라고 말하면서 "기억을 꿈의 범주에 넣어 버렸다"고 볼셰이 리엠은 회상한다. 그녀에게 한국에서의 어린 시절과 그곳의 가족은 구체적이고 실질적인 기억이지만, 미국 엄마에게 그것은 환영에 가까운 꿈이다. 어린 디앤의 실제적 기억이 엄마의 규정 안에서 허구적 꿈으로 바뀌면서, 그녀는 실제로 그 기억들이 꿈이었다고 생각하며 자란다. 그러나 성인이 되어 가족들과 떨어져 혼자 지내기 시작하면서 한국에서의 기억은 생생하게 디앤을 다시 찾아오기 시작한다. 꿈이라 믿으며 억압했던 어렴풋한 기억 속의 한국은 이제 운전을 하는 디앤의 옆자리에 불쑥 앉아 있는 한국 아버지의 모습으로, 집 안에 들어와 걸어 다니는 한국 어머니의 모습으로 구체화된다.

「First Person Plural」은 디앤이 가져왔던 이러한 혼란과 우울을 스스로 해명하기 위해 한국의 친어머니와 미국의 어머니를 같은 시간, 같은 장소에서 만나기로 결심하고 이를 실현하는 극적인 순간을 향해 움직이는 서사다. 디앤은 성인이 된 이후 입양기관을 통해 한국의 가족을 찾았고, 강옥진이라는 이름을 가진 강씨 집안의 막내딸로 몇 십년 만에 그들과 해후했지만, 그녀의 정체성과 소속을 둘러싼 질문과 감정은 쉬이 해소되지 않는다. 한국의 가족들에게서 발견하는 신체적 친밀함과 유사성은 그녀에게 유대감과 경이감을 주지만, 세월이 벌려 놓은 언어적·문화적 차이는 심리적 거리감을 좁히지 못하게 한다. 한국의 어머니와 미국의 어머니를 한날한시에 같은 자리에서 만나고 싶다는 디앤의 욕망은—그녀가 고백하는 것처럼—'진짜 어머니(the real mother)'를 찾고/알고 싶다는 마음, 이른바 친족적 원본을 확인하고자 하는 열망이다.

그러나 두 어머니를 같은 시공간에서 조우한 이 다큐멘터리의 극적인 상황에서도 디앤의 의문은 쉽사리 해결되지 않는다. 한국의 어머니는 자신의 딸 옥진을 포기할 수밖에 없었던 이유를 미안해하면서 자신보다는 길러 준 미국 어머니에게 잘하라는 당부를 전하며 운다. 미국의 어머니는 어린 디앤이 고백한 비밀(자신은 차정희가 아니라 강옥진이라는)을 실제적 기억이 아니라 환영적 꿈이라 단정했던 과거에 대해 사과하지만, 디앤의 평생을 지배한 상실의 감정을 온전하게 다 이해하지는 못한다. 디앤은 두 어머니를 동시에 만났을 때 느껴지는 여러 감정들을 통해 '진짜' 어머니를 알 수 있으리라 생각했지만, 친족적 원본을 향한 그녀의 욕망으로 움직이는 「First Person Plural」의 서사는 결국 그 욕망의 불가능성을 보여주며 끝난다.

그녀가 끝내 찾지 못한 '그' 어머니라는 이름의 친족적 원본은 결국 새로운 혈연적 공동체의 탄생을 통해 대리 보충되는 듯 보인다. 디앤이 한국계 남편과 결혼해 아들을 낳아 이룬 3인 가족의 스틸 컷은 그녀가 끝내 닿지/찾지 못한 친족적 원본의 유령적 복제이다. 백인 부모와의 인종적·혈연적 거리는 한국계 남편과의 인종적 동일성과 친아들의 존재 속에서 전치된 형태로 해소된다. 한국의 친어머니와 디앤 사이의 시간적 공백, 부재한 공동의 역사, 그리고 '버림'과 '버림받음'을 둘러싼 감정적 더께는 한껏 얼굴을 맞댄 디앤, 남편, 아들 세 가족의 사진 속에서 어떤 바람(wish)의 형태로 휘발된다.

입양이라는 상실의 역사를 둘러싼 디앤의 탐색은 「First Person Plural」 이후 10년이 지나 발표된 그녀의 2번째 다큐멘터리 「In the Matter of Cha Jung Hee」에서 흥미로운 전환을 보여준다. 상실에 대한 디앤의 우울이 결혼과 출산으로 새롭게 구성한 규범적 친족 구성 안에서 온전히 해소되었다기보다 잠정적으로 봉합되었다는 징후는, 그녀가 자신의 우울을 구성하는 상실의 그 모호한 대상을 또다시 찾아 나서기 시작했다는 점에서 확인된다. 이른바 친어머니를 찾는 '서치'의 과정이 입양 서사의 탐정소설적 긴장을 구성한다면, 앞서 살펴보았듯 「First Person Plural」의 서사적 긴장은 친어머니와 길러 준 어머니를 한날한시에 만나게 되는 그 장면으로 향해 가는 데서 발생한다. 「In the Matter of Cha Jung Hee」는 이 플롯을 한국의 차정희라는 인물을 찾아 나서는 과정 안에서 변용하면서, 상실의 대상을 좇는 '서치'의 욕망이 입양 서사의 우울적 구조를 이룬다는 점을 확인하는 동시에, 그 욕망이 '그' 어머니가 아닌 대상을 향하는 사례를 보여준다.

「In the Matter of Cha Jung Hee」는 입양 당시 디앤이 신었던 신발을 흰 종이에 본뜨는 장면으로 시작한다. 신발은 인간의 처지, 나아가 운명을 상징하는 물건이다. 이 신발은 차정희라는 소녀와 서신을 교환 중이던 볼셰이 부부가 입양을 결정한 뒤 그녀에게 선물로 보낸 운동화다. 한국 이름 강옥진이었던 디앤 볼셰이 리엠은 차정희가 입양 직전 친아버지에게로 돌아간 연유로 그녀를 대신해 미국으로 입양되었다. 강옥진보다 한 살 위였던 차정희는 미지의 낯선 인물이지만, 공식적으로는 디앤의 한국 정체성이고 그녀의 삶을 규정해 왔던 이름이다. 차정희가 된 강옥진이 1966년 샌프란시스코 공항에 도착하던 날을 담은 홈비디오 영상에서도, 낯선 땅에 도착한 이 어린 소녀는 리본 달린 그 검은색 단화를 신고 있다. 30년이 지난 지금까지 그 신발을 보관하고 있는 디앤은 자신이 차정희의 삶을 대신 살았다는 감각을 늘 가지고 있다.

극 초반, 서술적 현재 시점의 디앤은 어린 강옥진과 차정희의 얼굴 사진을 분해해 재배치한다. 서로 알지 못하지만 각자의 존재가 강력하게 상대의 인생 경로를 결정지었던 두 소녀의 중첩되고 교차되는 시간들이 두 소녀의 얼굴 사진 조각들의 연결과 해체를 통해 표현된다. '그' 차정희를 찾아 떠난 길 위에서 디앤은 평범한 중년의 '여러' 차정희들의 삶을 듣게 된다. 현재 시점의 디앤은 그녀가 만난 차정희'들'의 이야기와 사진을 어린 강옥진과 차정희의 얼굴에 나란히 축적해 간다. 이 여정에서 디앤은 어머니와 자신에게 쏟았던 비난과 질책과 경멸의 파괴적 정동들이 차정희'들'이라는 미지의 친족들을 향한 강렬한 이끌림과 역사적 앎의 순간들로 전환되는 경험을 한다. 「First Person Plural」의 서사를 움직이는 상실이라는 이름의 욕망의 대상은 '그' 어머니라는 이름의 불가능하고 유일한 친족적 원본이었다. 그러나 「In the Matter of Cha Jung Hee」의 서사를 움직이고 그 방향을 결정하는 것은 '그' 차정희라는 상실의 원본을 찾는 여정에서 마주치는 실패와 우연 속의 '다른' 차정희들이다.

「In the Matter of Cha Jung Hee」에 흐르는 작은 여유와 유머는 바로 그 서사적 우연이 선사하는 것이다. 디앤이 붙잡고 있는 상실에 대한 질문과 해외 입양 역사에 대한 비평적 시선은 여전히 진지하지만, '진짜' 차정희를 찾기 위해 떠난 길 위에서 만나게 되는 '여러' 차정희들과의 교감과 대화는 다감하고 종종 유쾌하다. 서사가 진행되면서 선명해지는 것은 '그' 차정희라는 원본과의 대조 과정에서 '탈락'하는 다른 차정희들을 만나는 우연적 장면들이 이 다큐멘터리의 결정적 순간들이라는 점이다. 군산에 사는 차정희와의 만남은 그 중 하나다. 군산의 차정희는 여러 사실 관계 차원에서 '진짜' 차정희가 아님이 판명되지만, 그 진위를 가리기 위한 대화 속에서 듣게 되는 그녀의 삶은 한국의 현대사를 온몸으로 관통한 디앤의 친어머니의 인생과—한 세대의 차이에도 불구하고—믿기 어려울 만큼 닮아 있다. 남편의 부재 속에 홀로 키워 내야 했던 자식들, 그 삶을 더욱 옥죄는 한국의 유교적 관습과 구속, 일본의 식민 지배와 한국 전쟁을 거치며 악화된 사회경제적 여건들, 그리고 이 모든 것에도 불구하고 살아 내고 삶을 지켜 낸 차정희의 삶을 들으며 디앤은 자신의 한국 어머니의 삶을 비로소 역사라는 배경에 놓고 바라보게 된다.

입양과 한국의 현대사를 겹쳐 놓는 장면들은 「First Person Plural」에도 등장하지만, 「In the Matter of Cha Jung Hee」에 이르러 그에 대한 비판적 주석과 입장이 보다 선명해진다. 어린 차정희-강옥진의 신발이라는 이 다큐멘터리의 중심 모티프가 2010년의 글로벌 첨단 도시 서울의 밤거리에서 신발을 신어 보는 젊은 여성들의 모습으로 이어지다가 순간 삽입되는 한국 전쟁의 이미지들이 그 예시다. 입양은 선의와 자비의 감정적 거래이기도 하지만 엄연히 돈이 오고 가는 비즈니스이기도 하다는 디앤 볼셰이 리엠의 직설적 코멘터리는, 한국 전쟁이 끝나고 한국의 경제가 지금 이 밤거리의 불빛처럼 피어난 이후에도 계속되는 한국의 해외 입양에 대한 비판으로 이어진다. 동시대 한국의 해외 입양이 미혼모에 대한 사회적 편견과 이들을 지원하는 사회 시스템의 부재 때문이라는 진단은 이러한 문제의식의 연장선이다.

결말에 이르러 디앤은 드디어 '그' 차정희를 찾는다. 차정희는 지방의 작은 마을에서 교회 활동에 성심으로 참여하며 안정적인 삶을 사는 평범한 한국의 중년 여성이다. 디앤이 설명하는 과거의 일에 대해 기억을 확신하지 못하던 차정희는 디앤이 꺼낸 신발을 보고는 비로소 "기억이 나는 것 같다"며 눈물을 보인다. 그러나 디앤이 건네는 이 신발을 차정희는 거절한다. 이 신발의 주인은 차정희 자신이 아니라 디앤이라고 말하면서. 「First Person Plural」에 이어 「In the Matter of Cha Jung Hee」에서도 디앤 볼셰이 리엠은 상실한 '그' 대상을 찾는 '서치'에 성공한다. 그러나 이 두 서사를 시작하게 했던 상실—'그' 어머니의 상실, '그곳'의 상실, '그' 유대의 상실을 모두 포함하면서도 그것들을 다 이어도 알기 어려운 상실—은 어떤 원본적 혹은 대리적 대상을 '찾았다'는 연유로 온전히 회복되거나 되돌려질 수 없다.

　상실에 대한 디앤의 우울이 남편과 친아들이라는 규범적 친족 구성 안에서 잠정적으로 봉합되었다는 징후가 「First Person Plural」를 잇는 「In the Matter of Cha Jung Hee」의 출현에서 발견되듯, '그' 차정희를 만났으나 어린 차정희의 신발을 신은 소녀가 여전히 디앤의 현재로 끊임없이 엄습해 온다는 「In the Matter of Cha Jung Hee」의 엔딩은 상실이라는 이름의 모호한 대상이 여전히 디앤의 입양 서사를 현재 진행형으로 만들고 있음을 보여 준다. 요컨대, '그것'을 찾는 것이 입양 서사의 표면적 욕망이지만 '그것'은 서사의 종착지가 되지 못한다. '그' 어머니를 찾으려던 「First Person Plural」의 서사가 서둘러 봉합한 우울의 잔여가 「In the Matter of Cha Jung Hee」에서 '그' 차정희를 찾는 여정으로 되돌아왔듯, '그' 차정희를 찾는 과정의 삐걱거림이 낳은 '여러' 차정희들과의 우연적 만남들은 디앤의 서사를 확장시킨다. 차정희를 만나는 극적인 정점이 아니라, 그 끝을 예비하는 차정희 찾기 실패의 순간들 속에서 디앤은 자신의 친어머니를 역사적 존재로 이해하고 자신의 입양을 현재적인 사회적 비평과 연결시킬 수 있게 된다.

최근 개봉한 영화 「리턴 투 서울」(2023)은 한국에서 프랑스로 입양된 20대가 동시대 서울을 경험하는 이야기다. 이 영화는 잃어버린 것들을 찾아 나서는 입양 서사의 기본 플롯을 토대로 디앤 볼셰이 리엠이 탐색하였던 불가능한 기원에 대한 문제의식을 이어가면서도, 코로나19 팬데믹 시대 및 밀레니얼 세대의 실존과 결연의 문제를 도시와 소외의 차원에서 다루고 있다. 자전적 다큐멘터리인 「First Person Plural」과 「In the Matter of Cha Jung Hee」에 견주어 생각할 때, 「리턴 투 서울」은 극영화가 구사할 수 있는 허구적 시간성의 구축과 인물화(characterization)를 그 특징으로 가진다. 디앤의 자전적 다큐멘터리 두 편이 10년이라는 실제적 시간의 흐름 속에서 작가이자 주인공인 디앤의 친족적 욕망이 움직이고 변화하는 과정을 내밀하게 보여준다면, 「리턴 투 서울」은 내면을 좀처럼 읽을 수 없는 주인공 프레디가 '서치'를 거쳐 세상과 맺는 유대의 한 양태를 허구적으로 제안한다.

영화는 20대인 주인공 프레디가 프랑스로 입양된 이후 총 8년에 걸쳐서 한국으로 돌아오는 여정을 그린다. 프레디는 친부모의 '서치'에 '성공'해 한두 번 정도 그들을 만나게 된다. 그 과정에서 프레디는 또래의 한국 젊은이들과 만나고 사랑하고 헤어진다. 영화는 친부모를 찾는 '서치'의 성공과 그 극적 대면에 기대되는 감정적 파고를 과장하지 않고 보여주면서, '그' 아버지, '그' 어머니를 찾는 친족적 욕망의 불가능성을 솔직하고 담담하게 그린다. 무엇보다 8년의 시간 동안 한국에 반복적으로 귀환하는 프레디의 변화를 설득력 있게 따라가면서, 20대의 입양인이 모/이국에서 겪는 분노, 혼란, 좌절, 수용의 과정들을 적절한 거리 안에서 조명한다.

프레디는 공감적 이입을 어렵게 만드는 인물이다. 그녀는 즉흥적이고 예측할 수 없고 관계에 서투르다. 타인에게 섣불리 다가가거나, 때론 변호할 수 없이 무신경하고 냉소적이기도 하다. 영화는 좌충우돌인 프레디를 이해 가능하게 만들려고 애쓰지 않는다. 대신 그녀의 혼란, 방황, 분노가 만들어 내는 감정적, 인지적 뒤엉킴의 순간들을 소리, 색채, 화면의 속도 등을 통해 감각적으로 재현한다.

친아버지, 친어머니와의 첫 대면과 이어지는 관계들도 멜로드라마적 연결과는 거리가 멀다. 군산에 사는 아버지의 가족들과 만나 어색한 식사를 한 이후, 아버지는 프레디가 읽을 수 없는 한국어 문자를 수시로 보낸다. 문자를 읽을 수 없는 프레디는 아버지가 "짜증이 난다." 8년에 걸친 서사적 시간 동안 두어 번 만나게 되는 아버지와의 거리는 쉽사리 좁혀지지도 않고 어색함도 사라지지 않는다. 친어머니와의 만남은 베일에 가려져 있다. 입양기관의 접견실에서 이루어지는 짧은 첫 대면에서 어머니의 모습은 내내 불투명하게 처리되며, 프레디는 아버지와의 만남에서와는 달리 감정적 흔들림을 보여 주지만, 어머니와의 만남은 이어지지 않는다. 영화 마지막에 이르러 프레디는 어머니에게 연락을 시도하지만 핸드폰의 메시지는 "연결 불가"이다.

「리턴 투 서울」이 섬세하게 제안하는 것은 어떤 작은 연결의 순간이 주는 위안 같은 것이다. 프레디는 직접적으로는 아버지와 두 번 정도 만나지만, 그녀를 "짜증나게" 했던 아버지의 서투른 문자와 이메일은 두 사람을 지속적으로 연결시키며, 한글을 배워 가는 프레디에게 아버지의 메시지는 점점 그 의미가 해독되기 시작한다. 노동계급의 아버지가 어느 날부터 배우기 시작한 작곡은 영화의 마지막에 이르러 프레디에게 가 닿는다. 자신의 생일에 외국의 작은 호텔에 혼자 묵게 된 프레디는 데스크의 직원으로부터 "생일 축하한다"는 인사를 듣는다. 어머니에게 발신하는 메시지는 "수신 불가"이지만, 아버지와 그녀의 딸들이 보낸 생일 축하 메시지는 프레디를 미소 짓게 한다. 아무도 없는 호텔 로비에서 프레디가 자신의 생일에 혼자 연주하는 피아노곡은 아버지의 작곡을 연상시키면서 다른 시공간에 위치한 부녀를 느슨하게 연결시킨다.

영화의 마지막에 이르러 8년에 걸쳐 느슨하게 반복되던 프레디의 한국 귀환이 코로나19 팬데믹 속에 이루어진다는 점은 의미심장하다. 유례없는 이 전 지구적 위기는 각자와 모두의 삶을 위해 분리와 연결의 새로운 방식들을 공동으로 고안해 내야 할 필요성을 상기시켰다. 그러나 달리 보면, 일시적이고 불안정한 고용 조건과 위태로운 인간관계 아래 살아가는 밀레니얼 세대에게 분리와 연결의 모델들을 상상하는 일은 이미 새로운 삶의 조건이기도 했다. 마스크를 쓰고 서울역을 내려 주변을 익숙한 듯 생경한 듯 둘러보던 프레디가 곧이어 유럽의 어느 호텔에서 혼자 생일을 맞게 되는 장면 전환 같은 것이 그 예시다. 그곳에서 프레디는 스마트폰을 통해 생일 축하를 전하는 '그' 아버지와 잠시 연결되고, '그' 어머니와는 접속하려 하지만 실패한다. 이렇게 「리턴 투 서울」은 상실과의 끝없는 대결이라는 우울적 구조 속에서 입양 서사가 친족의 욕망을 이론화하는 과정의 확장성을 보여준다. 입양 서사가 단순히 '그' 아버지와 '그' 어머니를 찾는 '서치'의 서사, 기원으로의 회귀 서사가 아니라, 새로운 친족성의 탐색을 곧 필연적인 생존의 언어로 가져올 수밖에 없는 서사임을 말한다. 그리고 바로 그 점 때문에 입양 서사가 다양한 연결과 유대를 끊임없이 탐색해야 하는 시대에 유의미하다는 점을 역설한다.

입양 서사가 다시 쓰는 욕망 이론

프로이트에게 있어 욕망(desire)은 소망(wish)에 가깝다. 왜냐하면 프로이트에게 욕망은 만족의 경험과 밀접하게 관련되어 있기 때문이다.[3] 『꿈의 해석』에서 프로이트가 말하듯, 만족의 경험은 어떤 욕구(need)에 의해 촉발된 흥분의 기억-흔적을 따라 저장되어 있다가, 이후 유사한 욕구가 발생하면 그 기억-흔적을 재생해 그 흥분을 다시금 경험하도록 한다. 그런 의미에서 욕망(wish)은 욕구(need)와 분명히 대비된다. 욕구는 적절한 대상을 취하는 구체적 행위를 통해 만족에 도달하지만, 욕망은 어떤 만족의 기호가 된 감각을 환영적으로 재생하는 기억-흔적을 따라 작동한다. 이러한 논리 안에서 프로이트적 욕망(wish)의 바탕에는 만족과 환상이 있다는 설명이 가능해진다. 프로이트에게 욕망의 성적 환상이 펼쳐지는 특권적 무대는 오이디푸스라는 가족적 삼각형의 구조이다. 인간의 성격과 욕망의 방향성을 규정 짓는 근본적 구조로서 오이디푸스 콤플렉스는 정신병리학의 규준이어서, 그 진단과 해법의 좌표로 기능한다. 나아가 정신분석적 인류학은 이러한 오이디푸스 삼각 구조를 일종의 보편적 인간 서사로 이해하면서, 문화를 초월해 인간의 욕망을 이해하는 단일한 코드로 활용한다.

반면 들뢰즈와 가타리에게 욕망은 고정된 어떤 본질 혹은 본성을 가지고 있지 않으며, 관계에 의해 그리고 접속하는 대상에 따라 달라지는 것이다. 그러므로 이 욕망에는 프로이트식의 가족 구조나 성적 본성이 본질적으로나 구성적으로 내재되어 있지 않다. 이런 맥락에서 들뢰즈와 가타리가 가져오는 고아의 모티프는 의미심장하다. "무의식은 고아다. 그것은 자연과 인간의 동일성 안에서 자신을 생산한다."[4] 그들에게 정신분석의 과오는 그것이 여전히 완고한 가족주의에 사로잡혀 있다는 것이다. 욕망이란 인간의 전유물이 아니라, 모든 종류의 개체들을 서로 접속하게 만드는 요인이며, 그러한 활동 안에서 무언가를 생산하도록 하는 힘이다. 욕망은 프로이트적 억압의 대상이 아니라, 개체적 신체들에 속해 있는 그 무엇이며, 이들이 접속해 각각의 에너지나 힘의 흐름을 나누고 바꾸는 생산적 능력의 이름이다. 들뢰즈와 가타리에게 욕망이 '기계'로 정의되는 것은 이러한 이유에서다. 욕망은 기계로서 존재한다. 접속하는 항이 달라지면 다른 욕망, 다른 의지가 작동하는 다른 기계가 된다는 것을 의미한다.

프로이트의 욕망 이론이 오이디푸스 구조를 보편화하고, 욕망을 이해하는 단일하고도 유일한 통로로 그 구조를 화석화했다면, 들뢰즈와 가타리는 욕망을 기억, 억압, 역사의 차원으로부터 해방시켜 비인격적인 사회적 네트워크의 항으로 이해했다. 욕망에 대한 이러한 이해 속에서 친족 개념은 가족 삼각형 안의 관계(프로이트), 혹은 무한한 잠재력과 우연에 개방된 접속의 계열들(들뢰즈와 가타리)로 규정 및 확장될 수 있다.

입양 서사인 「First Person Plural」, 「In the Matter of Cha Jung Hee」, 「리턴 투 서울」에서 친족은 무한히 열려 있는 역사 없는 네트워크도 아니고, 오이디푸스의 가족적 삼각형 안에 갇혀 있지도 않다. 이들은 모두 상실 주위를 도는 우울의 서사적 운동이 오이디푸스적 친족 구조 바깥으로 나가는 각기 다른 방향들을 지시한다. 이 서사들은 모두 구체적인 상실의 역사를 가진 서사 주체가 '그' 어머니의 형상을 찾아 나선다는 점에서 오이디푸스적 구조의 구성적 조건인 어머니의 부재를 탐색하는 동시에, 오이디푸스 서사에서 지워진 어머니의 회복을 꿈꾸는 일종의 반-오이디푸스적 대항 서사이다.

그러나 어머니라는 이름의 상실—'그' 어머니의 상실, '그' 유대의 상실, 모/이국이라는 상실 모두를 포함하면서도 그 이상인 혹은 그 모든 것을 다 이어 말해도 다 이를 수 없는 상실—을 회복하고 수리하는 데에 이 서사의 종결이 있지 않다. '그것'을 찾는 여정은 그 친족적 기원의 불가능성을 확인하는 과정이기도 하지만, 뜻밖의 연대를 맞이하거나 역사적 앎의 계기를 발견하는 시간이기도 하다. '그' 어머니를 찾는 '서치'가 성공하더라도 입양 서사가 맴도는 상실을 둘러싼 서사적 운동은 종결되지 않는다. 오히려 '서치'의 결과라는 서사적 극점을 예비하는 단계들이, '서치'의 종료가 해소하지 못하는 잔여들이 서사를 다른 방향으로 열어젖히고 끝나지 않게 한다.

이렇게 본다면 입양 서사에 대한 정신분석적 비평의 초점은 저자이자 주인공인 입양인의 무의식뿐 아니라 서사의 작동 자체가 되어야 할 것이다. 피터 브룩스에 따르면, 프로이트적 정신분석이 전하는 통찰은 플롯의 욕망 혹은 욕망의 시간성에 대한 것이다. 서사의 시작을 에로스, 즉 이야기를 향한 욕망이자 서사적 긴장을 향한 추동이라고 말할 수 있다면, 그 끝은 일종의 타나토스, 즉 죽음이자 오르가슴 이후의 비-서사적 영도(zero point)일 것이다. 그 중간에서 우리는 반복을 본다. 중간(middle)은 끝이라는 분출을 향해 가는 일종의 우회로이자 지연의 과정이다. 중간은 마지막 분출이 효과적일 수 있게 예비하며 텍스트의 에너지를 묶는 과정이다. 서사를 유지하는 것은 바로 이 중간이라는 잉여, 유희, 일탈로부터 생성된 에너지이다. 텍스트의 욕망은 궁극적으로 끝을 향한 욕망일 것이나, 시작과 끝 사이, 어둠과 인식 사이의 요동(oscilliation)인 중간은 텍스트성(textuality) 그 자체이다.[5] 브룩스의 이러한 논리를 따라 주장해 보자면 어쩌면 중간이라는 요동이 서사적 진실, 나아가 서사라는 삶의 진실일지 모른다.

입양 서사에서 서사의 끝은 무한히 재생산된다. 상실의 대상을 찾는 '서치'가 서사의 끝을 구성한다면, 언제나 다시 잃어버린 것을 찾아 나서는 우울의 구조가 입양 서사를 지배하고 있다. 입양 서사에서 잃어버린 것은 하나가 아니기 때문에 아니 무엇을 잃어버렸는지 알 수 없기 때문에 '그' 어머니를 찾아도, '그곳'을 찾아가도, 상실은 쉬이 해소되지 않는다. 이렇게 보자면 입양 서사를 추동하는 욕망은 하나의 서사적 끝을 향해 중간이라는 요동—중간이라는 삶—이 발산하는 에너지들이자, 잃어버린 '그 무엇'을 새로운 '서치'의 대상이자 서사의 동력으로 삼아 탐구하는 열망이라 할 수 있을 것이다. 요컨대 입양 서사는 상실이라는 이름의 욕망의 대상을 끊임없이 재생산하는 가운데, 새로운 친족성의 형태를 삶의 정언 명령으로 탐색하고 사유하는 윤리를 실행한다.

04

자유롭지 못한 존재의 욕망

: 운영·춘향·초옥의 사랑

정길수

한국 고전소설의 전통에서 '욕망'은 주로 청춘 남녀의 순수한 사랑 가운데서 드러났다. 신라·고려 때 「최치원(崔致遠)」의 최치원과 귀녀(鬼女), 「호원(虎願)」의 김현(金現)과 호녀(虎女) 이래로 15세기 후반 『금오신화(金鰲新話)』에 수록된 「만복사저포기(萬福寺樗蒲記)」의 양생(梁生)과 귀녀, 「이생규장전(李生窺墻傳)」의 이생과 최씨에 이르러 고독한 청춘 남녀가 세상에 유일무이한 지기(知己)를 만나 결핍을 채우는 사랑의 형식이 일차 완성되었다. 이후 1600년을 전후한 시기 「주생전(周生傳)」(1598년)의 주생과 선화(仙花), 「운영전(雲英傳)」(1601년경)의 운영과 김 진사, 「최척전(崔陟傳)」(1621년)의 최척과 옥영(玉英)

에 이르러 시를 통해 서로의 마음을 확인하고 연인이자 지기에게 자신의 모든 것을 바치는, 그래서 연인이나 배우자이자 세상에 유일한 지기가 죽으면 남은 사람 또한 삶의 의욕을 잃고 따라 죽거나 세상을 버리는, 애정소설(애정전기·愛情傳奇)의 기본 구조가 확립되었다.

그런데 이 흐름에서 「운영전」은 돌출적인 면이 있다. 『금오신화』 이래로 「주생전」과 「최척전」까지의 작품에서 문인 수준의 교양을 갖춘 상층의 청춘 남녀가 사랑의 주체였던 반면 「운영전」의 여주인공 운영은 궁녀 신분이다. 「춘향전」의 기생 춘향, 「포의교집(布衣交集)」의 초옥 또한 비천한 신분의 여주인공이라는 점에서 「운영전」의 운영을 계승한 측면이 있다. 운영·춘향·초옥은 모두 진실한 마음을 토로하고 사랑의 욕망에 충실했을 뿐이지만 자유롭지 못한 처지였기에 사랑의 '범위'를 넘어서는 당대 사회의 문제를 건드리지 않을 수 없었다.

세 작품을 읽기 전에 몇 가지 전제할 사항이 있다. 우선 '욕망'의 개념 정의가 필요하다. 사전적 정의는 "무엇을 가지거나 하고자 간절하게 바람"이다. 영어권에서는 '욕망(desire)'이 "뭔가를 소유하거나 어떤 일이 일어나기를 바라는 감정", "성욕(sexual appetite)", "열정(passion)" 등으로 정의된다. 도가와 유가에서 '기욕(耆欲)' 또는 '인욕(人欲)'이라는 말로 표현되는 인간의 욕망은 '천기(天機)' 또는 '천리(天理)'에 대립하는, 제거되어 마땅한 마음으로 보았고,[1] 『향연』의 소크라테스는 '우리가 가지고 있지 못한 것, 우리가 아닌 것, 우리에게 결핍된 것이 욕망의 대상'이라고 했으며, 아우구스티누스는 욕망을 '부재하는 것에 대한 탐욕'이라 했다.[2] 이 글에서는 일단 공통적 의미 요소인 '소유하지 못한 것, 또는 결핍된 것에 대한 간절한 바람'에 초점을 두고자 한다.

둘째, '사랑의 욕망'에 관한 것이다. 이때의 욕망은 '정신적인 것'인가, '육체적(성적)인 것'인가, 아니면 둘 다인가?[3] 이 글의 대상 세 작품에서 사랑은 정신적 교감과 육체적 합일을 아우르는 것으로 인식된다고 보는바, 둘을 포괄하는 개념으로 쓰고자 한다.

「운영전」의 궁녀 운영

운영은 안평대군(安平大君, 1418~1453)의 궁녀다. 사랑이 가득한 가정에서 자유롭게 살다가 어떤 이유에서인지 13세에 궁녀가 되었다. 운영은 자신의 처지를 받아들이지 못했다.

부모님은 여러 자식 중에서도 유독 저를 사랑하셔서 집 밖에서 장난하며 놀 때에도 저 하고 싶은 대로 놓아두셨더랬어요. 그래서 동산 수풀이며 물가에서, 또 매화나무랑 대나무랑 귤나무랑 유자나무가 우거진 그늘에서 날마다 놀이를 일삼았지요. (…) 열세 살에 주군의 부르심을 받게 되었기에 저는 부모님과 헤어지고 형제들과 떨어져 궁중으로 들어오게 되었습니다. 고향을 그리는 정을 금할 수 없었기에 보는 사람들이 저를 천하게 여겨 궁중에서 내보내도록 만들려고 날마다 헝클어진 머리에 꾀죄죄한 얼굴로 남루한 옷을 입은 채 뜨락에 엎드려 울고 있었어요.[4]

운영이 성장하면서 간절히 바란 것은 '음양의 즐거움'을 누리는 사랑이었다.[5] 그러나 안평대군에게 예속된 궁녀 운영은 어떤 애정소설의 여주인공보다도 자유롭지 못한 처지다. 더욱이 당시 20대 후반이나 30대 초의 청년으로 추정되는 안평대군의 각별한 사랑을 받는 궁녀였다.[6] 당대의 법령과 예법에 비추어 상상하기 어려운 일이지만 운영은 안평대군의 사랑을 "죽기로 거절"하다가 우연히 만난 김 진사에게 진정한 사랑을 느꼈다.

작년 가을 (…) 대군께서 홀로 서재에 앉아 궁녀더러 먹을 갈게 하고 (…) 4운시 열 수를 쓰고 계셨어. 그때 아이종이 밖에서 들어와 "김 진사라고 하는 젊은 선비가 뵙기를 청합니다" 하고 아뢰더라. (…) 나는 나이 어린 여자로 한 번 낭군을 보고는 넋이 나가 버렸고 낭군 또한 나를 돌아보며 웃음을 머금고 자주 눈길을 보냈지. 대군이 이번에는 초서를 쓰게 하자 진사가 붓을 휘둘렀는데, 그만 먹물이 잘못 튀어 내 손가락에 작은 먹점이 묻게 되었지. 내가 이걸 영광으로 여겨 닦아 없애지 않으니 곁에 있던 궁인들이 서로들 돌아보며 미소 짓고 용문(龍門)에 오른 데 비유하더군.[7]

운영은 김 진사가 정신과 몸의 교감이 모두 가능한 애정 상대라고 여겨 "한 번도 이불 속의 기쁨을 나눈 적은 없지만 아름다운 낭군의 모습이 황홀하게도 제 눈 속에 어려 있습니다"라고 고백하며 "잊지 못할 사랑"[8]을 이루고 싶다는 욕망을 드러냈다. 두 사람이 진심을 확인하고 평생 변치 않을 사랑의 맹세를 하고 난 뒤 한밤중 궁궐 안에서 대담한 밀회가 시작되었다. 운영의 회고다.

이때부터 밤이면 들어와 새벽에 나가는 일이 날마다 되풀이되었습니다. 그러는 사이에 정은 더욱 깊어져 이젠 우리 스스로 멈출 수 없는 지경에 이르고 말았습니다. 담장 안쪽에 쌓인 눈에 발자국이 남아 궁인들 모두 진사가 출입하는 줄 알고 위태롭게 여기고들 있었는데도 말이어요.[9]

자유로이 진정한 사랑을 이루고자 했던 운영의 욕망은 운영을 소유하고자 하는 열망을 표출하지 않으면서도 마음을 쏟은 지 오래였던 안평대군의 욕망과 충돌했다. 안평대군이 재주를 크게 아껴 존중하던 김 진사가 날마다 궁궐 안에서 운영과 만나 정을 통했다는 사실이 드러났다. 안평대군은 당대의 법령과 자신의 거듭된 명령에 비추어 운영을 죽여 마땅하나 운영을 진심으로 사랑한 까닭에 차마 죽이지 못하는, 난처한 상황에 빠졌다.

문제는 안평대군이 악인이 아니라는 점이다. 작품 속에서 안평대군은 태평성대 문화융성기 문인·예술가의 최대 후원자이자 그 자신 그 집단에서 최고의 기량을 지닌 인물로 그려졌다. 더욱이 안평대군은 나이 어리고 아름다운 열 사람의 궁녀를 뽑아 직접 문학 교육에 나섰다. 당시 안평대군은 궁녀들에게 이런 말을 했다.

하늘이 재주를 내리시매 어찌 남자에게만 넉넉하고 여자에게
는 인색하게 하셨을 리 있겠느냐?[10]

여성도 남성과 마찬가지의 재주를 가지고 있고, 따라서 교
육 받을 자격이 있다는 생각이다. 더구나 교육 대상으로 택한
이들은 궁녀이니 사람의 재주에는 남녀의 구별도 귀천의 차이
도 있을 수 없다는, 진취적인 생각이다.[11] 운영을 포함한 10인
의 궁녀들은 5년의 수련을 거쳐 조선 최고 시인의 경지에 이르
렀다. 그러나 이들의 처지는 달라진 것이 없었다.

대군은 열 사람 모두를 매우 아껴서 항상 궁중에 가두어 기르며
다른 사람과는 마주하여 말하지 못하게 했습니다. (…)
"궁녀가 한 번이라도 궁문을 나서면 그 죄는 죽음에 해당한다.
외부인이 궁녀의 이름을 알게 되면 그 죄 또한 죽음에 해당한
다."[12]

안평대군은 평등사상을 지닌 인자한 교육자이자 무서운 절
대 권력자의 면모를 동시에 지녔다. 운영은 교육을 통해 최고
수준의 시인이자 교양인이 되었으며 그 과정에서 자신의 재능
에 대한 자부심을 가졌으나, 그럴수록 자유롭지 못한 자신의

처지를 더욱 심각하게 자각하고 절망에 빠졌다. 이런 상황에서 만난 것이 소년 문사 김 진사였다.

운영은 물론 그 밀회를 묵인한 동료 궁녀들이 안평대군 앞에 잡혀 와 주군의 처분을 기다리게 되었다. 죽음이 임박한 상황에서 동료 궁녀 자란이 당돌한 물음을 던졌다.

저희들은 모두 여항의 천한 계집들로, 아비는 순임금이 아니요 어미는 아황(娥皇)과 여영(女英)이 아니니 남녀의 정욕이 어찌 없을 수 있겠습니까? (…) 주군은 어찌하여 운영에게만 유독 사랑하는 마음을 갖지 못하게 하십니까?[13]

'사랑의 패배자' 안평대군은 운영을 방에 가두어 두고 김 진사의 출입을 막는 것으로 사건을 종결하려 했으나 운영은 그날 스스로 목숨을 끊었다.

「운영전」은 남녀의 정욕, 곧 사랑의 욕망을 그 누구도 막을 수 없다는 단순한 메시지에서 출발했다. 그런데 여주인공의 자결이라는 극단적인 결말 앞에서 사랑의 범위를 넘어서는 문제가 제기되었다. 안평대군이 절대 악인이라면 모든 문제의 근원이 안평대군 한 사람이라는 인식에 머물렀을 터이고, 안평대군이 절대 선인이라면 김 진사와 운영의 사랑을 용인하는 파격적 결말을 통해 문제의 심각성을 무화하였을 터이다. 그러나 선인의 예외적인 시혜는 현실적 개연성과 거리가 멀다. 그런데 안평대군은 현실 밖의 호인(好人)도 아니지만, 사랑의 패배자임에도 진심으로 운영을 사랑하고 궁녀들을 아끼는, 꽤 복합적인 성격의 인물이다. 돌이켜 보면 안평대군은 작품의 도입부에서부터 '성대했던 시절', '좋았던 옛날'을 대표하는 인물이었다.[14]

그렇다면 청춘 남녀의 순수한 사랑을 가로막는 근본 원인은 어디에 있는가. 누군가의 자유를 억압하고 있는 당대의 불평등한 사회 체제에 있다. 궁궐에 갇힌 여성, 가장 자유롭지 못한 존재의 사랑이 허용되기 위해서는 어떤 장애 요소들이 사라져야 하는가. 이 물음을 따라가면 체제 너머의 새로운 사회를 상상하지 않을 수 없다. '자유연애', '남녀의 자유로운 사랑'이라는 애정전기의 오랜 테마에서 출발한 「운영전」은 이제 모순과 갈등의 출발점이 '자유'라는 근원적 가치에 놓여 있음을 드러냈다. 한국 고전소설사에서 「운영전」만큼 시종일관 '자유'의 문제를 첨예한 방식으로 제기한 작품은 찾기 어렵다. 어느 시대에나 통용되는 '사랑'의 감동, '사랑'의 힘이 사랑 너머의 문제로 독자를 이끌어 갔다. 「운영전」은 '여성'이자 '궁인'이라는 이중의 속박 속에 놓인 한 사람의 금지된 애정 욕망으로부

터 출발하여 자유와 평등이라는 보편적인 문제를 제기한 작품
이라는 점에서 17세기 소설사에서 하나의 기념비가 되었다.

「남원고사」의 기생 김춘향

「남원고사(南原古詞)」는 18세기부터 20세기 초까지 생성된 「춘
향전」의 수많은 버전 중 가장 생기발랄한 '야성(野性)의 춘향'
캐릭터를 온전히 담고 있는 작품이다.[15] 「남원고사」의 주인공
은 '김춘향'과 이몽룡이다. 이들의 만남은 외로운 신세를 한탄
하던 이 도령의 봄 나들이에서 시작되었다.

> 섬섬옥수 들어다가 추천(鞦韆) 줄을 갈라 쥐고 소스라쳐 뛰어올
> 라 (⋯) 한창 이리 노닐 적에 이 도령이 바라보고 얼굴 달호이고
> 마음이 취하여 (⋯)
> "방자야, 저기 저 건너 운무중(雲霧中)에 울긋불긋하고 들락날
> 락하는 것이 사람이냐, 신선이냐? (⋯) 사람 죽겠다! 바로 일러
> 라."[16]

남원 고을의 기생 월매의 딸 춘향으로 정체가 밝혀지자 이

도령은 "제가 만일 창녀(娼女)일진대 한 번 구경 못할쏘냐?"[17]라며 춘향을 불러오게 했다. 문제는 춘향이 통상의 기생과 다른 사람이라는 점이다. 춘향은 "성품이 매몰하고 사재고 교만하고 도뜨기가 영소보전(靈霄寶殿) 북극천문(北極天門)에 턱 건"[18] 사람이다. 그렇지만 남원 부사의 외아들 이 도령의 부름이니 거부할 방법이 없다. 이들의 만남은 남성의 일방적인 욕망, 그것도 충동적인 욕망에서 비롯되었고 신분과 힘의 현격한 차이에 입각해 강압적으로 이루어졌다. 「운영전」의 궁녀 운영까지 이어져 온 애정소설의 전통에서 청춘 남녀 쌍방의 자유로운 감정으로부터 싹트는 사랑과는 다른 모습이다.

이 도령이 춘향을 가까이서 보고는 "심신이 녹는 듯하여 (…) '남 호리게 생겼다!'"[19]라고 감탄할 때까지도, 춘향이 이 도령을 보고 옛날 영웅호걸의 기상이 있음에 내심 탄복할 때까지도, 두 사람의 관계는 순간의 욕정을 이루고자 하는 청년과 그 욕정을 활용하여 천한 신분에서 벗어나고자 하는 기생의 관계로 이해해 무방하다.

그러나 춘향은 보통의 기생이 아니다. 양반의 첩도, 노류장화(路柳墻花) 기생 노릇도 원치 않으며, 오직 옛날의 고고한 은사(隱士)나 충신·명장을 배필로 삼겠다고 했다. 이 도령이 "나 같은 사람은 엿보지도 못할쏘냐?"[20]라며 낙담하자 춘향은 이 도령의 애정 고백을 일단 받아들이면서 대뜸 '불망기(不忘記)', 곧 영원한 사랑의 증거 문서를 요구했다.[21] 전대 소설에서 청춘 남녀의 순정하고 고결한 사랑에 '사랑의 맹세' 이상의 증빙을 요구한다는 것은 있을 수 없는 일이었다. 이 도령은 출세하고 요조숙녀를 정실로 맞은 다음 춘향을 소실로 삼아 평생을 함께하겠다는 문서를 썼다. 춘향은 애당초 이 도령의 정실이 되겠다는 생각이 없었으니, 그것이 당대 사회에 실현 불가능한 꿈이라는 것을 잘 알았기 때문이다. 아직은 춘향의 욕망이 무엇인지 확실치 않다. 인생에서 처음 느낀 순수한 사랑의 욕망인지, 소실일망정 전도유망한 양반 남성과의 결혼을 통한 신분 상승의 욕망인지, 두 가지 욕망이 한데 엉킨 것인지.

춘향을 알게 된 뒤 이 도령은 책을 펼쳐도 "책장마다 춘향이요, 글자마다 춘향"[22]이어서 "보고지고!" 소리만 연발했다. 춘향을 만날 약속을 한 뒤로는 시간이 가지 않고, 밤이 되어 길을 나서니 '밤길이 부었는지' 가도가도 줄어들지 않았다. 첫사랑의 들뜬 마음으로 하나가 되니 두 사람의 사랑은 "안고 떨고 진저리치고 몸서리치고 소름 돋"[23]는 것이었다.

그러나 소설 속의 사랑에 이별이 없을 수 없다. 이 도령이 서울로 떠난다는 소식을 들은 춘향은 "분통(粉桶) 같은 제 가습을 (…) 중이 법고(法鼓) 치듯 아주 쾅쾅 두드리며 두 발을 동동 구르면서 삼단 같은 제 머리를 홍제원(弘濟院) 나무장사 잔디 뿌리 뜯듯 바드덩바드덩 쥐어뜯으며 (…) '깁수건을 끌러내어 한 끝은 나무에 매고, 또 한 끝은 목에 매고, 뚝 떨어져 죽고지고!'"[24]라고 외쳤다. 「남원고사」에서 춘향의 분노 장면마다 발견되는 '야성의 춘향'이다. "사랑도 처음이요 이별도 처음이라 옥장(玉腸)이 바아지고 금심(錦心)이 녹아온다"[25]라는 춘향의 한탄에서는 이제 절실한 사랑의 감정이 느껴진다.

이 도령이 떠나고 나서 춘향이 절개를 지키노라 했을 때 주변 사람들의 반응은 냉랭했다. 춘향의 야멸차고 교만한 성격 때문이다. 신관 사또 '변악도'가 춘향을 잡아오라고 하자 죄인에게 형을 집행하는 패두(牌頭)들은 평소 춘향에게 가졌던 유감을 풀려 했다. 실은 월매부터가 춘향의 수절을 납득하지 못했다.

네 아무리 그리한들 닭의 새끼 봉이 되며, 각관(各官) 기생 열녀 되랴? (…) 이진정소(利盡情疎) 송구영신(送舊迎新) 기생 되고 아니하랴?[26]

월매와 주변 사람들이 보기에 '이진정소', 곧 이익이 다하면 정이 소원(疏遠)해지는 것이 기생의 본분에 걸맞은 행동이다.[27] 춘향 홀로 이를 거부했기에 위기도 혼자 극복해야 했다. 우선 춘향은 자신을 체포하러 온 패두들을 능수능란하게 접대해서 자기 편으로 만들었다. 패두들은 춘향의 아양과 환대가 위기를 모면하기 위한 거짓임을 알면서도 금세 춘향의 편이 되었다.

춘향이 처음 온 패두 두 사람은 돌려보냈지만, 결국은 남원 부사 변악도 앞에 잡혀 오고 말았다. 변학도가 처음에는 어른들의 진정한 사랑을 알려 주겠다느니, 남원 관청의 재산이 다 네 것이라느니, 다정한 말로 구슬려 보지만 춘향이 받아들일 리 없다. 춘향은 이 도령을 위한 마음을 꺾지 않는다는 이유로 결국 모진 매질을 당하고 2년 넘게 감옥에 갇혀 고초를 겪었다. 그러나 춘향의 욕망을 가로막는 변악도의 힘이 강할수록 춘향의 욕망과 함께 주변인의 신망도 강해졌다. 그리하여 춘향을 농민들도, 선비들도, 주막 주인도 "유리처럼 맑은 마음"을 가진 "백옥 같은 춘향이"[28]라고 입을 모아 칭송하기에 이르렀다. 사또 변악도의 악행과 원칙 없는 정치가 하나의 전제가 되고, 변악도에 당당히 맞서다가 감옥에 갇힌 춘향의 고초가 차츰 소문으로 퍼져 나가면서 평소에 매몰차고 교만하다고 여겨 왔던 춘향의 집념, 사랑을 향한 불굴의 투지에 각계각층의 인물들이 차츰 공감하게 된 것일 터이다. 춘향은 이제 만인의 동정과 사랑을 받는 여성이 되었다.

그럼에도 춘향의 사랑은 과거에도 오늘날에도 의심받아 왔다. 춘향은 한국 고전소설사에서 사랑의 진실성을 의심받은 최초의 여주인공이 아닐까 한다. 춘향은 기생이기에 이 도령과의 결연을 통해 신분 상승과 안락을 욕망했다는 것, 그랬기에 청춘 남녀의 순수한 사랑에서 볼 수 없던 '불망기'를 요구했다는 것이 그 의심의 내용이다.

의심을 불식시킨 첫 장면은 어사 이몽룡이 "팔도에 비(比)치 못할 상거지"[29] 꼴로 옥중의 춘향을 찾는 대목이다. 이몽룡은 혈흔이 낭자한 춘향을 보고 탄식하며 이제는 "급제도 못하고 가산도 탕진하여 누년(累年) 걸식"한 자신을 잊고 살 방도를 찾으라고 했다. 춘향은 모든 기대가 무너진 절망적 상황에서 오히려 이몽룡을 걱정했다.

저 지경으로 내려오니, 남의 천대 오죽하며 기한(飢寒)인들 적었을까? 불쌍하고 가련히도 되었구나![30]

춘향은 모든 소망이 허물어진 순간에도, 도리어 거지꼴로 천대받고 살았을 이몽룡을 가련히 여겼다. 춘향은 "유리걸식 할지라도 관망의복(冠網衣服)이 선명하여야 남이 천대를 아니 하고 정(精)한 음식을 먹"[31]인다며 이몽룡이 자신을 서울로 데려가면 그때 새 옷을 지어 입으려고 준비해 두었던 옷감으로 이몽룡의 의복을 새로 만들어 달라고 월매에게 부탁했다. 월매가 모든 일이 허사가 되었다며 분통을 터뜨렸으나 춘향은 죽을지언정 뜻을 바꾸지 않겠다고 했다.

> 이진정소 배은망덕 나는 차마 못하겠소. 어머니 마음 저러하면 내 몸 하나 스러져서 차라리 불효는 되려니와 마음은 고치지 못하겠소![32]

출발점의 사랑에는 다양한 욕망이 뒤얽혀 있었을지 모르나 이몽룡에게 기대할 것이 아무것도 없는 이 시점에 이르면 춘향의 사랑은 진지함의 단계를 넘어 '숭고'의 단계에 접어든 것처럼 보인다. 이몽룡은 이렇게 거지 행색으로 감옥에 갇힌 춘향을 만나, 춘향의 변치 않는 마음을 확인했다.

그런데 당초 '불망기'를 작성하던 시점에서 이몽룡의 약속은 춘향을 소실로 맞겠다는 것이었다. 반면 「춘향전」의 결말은 모두가 알다시피 춘향이 정실부인이 되는 것이다. 당대 현실에서 불가능한, 춘향으로서도 자신의 기대 범위를 넘는 파격의 결말이다. 그렇기에 춘향이 이런 대접을 받아 마땅한 사람임을, 춘향의 사랑이 신분 상승 및 물질적 욕망과 결부되지 않은 순수한 것임을 입증하는 시험 절차가 더 필요했다. 절대권력자로만 알았던 변악도를 단번에 몰아낸 어사, 이몽룡처럼 젊으면서 몰락한 이몽룡과 달리 이미 현실의 권력을 가져 미래가 보장된 청년 관료가 춘향을 원한다면 어떨까?

> 본관 사또 불량하여 송백 같은 나의 절개 앗으려고 수삼 년을 옥에 넣어 반귀신을 만들었소. (…) 죽기로만 바라다가 천우신조하여 어사 사또 좌정하옵시니, 하늘 같은 덕택과 명정(明正)하신 처분을 입어 살아날까 축수하옵더니, 사또(어사) 분부 또한 이러하옵시니 다시 무엇이라 아뢰오리까? 얼음 같은 내 마음이 이제 와서 변할쏜가? 어서 바삐 죽여 주오![33]

춘향이 '반귀신', 반쯤은 죽어서 귀신 같은 몰골이 돼서도 "눈을 감고 이렇듯이 악을 쓰니" 모든 일이 끝났다. 어사 이몽룡은 손뼉을 치고 껄껄 웃으며 말했다.

"춘향의 굳은 절개, (…) 아름다운 의기(義氣), 예로부터 지금까지 오직 이 한 사람뿐이다. (…) 기특하고 신통하다! 아리땁고 어여쁘다! 절묘하고 향기롭다! (…) 얼음처럼 옥처럼 고결한 열녀 춘향에게 어사가 오는 것이 제격이다!"**34**

이로써 임금의 명령 형식을 빌려 춘향이 정렬부인(貞烈夫人) 직첩(職牒)을 받고 이몽룡의 정실부인이 되는 파격적 보상에 누구도 이의를 제기하지 못하게 되었다. 매몰차고 교만한 기생 춘향은 출발점의 복합적인 욕망을 넘어 목숨을 걸고 '사랑의 약속'을 이행함으로써 세상에서 가장 아름답고 의기 있는 사람이 되었다.

「운영전」이 '이루지 못한 사랑의 욕망'을 통해 체제 너머를 상상하였다면 「남원고사」는 '사랑의 약속'을 지켜낸 자에 대한 체제 내 최대한의 보상을 상상함으로써 사랑의 가치, 사랑의 약속을 지켜낸 인간의 가치를 기렸다. 당대 현실에서 실현 불가능한 상상을 통해 사랑을 이루고, 파격적 보상의 과정에서 당대 체제에 대한 비판이 상당 부분 무화된 측면이 있음에도**35** 인간과 사랑의 가치에 대한 「남원고사」의 생각을 폄하할 수는 없다.

「포의교집」의 행랑 새댁 초옥

「포의교집」은 1864년부터 1866년까지의 서울 대전골(지금의 서울 을지로 2가 일대)을 중심 배경으로 삼아 기혼 남녀인 초옥(楚玉)과 이생(李生)의 금지된 사랑을 그린 한문 중편 소설이다.[36] 「운영전」과 「춘향전」이 청춘 남녀의 금지된 사랑을 다룬 반면 「포의교집」은 기혼 남녀의 '간통'을 애정소설의 제재로 삼았다. 작품의 출발점부터 이미 사랑의 순수성이 훼손된 상태다.

남주인공 이생은 충청도 양반으로 재주가 시원찮아 마흔이 넘은 나이에도 내세울 것 하나 없는 인물이다. 어떻게든 연줄을 잡아 벼슬을 해 보려는 속물 시골 양반의 전형으로 그려져서 "가난한 데다 나이는 많지, 얼굴은 못났고 재주도 없는 사람"[37]이라는 주변 인물의 악평이 오히려 정곡을 얻은 말로 이해된다. 이런 설정 또한 빼어난 외모의 청년 재자(才子)를 주인공으로 삼는 애정소설의 주류 전통에서 크게 비켜나 있다.

여주인공 초옥은 17세 절세미인이어서 애정소설의 가인(佳人) 계보를 잇는 듯 보이지만, 문제는 유부녀라는 점이다.

행랑채 여자들 중에 젊고 아름다운 새댁이 하나 있었다. 나이는 열예닐곱쯤에 얼굴이 예쁘고 자태가 아리따웠는데, (…) 한 걸음을 떼면 성(城)을 기울일 만하고, 한 번 웃으면 온 나라를 기울일 만했다.[38]

사대부가에서 행랑살이를 하는 '행랑 사람'이란 그 집의 하인은 아니지만 행랑에 사는 대가로 대개 하인과 다름없이 주인댁의 잡일을 돌보는 평민을 말한다. 초옥은 어린 시절 궁궐의 시비(侍婢)로 들어가 글공부를 했던 까닭에 읽지 않은 책이 없다고 했다. 그러나 우여곡절을 거쳐 궁궐을 나온 뒤 얻게 된 남편은 초옥의 교양 수준과 전혀 어울리지 않는 땔나무 상인이었다. 초옥의 간절한 바람은 "문장가 한 분을 만나 밤낮으로 담론하며 일생을 보내는 것"[39]이었다. 그러던 차에 주인댁에 기숙하던 선비 이생이 자신의 꿈을 이루어 줄 사람이라 믿게 되었다.

그런데 초옥이 그런 생각을 갖게 된 첫 만남부터가 희극적 상황이다. 초옥이 처음 이생을 마음에 두게 된 계기는 하층민을 호령하던 이생의 '엄숙한 위의' 때문이었다. 이생은 고향 친구 장 진사(張進士)의 집에서 지냈는데, 그 앞에 바라보이는 우물에서 담배를 피우며 시끄럽게 떠드는, 물 긷는 사내들을 호령하고 매질하고 나니 행랑채 사내들까지 이생이 두려워 감히 그 부근에 얼씬거리지 못했다.[40] 초옥은 "호령하시는 모습을 봤는데, 사대부의 기상이 아니고서야 어찌 그럴 수 있겠니? (…) 필시 문장이 빼어나시겠구나!"[41]라며 변변찮은 양반의 허세로 치부될 이생의 모습에서 '사대부의 기상'을 보고, 이런 사대부라면 필시 대문장가일 것이라고 '오해'했다.[42]

며칠 뒤 초옥은 담장에 핀 봉선화 한 가지를 앞에 두고 자신이 가난한 시골 선비 이생에게 가진 동질감을 토로했다. 서민의 마을에 피어 덧없이 꺾이는 꽃처럼 자신들은 출신이 불운한 탓에 결코 귀해질 수 없다는 것이었다.[43] 그런데 초옥이 간절한 마음을 진지하게 토로했음에도 이 장면은 오히려 코믹한 느낌을 준다. 고백의 상대인 이생의 실제 면모와 그에 대한 초옥의 오해를 잘 알고 있는 독자들이 초옥의 슬픔을 그대로 받아들일 수 없기 때문이다. 이생과 초옥의 첫 밀회 장면에서도 이런 상황은 계속된다.

내 집에 젊은 아내가 있거늘 다른 여자와 바람을 피운다면 천지신명이 나를 미워할 테니, 장차 어찌할꼬? 오늘 밤 만나서는 절대 속마음을 털어놓지 말고 우선 다른 일만 말해서 양파(楊婆: 초옥의 별명)의 태도를 살펴야겠다.[44]

당초의 생각대로 이생은 사랑을 고백하지 않고 교양 있는 대화만 주고받은 뒤 초옥을 보냈다. 그러고 보니 기회가 있었음에도 잠자리를 갖지 못한 것이 후회됐다. "좋은 관계를 맺었어야 했는데 헛되이 보내고 말았으니, 내가 졸렬한 탓이다"[45]라는 자책이 이어졌다. 반면 초옥은 밀회에서 자신을 범하지 않은 이생의 군자다운 행동에 감복하여 이생을 "진정한 대장부"[46]라 칭송하는 편지를 보냈다. 서술자(작자)가 초옥과 이생의 사랑을 오해와 착각에서 비롯된 기묘한 해프닝으로 취급한바, 독자는 지기를 갈망하는 초옥의 마음에서 비롯된 사랑의 감정을 비웃음의 시선으로 바라보게 된다.

그럼에도 초옥의 사랑은 거침없이 직진했다. 초옥은 밀회 후 이생을 '지기'로 확신하고 잠자리를 허락했다.

서로 알아주는 것을 귀하게 여긴다면 서로 마음을 속여서는 안 되지요. (…) 서방님께서는 마음이 하고자 하는 것을 가슴속에 막아 두지 마시기 바랍니다.[47]

당초 초옥의 소망은 문장가를 지기로 삼는 것이었다. 그런데 초옥은 순수한 '우정'의 범위 안에서 정신적 교감(交感)을 가지는 데 멈추지 않고, 육체적 성애(性愛)로 나아갔다. 지기라면 마음속의 욕정마저 헤아려 주어야 한다는 것이 초옥의 '해괴한' 주장이다. 사실 초옥이 마음에도 없는 사람과의 결합을 거부하고 진정한 사랑을 욕망한 점은 운영·춘향과 다르지 않다. 돌이켜 보면 「이생규장전」으로부터 17세기 「운영전」과 「최척전」에 이르는 조선시대 애정소설의 전통에서 '남녀의 사랑'과 '지기의 우정'은 독립된 사안이 아니었다. 이들 소설의 남녀 주인공에게 사랑과 우정은 하나였다. 초옥은 이들과 무엇이 다른가? 초옥은 마음에도 없는 사람과의 결혼을 이미 받아들인 유부녀라는 점, 새로운 사랑과의 '신의'를 위해 배우자와의 신의를 저버린 점, 새로운 사랑이 곧 불륜이라는 점이 다르다. 세상 사람들이 모두 '불륜'이라고 해도 초옥은 '죽어도 잊지 못할 지기'와의 만남이라고, 그리하여 자신의 사랑도 '진정한 사랑'이라고 단언했다. '불륜'도 '진정한 사랑'일 수 있다는 초옥의 주장은 한국 고전소설사에서는 전대미문의 발상이다.

그러나 초옥과 이생의 사랑은 현실에서 '간통'에 불과하다. 초옥의 남편이 간통을 알아채면서 한국 고전소설 초유의 가정폭력 현장이 주변인들의 전언 형식으로 재연되었다.

남편은 머리끝까지 화가 나서 양파를 붙잡고 마구 때리며 "왜

이 서방을 따라가지 않았느냐?"는 말까지 했어요. 그러고는 다듬잇돌로 양파를 쳐 죽이려 했어요. 행랑 여자들이 손으로 막자 이번에는 칼로 양파를 찔러서 피가 낭자했어요. (…)

"네가 죽어도 그만두지 않겠다고 했으니, 죽는 게 네 소원이렷다!" (…)

이번에는 낫을 들고 와서 양파의 두 정강이와 넓적다리를 베었습니다.[48]

초옥은 아내의 불륜에 분노한 남편 앞에 부끄러워하거나 죄를 비는 대신 "죽어도 그만두지 않는다"는 말을 당당히 외쳤다. 행랑 여자들에게도 "뉘우치거나 자책하는 마음이라곤 조금도 없이 눈물을 흘리며 여전히 서방님(이생)을 잊지 못한다는 말"[49]을 했다.

이생이 과거에 낙방하고 낙향했다가 상경한 뒤로도 두 사람은 다시 만났는데, 초옥의 시아버지가 초옥의 방에 함께 있는 이생을 보자 이생은 "필시 변고가 생기겠네"라며 걱정했지만 초옥은 웃으며 말했다.

상관없습니다. 저와 서방님의 일이야 온 동네가 다 아는 사실인데 무슨 변고가 생기겠습니까?[50]

이튿날 초옥의 남편은 재차 초옥을 폭행하고, 초옥은 이틀 동안 여섯 차례 자결을 시도했다. 급기야 "남편이 간절히 애걸했지만 듣지 않"[51]는 상황에 이르렀다. 이쯤 되면 서술자도 초옥의 사랑을 오해로부터 비롯된 해프닝, 또는 허영심의 발로로 보던 시각을 반성하지 않을 도리가 없다.

작품의 출발점에서 서술자는 초옥과 이생의 사랑을 초옥의 '오해'에서 비롯된 우스꽝스러운 해프닝으로 보았다. 그러다가 중반부 이후 초옥의 진지함에 압도된 나머지 '후회 없는 사랑'의 행위를 진지하게 옮기는 한편 작품의 제목부터 작품 말미의 후평(後評)에 이르기까지 거듭 이 작품의 주제가 선비와 '미녀 협객'의 포의지교, 곧 '빈천한 시절의 우정'임을 강조했다.[52] 그러나 초옥과 이생의 관계는 우정의 범주에서 크게 벗어나 있다. 작자는 출발점에서 왜 이들을 볼품없거나 어리석은 사람으로 보았을까. 왜 이들의 관계를 우스꽝스러운 사랑이라 하다가 진실한 우정으로 귀결시켰을까. 이들의 관계가 작자의 이해 범위를 넘어서 있었기 때문이라 본다.

첫째, 절세미녀 초옥이 이생을 사랑한 까닭을 서술자는 이해할 수 없었다. 그러나 서술자의 희화화 의도를 걷어내고 이생을 재조명해 보면 이생은 초옥이 지기로 여길 만한 몇 가지

미덕을 지녔다. 이생은 초옥과 처음 대화한 뒤 초옥을 함부로 대할 수 없는 사람이라 여겼다.[53] 초옥의 입장에서 이생은 자신을 한 사람의 인간으로 존중해 준 최초의 사람이다. 이생은 초옥에게 솔직히 자신의 재주 없음을 고백하는 한편 재색을 겸비한 초옥 앞에 항상 자신을 낮추며 초옥의 마음에 보답하고자 했던 진솔한 사람이다.[54] 그리하여 초옥은 이생보다 젊고 형세가 월등히 나은 인물이 구애하며 이생을 폄하하자 이렇게 말했다.

저는 이서방님을 죽어도 잊지 못할 지기라 여깁니다. (…) 지금 번화한 도성에 고관 댁 자제며 부유한 상인이며 호걸이 많고 많지만 저는 모두 관심 없고 제 눈엔 오직 이서방님뿐이니, 쇤네의 마음을 아실 수 있을 겁니다.[55]

이생은 훗날 초옥의 자결 의지를 꺾고자 설득하는 과정에서 초옥의 사랑, 곧 '불륜'을 '정행'(貞行: 올곧은 행실)이라 칭했다. 이에 초옥은 "이 세상에 (…) 제 마음을 아는 분은 오직 서방님 한 분뿐입니다"[56]라며 자결 의사를 접었다. 이생 자신이 불륜 상대라는 점이 우습기는 하나 초옥의 주장에 동의해 준 유일한 인물이 이생인 것도 사실이다. 이생은 비록 재자(才子)

의 자격 요건을 갖추지 못해 초옥의 당초 소원에 부합하지 않은 사람이었으나, 초옥을 존중하고 그 마음을 이해하는 유일한 존재였다. 초옥이 이생을 자신의 '지기'라고 여긴 데에는 나름의 이유가 있는 것이다.

둘째, 우정에서 성애로 나아가는 초옥의 논리 비약 문제다. 여주인공이 포의지교를 말하다가 지기라면 그 욕정까지 헤아려 주어야 한다는 해괴한 주장을 펴며 잠자리를 같이했다는 설정은 대단히 부자연스럽다. 이 문제는 작품의 중반부 이후 초옥의 진지한 사랑에 압도된 서술자(작자)가 현실에서 '간통'에 불과한 기혼 남녀의 일탈 행위를 긍정적으로 해석할 마땅한 방법을 찾지 못했던 데서 비롯된 비약으로 보면 이해된다. 간통이라는, 결코 정당화할 수 없는 상황, 그러나 그 사랑의 당사자인 여성의 마음을 폄하하거나 단죄할 수는 없는, 이 낯선 상황을 어떻게 이해할 것인가? 여주인공의 마음을 긍정하면서 벗어날 방법은 없을까? 작자는 이런 고민을 하다가 작품의 주제를 '우정'으로 제한하는 결정을 내렸다는 추정이 가능하다고 본다. 논리의 비약 없이 전체 구도를 매우 간명하게 만드는 방법이 있기 때문인데, 오해와 착각, 허영심과 거짓 욕망, 문장가와의 우정과 협객의 의기, 이런 요소들을 모두 빼고, 초옥이 자신을 한 사람의 인간으로 대우해 준 사람에게 사랑을 고백했을 뿐이라고 한다면 작품의 구도가 매우 선명해진다. 이렇게 보면 애정소설의 전통에서 본래 '연인'과 '지기'는 한몸인 바, 초옥은 자신 또한 수많은 애정소설의 주인공들과 같은 마음이라고 주장하고 있는 것이다.

전대의 애정소설에서는 대개 청춘 남녀의 밀회조차 늘 발각될까 두려운 것이었다. 소설 작품에서 '사통(私通)'을 당당하게 여기는 캐릭터는 누구든 악인의 범주를 벗어날 수 없었다. 그런데 결코 악녀 캐릭터로 볼 수 없는 주인공 초옥이 당당하게 불륜도 '진정한 사랑'이라고 주장했다. 초옥에 의하면 나의 혼인 여부, 상대방의 혼인 여부는 '진정'의 기준이 아니다. 「포의교집」의 작자는 물론 그 시대 사람들 대다수가 이처럼 기존의 상식과 도덕에서 한참 벗어난 초옥의 사랑을 이해한다는 건 거의 불가능한 일이었을 것으로 본다.

물론 오늘의 시점에서도 초옥의 생각을 그대로 긍정할 수는 없다. 초옥을 우스꽝스러운 인물로 보이게 만든 설정은 서술자의 편향된 시각에서 만들어진 장치라고 보아 걸러낼 수 있지만, 초옥의 남편 문제는 쉽게 넘어갈 수 없기 때문이다. 초옥의 남편은 아내 앞에서는 포악하기 짝이 없는 폭군처럼 묘사되지만, 이생 앞에 서면 순순히 무릎을 꿇고 처분을 기다려야 하는 서민 청년에 불과하다.[57] 이생이 이 작은 집단 안에서 위세를 가진 인물이라는 점에서 사랑의 '경쟁자' 사이에 공정한 관계가 전제되어 있지 않은 것이다. 초옥 남편의 폭력성이 부각되어 있기는 하나, 초옥의 불륜을 사랑이라고 긍정하기에 망설여지는 것은 사랑의 경쟁자 사이의 불공정 관계 때문이다.

이생과 초옥의 남편이 대등한 관계였다고 가정할 때 비로소 초옥의 사랑이 제기한 문제를 진지하게 고민해 볼 수 있다. 앞에서 우리는, 자신의 '본분'을 지키지 않고 사랑의 욕망을 추구한 궁녀 운영과 기생 춘향을 지지하고 응원한 바 있다. 이들의 사랑은 기존 체제의 금기를 위반하는 '금지된 사랑'이었으나, 우리는 이들의 자유로운 사랑을, 그 욕망의 실현을 함께 꿈꾸며 사랑의 방해자를 증오하거나 이들의 욕망을 금지한 당대 체제 일반을 회의하며 인간의 가치, 체제 너머의 세상을 상상했다. 그러나 초옥의 사랑을 지지하기에는 여전히 마음이 불편하다. 초옥이 이들과 무엇이 다르기 때문인가?

왜 우리는 사랑의 욕망이 지닌 순수함과 진실함, 자유와 평등의 문제로 범위를 넓히며 체제 너머를 상상하게 했던, 사랑의 폭발적인 힘을 긍정하다가, '초옥의 사랑'에 이르러서는 긍정하기를 주저하게 되는가? 초옥 역시 진정한 사랑, 순수한 사랑을 위해 죽음도 두려워하지 않는 간절한 마음을 가지고 있었는데, 왜 우리는 초옥의 사랑을 당당히 지지하지 못하는가?

새로운 사랑을 위해, 이전에 맺은 '사랑의 약속', 또는 부부간의 신의를 저버렸기 때문일까? 과거의 보편적인 문제와 연결됐던, 추상적인 '사랑의 욕망'이 '오늘의 문제'로 내 앞에 다가서 있기 때문일까?

21세기 현시점에서도 선뜻 답하기 어려운 이런 문제들이 「포의교집」에서 제기되었다. 앞서 「운영전」과 「춘향전」의 사랑에서 자유와 인간의 가치를 읽으며 사랑을 예찬하던 우리는 「포의교집」의 사랑에 이르러 사랑과 자유의 허용 범위에 대해 고민하게 되었다.

2부

욕망이 남긴 삶의 여적

05

삼세기영지가의 영예

:강세황의 명예에 대한 열망

장진성

한양에서의 삶: 몰락해 가는 가문

강세황(姜世晃, 1713-1791)은 79세까지 장수(長壽)하였다. 그는 61세에 영릉참봉(英陵參奉)이라는 미관말직을 얻어 처음으로 벼슬살이를 시작하였다. 태어나서 60년 동안 강세황은 벼슬 없이 야인(野人)으로 살았다. 그는 한양과 안산 지역에서 야인으로 인생의 4분의 3을 보냈다. 71세 때인 1783년에 강세황은 현재의 서울시장에 해당되는 한성부판윤(漢城府判尹)에 오르는 등 만년에는 조정의 고위 관료로 빛나는 벼슬살이를 하였다. 이인좌(李麟佐, ?-1728)의 난인 무신란(戊申亂)에 본가와 처가가 억울하게 연루되어 역적 집안의 일원이 되면서 강세황은 오랜 기간 자신의 꿈과 희망을 접고 가난과 우울증 속에서 야인으로 힘겹고 불우했던 날들을 보냈다. 1713년 강세황은 한양의 남소문동에서 대제학과 예조판서를 지낸 강현(姜鋧, 1650-1733)의 9남매 중 막내로 태어났다. 강세황의 자(字)는 광지(光之), 호(號)는 첨재(忝齋), 산향재(山響齋), 박암(樸菴), 의산자(宜山子), 노죽(露竹), 표암(豹菴)이다. 한편 그는 해산정(海山亭), 홍엽상서(紅葉尙書)로도 불렸다. 강세황은 청년기에는 주로 첨재, 산향재, 박암, 의산자를 호로 썼으며 나이가 들어서는 표암, 표옹(豹翁), 표로(豹老)를 호로 사용하였다. 강세황의 대표적인 호인 표암(豹菴)은 어린 시절 등에 생긴 흰 얼룩무늬가 마치 표범 가죽처럼 보인 것에서 연유한다.

강세황이 태어났을 때 아버지 강현의 나이는 64세였다. 할아버지 강백년(姜栢年, 1603-1680)은 예조판서와 우참찬을 역임한 고위 관료로 강세황은 명문 진주(晉州) 강씨 집안에 태어나 순탄한 관직 생활을 할 것으로 기대되었다. 그러나 당색(黨色)이 소북(小北)이었던 강세황 집안은 영조(英祖, 재위 1724-1776) 이후 노론(老論) 주도의 정국에서 서서히 밀려나게 되었다.[1] 1724년에 경종(景宗, 재위 1720-1724)이 갑자기 사망하고 영조가 등극하자 의금부 당상관으로 노론 4대신을 죽이는 데 역할을 했던 강현은 금산(金山)으로 귀양을 가게 되었다.[2] 본격적으로 이 집안에 불행이 닥치기 시작한 것은 이인좌의 난에 강세황의 형인 강세윤(姜世胤, 1684-1741)이 연루되면서부터이다. 1728년에 정권에서 배제된 소론(少論) 및 남인(南人) 과격파가 일으킨 반란인 무신란, 즉 이인좌의 난에 강세윤이 연루되어 귀양을 가게 되자 강세황 집안은 철저하게 권력으로부터 배제되었다. 본래 강세윤은 이천부사(利川府使)로 반란을 진압하는 데 공을 세웠다. 그러나 체포된 반란군인 목함경(睦涵敬, ?-1728)이 국문(鞫問) 도중 강세윤이 반역 모의에 동참하였다고 자백하였다. 그 결과 강세윤은 억울하게 역적 누명을 쓰고 유배되었다. 유배된 지 10년 후인 1738년에 강세윤은 석방되어 집으로 돌아왔다. 그는 3년 후인 1741년에 사망했다. 1750년에 강세윤을 신원(伸冤)하려는 노력이 있었다. 그러나 노론의 반대로 그의 신원은 이루어지지 못했다. 1763년에 조정에서 강세윤의 신원 문제를 검토하는 과정에서 반군들의 편지에서 나온 '세윤(世胤)'이라는 이름은 본래 무신란의 핵심 인물인 정세윤(鄭世胤)을 지칭하는 것이었는데 같은 이름이라는 이유로 강세윤이 '세윤'으로 지목되어 억울하게 역적이 된 사실이 발견되었다. 결국 강세윤은 사후 20년이 지난 1763년에 신원되었다.[3] 강세황은 훗날 불우했던 자신의 삶을 회고하며 1766

년(54세)에 쓴 글인 「표옹자지(豹翁自誌)」에서 "형님 부사공(府使公)이 무고에 걸려 귀양살이를 하게 되니, 나는 비로소 세상 길이 험난하여 벼슬이라는 것이 바랄 것이 못 된다는 것을 알고 과거에 응시할 생각이 없어졌다"고 하였다.[4] 억울하게 누명을 썼지만 역적이 된 형을 둔 관계로 그는 과거를 볼 수 없는 처지가 되었다. 강세황의 길고 고단했던 야인 생활은 이렇게 시작되었다.

무신란이 일어나기 1년 전인 1727년(15세)에 강세황은 유뢰(柳耒, 1692-1729)의 딸인 진주 유씨와 결혼을 하였다. 그런데 형인 강세윤뿐 아니라 처가 또한 무신란에 연루되어 강세황은 더욱더 가혹한 운명을 맞이하게 되었다. 처백부(妻伯父)인 유래(柳倈, 1687-1728)는 무신란 당시 안동부(安東府)의 판관이었는데 반란에 가담했다는 이유로 형장에서 장살(杖殺)되었다. 장인인 유뢰는 관직이 없이 경기도 안산에서 살고 있었는데 역적으로 몰려 국문을 받고 전라도 해남으로 유배되었다. 그러나 이듬해 혹독한 국문으로 몸이 망가진 그는 유배지에서 장독(杖毒)으로 사망하였다. 강세황 친가와 처가 모두가 무신란에 연루되면서 강세황은 사실상 정치적으로 금고(禁錮) 상태가 되었다. 이때 그의 나이 16세였다. 그는 벼슬할 생각은 할 수도 없었으며 그의 앞날은 칠흑 같은 어둠과 같았다. 희망 없는 삶, 이것이 그의 미래였다. 무신란이 그에게 남긴 깊은 상처는 치명적이었다.[5] 모든 희망을 버리고 꿈도 없이 불우한 운명을 견뎌야 하는 것이 강세황에게 남은 일이었다.

1733년(21세)에 강세황은 아버지를 잃었다. 아버지 강현의 묘가 있는 충청도 진천에서 그는 3년간 여묘(廬墓) 살이를 하였다. 1737년 그는 염초교(염천교) 근처에 있던 집으로 어머니를 모시고 이사를 하였다. 이 집은 본래 한양에 있던 처가 소유의 집[京邸]으로 그동안 처남 유경종(柳慶宗, 1714-1784)이 살고 있었다.[6] 1732년에 유경종은 무신란의 여파로 힘겨운 세월을 보내다 결국 한양을 떠나 안산의 고향 집으로 이주하였다. 그 결과 염초교에 있던 집이 비게 되었다. 강세황은 빈집으로 남아 있던 이곳으로 이사를 한 후 서재를 만들었다. 그는 이 서재를 산향재(山響齋)라고 이름 지었다. 그는 산향재의 네 벽에 산수화를 그려 걸어두고 거문고를 연주하면서 고통스러운 세월을 견디었다. 당시 강세황은 '유우지질(幽憂之疾)'이라는 심각한 우울증을 앓았는데 그 상세한 상황은 「산향기(山響記)」(「산향재기(山響齋記)」)에서 살펴볼 수 있다.

내 성격이 산수를 좋아하지만 일찍부터 우울증에 걸려 나다니기 어려웠다. 그러므로 한 번도 산에 올라 보고 싶은 바람을 이루지 못한 채, 오직 그림 그리는 일에 흥미를 붙여 스스로 즐길 뿐이었다. 하지만 남다른 취미와 고상한 이상이 어찌 진짜 산수로 즐거움을 삼는 것만 하겠는가? 이것이 진실로 내 질병을 잊고 내 소원을 보상할 수는 없었다. 전에 구양자(歐陽子)의 글에서 "거문고를 배워서 즐기니 병이 자기 몸에 있는 것을 모른다"라는 구절을 읽었다. 그래서 다시 거문고에 뜻을 두어 그 고요하고 담박하며 깊고 먼 소리를 얻어서, 마음과 뜻을 평화롭게 하고 우울한 것을 없애고자 하였다. (…) 내가 어찌하면 깊은 골짜기와 기묘한 바위, 세차게 물이 흘러 떨어지는 폭포와 거세게 부딪치는 물결 사이에서 거문고를 안고, 그 자연의 소리로 하여금 서로 화답하며 서로 응하게 할 수 있을까? 그리하여 내가 거처하는 작은 서재의 네 벽에 모두 산수를 그렸다. (…) 그(산수) 형태를 다 그려놓고 또 그(거문고) 소리도 얻게 되니 두 가지가 하나로 합쳐져 어느덧 그림이 그림인지, 거문고가 거문고인지 알지 못하게 되었다. 이렇게 되자 비로소 병을 잊어버리게 되었으며 소원도 풀고, 마음이 평화로워져 우울증도 없어지게 되었다. (…) 종소문(宗少文)이 과거에 답사한 곳을 방 안에 그려놓고 "거문고를 다루어 곡조를 탐으로써 뭇 산들이 모두 메아리치게 하고 싶다"고 하였으니, 실로 나의 마음을 먼저 얻었다 할 것이다. 이에 내 서재의 이름을 '산향(山響)'이라 하였다.[7]

강세황은 평소 산과 강의 아름다운 풍경을 좋아했지만 극심한 우울증에 시달려 외출하기도 어려웠다. 그는 등산조차할 수 없게 되자 산향재 네 벽에 산수화를 그려 걸고 감상함으로써 우울증을 극복해 보고자 노력했다. 아울러 북송시대의저명한 문인인 구양수(歐陽脩, 1007-1072)의 거문고에 대한 글을 읽은 후 거문고를 연주하며 정서적 안정과 마음의 평화를얻고자 하였다. 그가 그림을 그리고 거문고를 탄 것은 우울증을 극복하기 위함이었다. '산향(山響)'은 거문고 소리가 여러산들에 퍼져 메아리치는 현상을 의미하는데 강세황은 방 안의네 벽에 자신이 그린 산수화를 걸어두고 거문고를 연주하면서가슴 속의 울분으로 인해 생긴 우울증을 이겨내고자 하였다.

밝으로 나가지 못한 채 방 안에서 줄곧 생활하였지만 산수화 그리기와 거문고 연주로 그는 우울증에서 벗어나게 되었다고 한다. 그런데 그는 윗글에서 "마음이 평화로워져 우울증도 없어지게 되었다"고 하였지만 실상은 그렇지 않았다. 강세황은 「〈걸화장〉 두루마리의 운에 차운하다(乞花場軸中韻)」라는시에서 "우울한 병 오래고 깊어 문을 닫고 있었는데 모처럼 날이 개어 지팡이를 짚고 나선다"[8]고 하였다. 그는 무신란으로인해 형 강세윤이 유배되고 신원이 되지 못하자 벼슬길이 막혀 가슴 속에 근심과 화증(火症)이 쌓였다. 그 결과 그는 우울증이 생겨 고생하였다. 한편 이러한 신경증적 장애는 오랫동안 그를 괴롭혔던 것으로 여겨진다. 그의 일상은 문을 닫고 집안에서 "은거자처럼 홀로 적막하게 지내는[寂寞幽居]" 것이었다.[9] 그의 시에는 "문을 닫고[閉門, 閉戶]," "문빗장을 걸어 잠그고[掩扃]"라는 표현이 종종 등장한다.[10] 강세황을 고통스럽게 했던 '유우지질'을 그의 처남인 유경종도 겪었다. 그는 무신란으로 큰아버지가 국문 과정에서 매를 맞아 죽고 아버지 또한 곤장을 심하게 맞아 장독으로 유배지에서 사망하는 일을 겪은 후 '유우지질'이 발생하여 정신적으로 큰 고통을 받았다. 유경종은 1732년 염초교에 있던 집을 떠나 안산으로 내려와 정착하였다. 1735년 그는 의원(醫員)의 권유로 우울증을 극복하기 위해 금강산을 다녀왔다. 그러나 그의 우울증은 지속되었다. 그는 평생 안산에 거주하며 독서와 시문 창작으로 여생을 마쳤다.[11] 무신란의 여파로 벼슬을 할 수 없는 처지, 즉 금고(禁錮) 상태가 된 강세황과 유경종에게 삶의 탈출구는 없었다. 이들에게 삶은 '사는 것'이 아닌 '견뎌내는 것'이었다.

안산 시절: 궁핍과 우울 속의 날들

1740년(28세)에 어머니마저 세상을 떠나자 3년간 여묘살이를 마치고 강세황은 32세 때인 1744년에 처가가 있는 경기도 안산으로 이주하였다. 이후 그는 30년가량 안산에서 처가살이를 하게 되었다. 안산으로 이주한 강세황은 처남 유경종을 비롯해 안산 지역의 문인들과 교유하면서 긴 야인 생활의 어려움을 이겨내고자 하였다. 유경종은 선대부터 내려온 장서가 만 권이 될 정도로 지역 사회에서는 영향력이 있는 인물이었다. 유경종의 사촌인 유경용(柳慶容, ?-1753)의 집인 안산의 청문당(淸聞堂)을 중심으로 유경종, 강세황, 안산 근처에 세거(世居)하던 젊은 학자들은 시를 짓고 그림을 감상하는 등 활발한 예술 활동을 벌였다. 즉 청문당은 일종의 살롱(salon)과 같은 역할을 했다고 할 수 있다. 강세황과 유경종은 매형, 처남 관계를 넘어 가장 절친한 지기(知己)이기도 했다. 유경종을 통해 강세황은 안산에서 활동하던 성호(星湖) 이익(李瀷, 1681-1763)의 친척 및 제자들과 교유하면서 깊은 우정을 쌓았다. 이용휴(李用休, 1708-1782), 이현환(李玄煥, 1713-1772), 이광환(李光煥, 1702-?), 조중보(趙重普, 1706-1778) 등이 안산 시절 강세황의 친밀했던 벗들이다. 한양에서 만나 평생의 벗이 된 허필(許佖,

〈그림 5-1〉 강세황, 〈현정승집도〉, 1747년, 개인 소장

1709-1768)도 자주 안산으로 강세황을 찾아왔다.[12] 〈현정승집도(玄亭勝集圖)〉(개인 소장)는 1747년 6월 11일 복날(초복)에 유경용의 청문당에 모여 편안한 오후의 한때를 보내고 있는 안산 지역 문인들의 모습을 강세황이 그린 기록화이다(그림 5-1). 방 중간에 앉아 있는 사람이 유경종이며 방문 밖에서 책을 들고 앉아 있는 사람이 집주인인 유경용이다. 한편 옆에 책을 두고 화면 중앙에 앉아서 무엇인가를 바라보고 있는 것 같은 인물이 강세황 본인이다. 담뱃대, 술병, 거문고들이 보이며 화면 뒤쪽에는 바둑에 열중하고 있는 인물들이 그려져 있다. 〈현정승집도〉는 강세황이 안산으로 이주한 후 이 지역의 문인들과 교유하며 생활하던 일상을 보여주고 있다.[13]

서울에서도 가난하였지만 안산에서 강세황은 늘 경제적으로 어렵게 살았다. 친구 조중보에게 보낸 시에서 그는 "곤궁하게 지내니 온갖 일이 마음에 맞지 않아 바보처럼 앉아 쓸쓸히 무너진 벽에 기대어 있네"라며 자신의 경제적 무능함과 빈곤으로 인한 비애감을 토로하였다.[14] 그를 대신해 집안의 살림을 맡아 자식들을 키운 것은 부인 유씨였다. 1756년 가정의 생계를 책임진 아내 유씨가 전염병에 걸려 44세의 나이에 사망하자 강세황은 「죽은 아내를 제사 지내며(祭亡室文)」라는 글에서,

(중략) 가난은 날이 갈수록 더욱 심해져 5-6년이 지난 뒤에는 차츰 밥을 죽으로 대신하였고 죽도 계속하지 못하여 굶주리게 되었다. 집안에 식구가 10명이 되는데 모두 그대만을 쳐다보고 살았다. 대체로 나의 성격이 본래 세상 물정에 어둡고 살림을 알지 못하여 그대 혼자서 모든 것을 꾸려 나가면서 세월을 지탱하였다. (…) 지금 그대가 가난으로 병들고, 병으로 죽는 것이 모두 나로 인하여 그렇게 된 것이다. 나는 본래부터 재산이 없었고 성격이 또 살림할 줄을 몰라서 뼈에 사무치는 가난뱅이가 되었다. 또 그대로 하여금 정신을 괴롭히고 육체를 시달리게 해서 열 식구를 먹여 살리게 하였고 또 그로 인하여 지쳐서 고칠 수 없는 병이 생기게 만들었다. 이에 병이 들었는데 내가 또 게으르고 고지식해서 의원이나 약을 찾아 치료하는 방법을 다하지 못하였다. (…) 내가 또 어떻게 이런 일을 견뎌내며 오래도록 이 세상을 살아가겠는가?. (…) 나의 슬픔은 장차 무슨 방법으로 억누르며 위로할 수 있겠는가?[15]

라고 자신의 경제적 무능력과 그로 인한 곤궁한 삶, 부인 유씨를 잃은 깊은 슬픔에 대해 적고 있다. 가족이 열 명이나 되어 죽도 먹지 못하는 지경에 이르렀고 부인 유씨가 생계를 책임져 하루하루를 힘겹게 살아갔던 날들에 대한 아픈 기억에 대해 강세황은 숨김없이 자신의 감정을 토로하고 있다. 아내의 죽음으로 충격에 빠진 강세황은 넉 달 동안 사찰 등을 찾으며 억누를 수 없는 슬픔을 달랬다. 부인 유씨가 사망한 그 이듬해인 1757년(45세)에 강세황은 개성유수였던 오수채(吳遂采, 1692-1759)의 초청을 받아 개성을 여행하고 이 여행을 기록한 《송도기행첩(松都紀行帖)》을 남겼다. 이 화첩 안에는 명암법과 투시도법이 사용된 그림들이 들어 있어 1757년 이전에 강세황이 이미 서양화법(西洋畵法)에 대한 깊은 이해가 있었음을 알 수 있다(그림 5-2).[16]

강세황의 안산에서의 삶은 궁핍과 우울함의 연속이었다. 「표옹자지」에서 그는 "상복을 벗고 나서 안산읍에 거주하니 여덟아홉 칸의 오래된 집으로 매우 초라하였다. 생활에 대한 문제는 조금도 돌보지 않고 다만 책과 필묵을 가지고 스스로 즐겼다. 또 그림을 좋아하여 때로 붓을 휘두르면 힘이 있고 고상하여 속기를 벗어 버렸다"고 하였다.[17] 그는 벼슬을 할 수 없어 재야에 묻혀 책을 보고 때때로 그림을 그리는 것으로 세월을 보냈다. 그는 경제적으로 무능했던 가장이었다. 그는 식구가 10명이나 되고 죽도 먹기 어려운 곤궁한 삶 속에서 아무것도 할 수 없는 무용(無用)한 인물로 나날을 살아가야 했던 불우한 지식인이었다. 부인 유씨는 이러한 남편의 무능에도 불

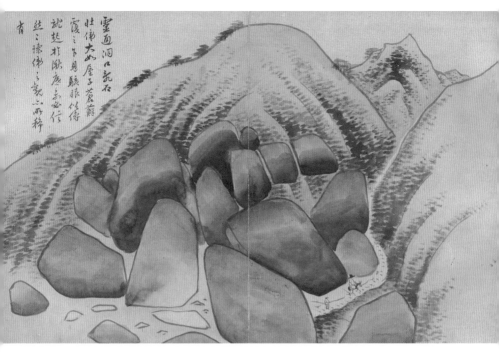

〈그림 5-2〉 강세황, 〈영통동구(靈通洞口)〉, 《송도기행첩》, 1757년경, 국립중앙박물관

구하고 식구들을 돌보는 가장 역할을 하였다. 유씨는 "중년부터 영양실조의 증세가 있어서 간혹 발작하면 곧 사나흘 동안 몸져누울" 정도로 건강이 안 좋아졌지만 가계(家計)를 위해 일을 할 수밖에 없는 처지였다.[18] 결국 유씨는 영양실조로 몸이 피폐해진 상태에서 전염병에 걸려 사망하였다. 이렇게 고생하였던 부인을 떠나보낸 강세황은 "독에 쌀이 떨어져도 모르고. (…) 책장이나 뒤적이고 붓대나 놀리는 것"만 하였던 자신을 자책하였다.[19] 앞에서 살펴보았듯이 우울증 증세가 많이 나아지기는 하였지만 강세황은 여전히 '유우지질'의 고통에서 벗어나지 못한 상태였다. 우울증에 더해 평생 자신을 위해 고생하였던 부인이 사망하자 그는 외부와의 접촉을 피한 채 칩거하였다. 그는 "적막한 깊은 곳에 살면서 홀로 문을 닫고" 살았다.[20] 그 결과 그를 찾아오는 사람조차 없어졌다. "한낮에도 사립문을 늘상 닫고 빈 당(堂)에 한가로이 누워 뜰에 내려가는 것도 귀찮은" 상태로 그는 홀로 쓸쓸히 집 안에만 틀어박혀 생활하였다.[21]

「표옹자지」: 불우했던 나의 삶에 대한 기록

강세황은 가난하고 정치적으로 불우했지만 강한 자존(自尊) 의식을 지닌 인물이었다. 「표옹자지」는 그가 가지고 있었던 강렬한 자의식에 대한 생생한 기록이다. 그는 어려서부터 총명하고 재주가 많았다. 강세황은 1720년 숙종(肅宗, 재위 1674-1729)의 국상(國喪) 때 「구장(鳩杖)」이라는 시를 지었다. 이때 그의 나이는 8세였다. 10세 때 강세황은 아버지 강현을 대신하여 도화서 화원들의 시험지를 보고 등급을 매길 정도로 그림을 보는 안목이 있었다고 한다. 같은 해에 당시 저명한 서예가였던 윤순(尹淳, 1680-1741)이 강세황의 글씨를 보았다. 윤순은 강세황이 반드시 글씨로 명성을 떨칠 인물이 될 것이라고 예견하였다. 어린 나이에 시서(詩書)에 남다른 재능을 보인 그의 밝은 장래는 보장된 듯이 보였다. 그러나 무신란은 그의 인생을 송두리째 바꾸어 놓았다. 야인 생활을 하면서도 그는 양한(兩漢) 및 당송(唐宋) 시대의 여러 저명한 문장가들의 글을 두루 읽었으며 원나라의 문인화가들인 황공망(黃公望, 1269-1354)과 왕몽(王蒙, 1308년경-1385)의 화법을 익혔다. 아울러 그는 왕희지(王羲之, 303-361), 왕헌지(王獻之, 344-385), 미불(米芾, 1051-1107), 조맹부(趙孟頫, 1254-1322)의 서법(書法)을 익혀 서예에 능통하였다.[22] 시서화에 정통하였던 강세황은 강한 자존감을 지니고 있었으며 할아버지와 아버지가 쌓은 명예를 자신이 이어 나가야 한다는 의무감 속에 살았다. 그러나 벼슬길이 막힌 그에게 집안의 명예를 지켜나갈 길은 없었다.

그는 「표옹자지」에서 다음과 같이 자신에 대해 말하였다.

(중략) 어려서 총명하고 재주가 있어 나이 열서넛에 행서(行書)를 잘 써서 내 글씨를 얻어다가 병풍을 만드는 사람도 있었다. (…) 나는 대대로 벼슬한 집안의 후손으로 운명과 시대가 어그러져서 늦도록 출세하지 못하고 시골에 물러앉아 시골 늙은이들과 자리다툼이나 하고 있다가 만년에 더더욱 서울과 소식을 끊고 사람을 만나지 않았다. 간혹 대지팡이에 짚신을 신고 들판을 거닐었으니, 겉으로는 촌스러운 듯하나 속은 자못 영특하고 지혜로워 뛰어난 지식과 교묘한 생각을 지녔다. 심오한 음악의 이치와 교묘한 공예품은 한번 듣고 보면 환하게 깨치지 못하는 것이 없었다. 바둑알을 손에 잡은 적이 없었고 절대로 노름이나 잡기를 좋아하지 않았으며, 술사(術士)와 운명을 얘기한다든가 상법(相法)을 말한 적이 없고 더욱 풍수설을 믿지 않았다. (…) 뒷날 이글을 보는 사람이면 반드시 내가 산 시대를 논하고 나를 상상하면서 내가 불우하였음을 슬퍼하고 나를 위하여 탄식하

며 감개(感慨)하는 사람이 있을 것이다. 그러나 이것이 어찌 나를 알기에 충분할 것이냐? 나는 벌써 스스로 자연스럽게 즐거워하며 마음속이 넓고 텅 비어서 스스로 뜻을 이루지 못한 것을 조금도 섭섭히 여기거나 불평함이 없는 사람이다.[23]

이 글에서 강세황은 자신이 명문가에서 태어났지만 시대를 잘못 만나 불우한 운명에 처해졌다고 술회(述懷)하고 있다. 「표옹자지」에서 핵심어는 불우(不遇)이다. 불우는 무신란으로 역적 집안의 일원이 된 그의 비극적 운명을 지칭한다. 이 글에서 강세황은 평생을 불우한 야인으로 살았지만 글씨를 잘 썼고 음악과 예술에 대한 조예가 깊었으며 영특하고 지혜로운 사람이라고 자신에 대해 언급하면서 강한 자긍(自矜) 의식을 드러냈다. 비록 시골 안산에서 이름 없는 지식인으로 살았지만 가슴 속에 큰 포부와 고상한 이상을 지닌 인물로 강세황은 자신을 묘사하고 있다. 후일 사람들이 자신의 비범함을 발견해 주기를 바라면서 그는 글을 마쳤다. 시대와 어그러져 재야(在野) 문인으로 가난하게 살았지만 자신의 진정한 가치는 후대 사람들이 반드시 알아보아 줄 것이라는 기대와 확신이 이글 속에 잘 드러나 있다. 그러나 그는 무신란의 여파로 벼슬길이 막혔으며 안산에서 우울증과 가난에 시달리는 야인으로 쓸

쓸하게 늙어가고 있었다. 그가 그린 작은 8폭 병풍인《산수·사군자도(山水·四君子圖)》(국립중앙박물관 소장)의 제6폭에는 강가에서 지팡이를 짚고 홀로 걷고 있는 노인이 그려져 있다(그림 5-3). 윗글을 보면 "간혹 대지팡이에 짚신을 신고 들판을 거닐었으니"라는 표현이 나타나 있어 이 그림 속의 노인은 강세황의 분신, 즉 그의 자의식이 투영된 인물로 생각된다.[24] 안산에서 칩거 생활을 하고 있던 강세황은 나이가 들면서 일개 야인으로 이름도 세상에 제대로 알려지지 못한 채 죽게 될 것이라는 두려움을 가지게 된 것 같다. 그는 비록 벼슬은 하지 못하였지만 학식과 덕망이 높은 명예로운 재야 문인으로 세상에 이름을 남기고 싶었다. 자신과 가문에 대한 긍지가 강했던 강세황은 초야(草野)의 이름 없는 지식인으로 사라지는 것을 두려워하였다. 그가 나이가 들면서 가장 근심했던 것은 뛰어난 재주와 학식을 지녔지만, 이것이 세상에 알려지지 않고 죽은 후 자신이 이름도 없는 존재가 되어 흔적도 없이 사라지게 될 것이라는 이른바 '몰세무문(沒世無聞)'에 대한 두려움이었다.[25] 이 때문에 그는 「표옹자지」를 통해 정치적 불우함으로 인해 세상에 알려지지 않은 자신의 비범함을 알리고자 하였다. 자긍심이 높고 명예욕이 강하였던 무명의 재야 문인인 그가 할 수 있는 일은 이것밖에 없었다.

〈그림 5-3〉 강세황, 〈산수(山水)〉, 《산수·사군자도》, 국립중앙박물관

빛났던 만년: 삼세기영지가의 영예

1763년(51세)에 강세황 집안에 경사가 생겼다. 둘째 아들 강완이 과거에 합격하였다. 이후 차례로 맏아들 강인이 문과에 등제(登第)하고 나머지 아들들인 강관, 강빈도 진사시에 합격하는 등 집안의 가세가 서서히 회복되기 시작하였다. 강완이 과거에 합격하였을 때 영조는 강완이 문장과 서화에 능한 강세황의 아들이라는 이야기를 듣고 강세황에게 사람들이 그림을 천한 기술로 여기고 있으니 사대부로서 다시는 그림 잘 그린다는 이야기를 듣지 않도록 신중하게 행동하기를 권유하였다. 강완으로부터 이 말을 전해 들은 강세황은 영조의 배려에 감읍하여 사흘간 눈물을 흘리며 감격하였다고 한다. 그리고 다시는 그림을 그리지 않기로 결심하고 절필(絶筆)하였다. 실제로 1763년 이후 죽기까지 30년 동안 강세황은 그림을 매우 적게 그렸다.[26] 1773년에 강세황의 인생에 기적과도 같은 극적인 일이 벌어졌다. 이 해에 국왕 영조의 배려로 강세황은 오랜 야인 생활을 마치고 처음 벼슬을 하게 되었다. 1773년 영조가 양로연(養老宴)을 베풀었을 때 강인이 주서(注書)로 이 잔치에 참여하였다. 이것을 계기로 영조는 강백년, 강현을 생각하며 강세황에게 영릉참봉(英陵參奉, 종9품) 벼슬을 내렸다. 이때 강세황의 나이 61세였다. 그러나 그는 늙은 나이에 관직에 나가는 것에 부담을 느껴 곧 영릉참봉직을 사임하였다. 다음 해(1774년, 62세)에 사포서별제(司圃署別提, 종6품)가 되면서 강세황은 안산을 떠나 한양으로 올라왔다.[27]

강세황은 1778년(66세)에 문신정시(文臣廷試)에 수석으로 합격하며 관직 생활에 일대 전기를 마련하게 되었다. 그는 남양부사, 호조참판, 병조참판을 거쳐 1783년(71세)에 한성부판윤에 올랐다. 문신정시에 수석 합격하면서 그는 초고속 승진을 거듭하게 되었다.[28] 1784년(72세)에 강세황은 건륭제(乾隆帝, 재위 1736-1795)의 천수연(千叟宴)에 참석하기 위하여 부사(副使)로 북경에 가는 영광을 얻었다. 연행(燕行)은 그가 꿈조차 꾸지 못하였던 일이었다. 그는 북경에서 원명원(圓明園), 이화원(頤和園) 등 명소를 방문하였으며 박명(博明, 1721-1798) 등 청나라의 문인들과 교유하였다.[29] 1788년(76세)에 강세황은 회양부사로 있던 맏아들 강인의 배려로 금강산을 여행하게 되었다. 그는 금강산 여행의 기쁨을 「유금강산기(遊金剛山記)」로 남겼으며 또한 《풍악장유첩(楓嶽壯遊帖)》을 제작하여 자신이 본 강원도 일대의 경관을 그림으로 남겼다.[30]

강세황에게 만년은 갑자기 다가온 행복의 나날들이었다. 육십 평생을 궁핍하게 살았으며 우울증에 시달렸던 야인에게는 민을 수 없는 현실이었다. 그의 만년의 행복 중 가장 큰 기쁨의 순간은 1783년에 다가왔다. 1783년 4월 말에 병조참판에 제수된 강세황은 채 5개월도 지나지 않아 한성부판윤(정2품)에 임명되었다. 이후 그는 기로소(耆老所)에 입소하였다. 강백년, 강현이 모두 기로소에 들어간 바 있어 강세황이 기로소에 들어감으로써 그의 집안은 조선시대 역사에서 매우 유례가 적었던, 즉 삼대가 기로소에 입소하는 기록을 세우게 되었다. 그의 기로소 입소로 그의 집안은 '삼세기영지가(三世耆英之家)'라는 특별한 영예를 얻게 되었다. 원칙적으로 기로소에 들어갈 수 있는 자격은 문과 출신으로 정2품 이상, 70세 이상이었다. 조선시대 전 기간에 걸쳐 기로소에 입소한 인물들은 대략 550여 명이었다고 한다.[31] 특히 삼대가 연속으로 기로소에 들어가 '삼세기영지가'가 된 집안은 다섯 가문 정도에 불과하였다.[32] 따라서 강세황 가문이 연속 삼대에 걸쳐 기로소에 들어간 것은 매우 희귀한 경우였다. 강세황은 자신이 기로소에 들어감으로써 조선시대 최고의 명예 중 하나인 '삼세기영지가'가 된 것을 크게 자랑스러워하였다. 무신란에 친가와 처가가 모두 연루되어 역적 집안의 일원으로 낙인찍히는 불명예를 견디며 살았던 강세황에게 '삼세기영'은 가문의 명예를 일거에 회복하는 영광스러운 사건이었다. 강세황은 기로소 입소를 기념하여 초상화를 제작하였다(그림 5-4).[33]

豹菴姜公七十一歲眞

御製祭文
疎懷猶韜霎煙揮毫萬紙內屛宮後
卿官不冷三絕則處此悮華圖西擢謹先
才難之思薄辭是宣

惠九章謹書

〈그림 5-4〉 이명기 (1756-1802년 이후), 〈강세황초상〉, 1783년, 진주 강씨 백각공파
종친회 소장, 국립중앙박물관 기탁 보관

그는 이 명예로운 일을 기념하기 위하여 '삼세기영'이라는 인장을 새겨 자신이 그린 여러 그림에 사용하였다. 《영대기관첩(瀛臺奇觀帖)》(국립중앙박물관 소장)에는 다음 해인 1784년에 부사로 연행을 간 강세황이 북경에서 본 경관들을 묘사한 그림들이 들어 있다. 이 중 〈영대빙희(瀛臺氷戲)〉는 청 황실이 12월 21일에 개최한 빙희연(氷戲宴) 장면을 보여주고 있다(그림 5-5). 이 그림에는 팔기(八旗) 소속의 병사들이 얼어붙은 호수 위에서 활을 쏘는 모습이 나타나 있다. 화면의 오른쪽 상단에 보이는 백탑(白塔) 옆에 '삼세기영' 인장이 찍혀 있다. 1785년에 강세황이 제작한 서첩(書帖)인 《수역은파첩(壽域恩波帖)》(절두산 순교 성지 한국천주교순교자박물관 소장)의 제22-23면은 그가 1784년 12월 25일에 본 북경의 서쪽 선무문(宣武文) 안에 있던 천주당(天主堂), 즉 서천주당의 경관을 기록한 글이다. 제23면 왼쪽 하단에 강세황은 '삼세기영' 인장을 찍었다. 그는 이 인장을 통해 자신의 기로소 입소를 통해 이루어진 '삼세기영'에 대한 강한 자긍심을 드러냈다.[34]

만년에 얻은 행복 속에 강세황은 자신의 일생을 뒤돌아보았다. 기로소에 들어가기 1년 전인 1782년에 그린 〈자화상(自畵像)〉(〈강세황70세자화상(姜世晃70歲自畵像)〉, 진주 강씨 백각공파 종친회 소장, 국립중앙박물관 기탁 보관)은 자신의 일생을 그림으

〈그림 5-5〉 강세황, 〈영대빙희(瀛臺氷戲)〉, 《영대기관첩》, 1784년, 국립중앙박물관

로 표현한 것이다(그림 5-6).³⁵ 그림에 쓴 자찬문(自贊文)에서 강세황은 다음과 같이 말하였다.

> 저 사람은 어떤 사람인가? 수염과 눈썹이 하얗구나. 머리에는 사모(紗帽)를 쓰고 몸에는 야복(野服)을 걸쳤으니, 이로써 마음은 산림에 있으면서 이름은 조정(朝廷)에 있음을 보였구나. 가슴에는 수많은 책을 간직하고 있으며 필력은 오악(五嶽)을 흔들 정도이지만 세상 사람들이 어찌 알겠는가. 나 스스로 즐길 뿐이다. 노인의 나이 일흔이요, 호는 노죽(露竹)이다. 그 초상을 스스로 그리고 그 찬(贊)을 스스로 지었다. 때는 임인년(1782)이다.

〈자화상〉은 자신의 일생을 그림으로 드러낸 세계 초상화 역사에서도 매우 드문 흥미로운 작품이다. 이 그림에서 강세황은 평상복인 야복 차림에 관모인 사모(紗帽)를 쓴 자신의 모습을 그렸다. 사모를 쓸 경우 관복을 입는 것이 정상이다. 그런데 강세황은 야복(野服)을 입고 사모를 쓰고 있다. 왜 강세황은 이러한 특이한 자화상을 남긴 것일까? 야복인 평상복은 그의 야인 생활 60년을, 사모는 그의 10년간의 관직 생활을 상징한다. 강세황은 1781년(69세) 9월에 호조참판(종2품)으로 임명되었으며, 1782년(70세) 1월에 가의대부(嘉義大夫, 종2품)가 되

彼何人斯鬚眉晧白
頂烏帽披野服作以
見心山林而名朝籍
胸藏二酉筆搖五嶽

人那得知我自爲紫
翁年七十翁號露竹
其眞自寫其贊自作
歲在玄黓攝提格

〈그림 5-6〉 강세황, 〈자화상〉, 1782년, 진주 강씨 백각공파 종친회 소장, 국립중앙박물관 기탁 보관

었다. 70세에 그린 이 자화상에서 강세황은 「표옹자지」에서와 같이 자신에 대한 자긍심을 드러내고 있다. 만 권의 책을 읽어 방대한 지식을 갖추고 있으며 문장과 서화에 능해 세상을 뒤흔들 만한 재주를 지녔지만 그는 60년간 야인으로 무명 생활을 하였다. 그 누구도 그의 비범함을 알아보아 주는 이가 없었다. 현재에도 세상 사람들은 그가 지닌 재주와 학식을 알지 못한다. 야인 시절 그는 오랜 인고의 시간을 견디며 학문과 예술에 몰두하였다. 이 그림을 통해 그는 '결국 사람들은 알 것이다. 나, 강세황이 누구인지를'이라고 말하는 듯하다. 70세에 인생을 반추하며 강세황은 불우하였던 야인 시절을 반추하고 있다. 이제 관직이 종2품에 달하는 고위 관료가 되었지만 60년간의 야인 생활은 강세황에게 뼈아픈 기억으로 남아 있다. 잊고 싶었지만 불우했던 날들의 기억은 여전히 그의 머릿속에 있었다. 그는 자찬문을 마치며 '이슬을 머금은 대나무(露竹)'라는 자신의 호를 적었다(그림 5-7). 찬 이슬을 머금은 대나무는 야인으로서 불우한 인생을 살았던 강세황의 지난 과거를 잘 설명해 주고 있다. 차가운 공기가 사방을 뒤덮은 새벽, 이슬이 대나무에 맺혀도 대나무는 결코 휘지 않는다. 절개와 지조의 상징인 대나무처럼 시련과 고난의 시절에도 강세황은 그 험난한 세월을 묵묵히 견뎠다. 그에게 불우했던 날들은 아픔이었지만

見心山林而名朝籍
胸藏二酉華搖五嶽

人那游知我自爲柴
翁年七十翁鬚鬢竹
其真自寫其贊自作
歲在玄黓攝提格

〈그림 5-7〉 강세황 〈자화상〉의 세부

동시에 삶을 버티는 거대한 힘이기도 하였다. 이 자화상을 그린 후 일 년이 지난 1783년에 그는 기로소에 들어감으로써 '삼세기영지가'라는 빛나는 명예를 얻게 되었다. 한 야인의 아픔이 끝나는 순간이었다.

06

소설 『요재지이』에 투영된
여우와 귀신의 심상한 욕망

김월회

『요재지이(聊齋志異)』[1]에는 여우와 귀신을 제재로 삼은 서사가 적잖이 실려 있다. 이 글은 이들 여우-귀신 서사[2]에 나타난 여우와 귀신의 욕망에 주목함으로써 그에 투영된 인간의 욕망을 고찰해 보고자 기획되었다. 인간의 욕망을 고찰하는 한 경로로 여우-귀신 서사에 투사된 인간의 욕망을 다룬다는 것이다.

왜 '여우와 귀신'의 욕망인가?

여우와 귀신의 욕망에 주목하는 이유는 다음과 같다. 『요재지이』뿐 아니라, 또 여우-귀신 서사뿐 아니라 비인간 존재의 인간 둔갑[3] 서사에서 인간으로 둔갑한 존재들의 욕망은 일반적으로 인간의 욕망으로 간주될 수밖에 없다는 점이다. 이들 서사에 드러난 욕망은, 그것이 보통의 인간으로서 실현 가능한 '현실적' 욕망이든, 인간 능력의 생래적 한계 등으로 인해 현실 속 인간에게는 상상 내지 공상이나 환상의 영역에 속하는 '비현실적' 내지 '초현실적' 욕망이든 간에 이들 모두는 인간의 욕망으로 읽어낼 수밖에 없다. 서사를 지어낸 존재가 바로 인간이고, 인간은 여우나 귀신의 욕망 자체를 도무지 알 수 없기 때문이다. 게다가 판타지라고 할 수 있는 여우-귀신의 서사에는 인간의 현실적 욕망부터 비현실적 내지 초현실적 욕망 모두가 표출되어 있을 개연성이 상대적으로 크다. 그래서 여우-귀신 서사를 통해 한층 다채로운 인간 욕망의 실제를 접할 수 있게 된다.

두 번째 이유는 『요재지이』의 여우-귀신 서사는 "귀신이 있다", "둔갑한 여우가 실재한다" 등을 주장하거나 설득하는 서사가 아니라, 귀신과 여우가 인간 사회에 섞여 살고 있음을 당연시하는 서사라는 점으로부터 기인한다. 여우나 귀신일지라도 정은 사람과 똑같다는 「교낭(巧娘)」[4]의 남주인공 부렴(傅廉)의 말처럼, 『요재지이』의 여우-귀신 서사는 "둔갑한 여우가 있다", "귀신이 있다"를 설득, 주장하는 것이 아니라 그들과 함께 살고 있음을 적극적으로 환기하고 있다. 이러한 면모는 다음 같은 서사에서도 공통적으로 목도된다. 「신십사낭(辛十四娘)」의 남주인공 풍생(馮生)은 들여우의 정령인 줄 알면서도 아름다운 여자를 얻게 된다면야 여우인들 어떠냐며 들여우의 정령과 결혼을 하려고 한다. 이는 남성의 미녀에 대한 욕망으로 인해 여우의 부정적 면모를 문제 삼지 않게 되었다고 읽을 수도 있지만, 여우가 인간 사회의 어엿한 일원으로 너끈히 살아갈 수 있다는 인식의 소산으로 읽을 수도 있다. 「청매(靑梅)」나 「가평공자(嘉平公子)」에서도 마찬가지다. 여우를 만난 「청매」의 남주인공 정생(程生)은 미인을 얻을 수만 있다면 귀신이라도 마다하지 않을 터인데 여우이면 어떠냐고 반문한다. 이 또한 미인에 대한 욕망으로 인해 여우나 귀신에 대한 꺼림, 무서움 따위가 전혀 개의할 바가 못 된다는 관념의 소산으로 읽을 수도 있지만, 귀신이나 여우는 늘 인간 사회에 섞여 살게 마련이므로 미인의 정체가 여우인지 귀신인지 등은 문제 될 것 없다는 관념의 발로로도 읽을 수 있다. 부렴이나 풍생, 정생 등이 인간 남성의 관념을 대변한다면, 「가평공자」에서는 동일한 관념이 사람이 아닌 귀신 여성의 목소리로 표출되어 있다. 그녀는 가평공자에게 당신은 미녀를 얻고 싶어 했고, 자신은 잘 생긴 남자를 만나고 싶어 했다가 이렇게 서로 원하던 바를 이루었는데 굳이 사람인지 귀신인지를 따질 필요가 있냐고 반문한다. 이렇듯 여우와 귀신이 인간 사회에 섞여 삶을 당연시하고 함께 살 수 있음, 그러니까 인간과 그들 사이의 유적(類的) 차이가 아무 문제도 되지 않는다고 사유하였음은 여우와 귀신의 욕망과 인간의 욕망을 굳이 구분하지 않았을 개연성이 매우 높음을 시사해 준다.

일반적으로 여우나 귀신의 둔갑은 그 자체로, 그러니까 정체를 숨겼다는 것만으로도 부정적으로 인지된다. 여우나 귀신 등이 인간을 홀려 정기 등을 빼먹는 사악한 존재로 사유되고 상상된 이유이다. 그럼에도 『요재지이』 속 절대 다수의 여우-귀신 서사에서 이들 둔갑한 존재에 대한 반응은 심상(尋常)하고 심드렁하다. 여우-귀신 서사에서 여우나 귀신은 민간에 이미 실재하였거나 아직 실재하고 있는 그 누군가로 둔갑하지 않는다. 그들은 둔갑하였지만 자신 고유의 이름을 지닌 채로 존재한다. 인간 사회의 일원으로서 독자적 정체성이 부여되어 있다는 것이다. 이러한 점에서 이들은 인간 사회에서 인간과 더불어 지낼 수 있는 존재로 설정됐다고 할 수도 있다. 또한 실재하는 다른 누군가를 사칭한 것이 아니므로 이들의 둔갑이 애초부터 부정적이라고 할 수 없다. 이는 여우와 귀신의 욕망을 인간의 뒤틀리거나 변질된, 그러한 부정적 양태로 읽어야 할 필연성이 없음을 일러준다. 이상은 둔갑한 존재를 인간과 삶을 같이할 수 없는 존재로 인지하지 않았음을, 달리 말해 인간 사회에서 너끈히 함께 생활할 수 있는, 인간과 다를 바 없는 존재로 인지하였음도 말해준다. 따라서 그들의 욕망은 인간사회 내에서의 욕망이며 인간이 지녀도 하등 이상하거나 기이할 바 없는 욕망이라고 할 수 있다.

셋째, 상당수의 여우-귀신 서사에서 남자는 자신의 욕망을 해소할 수 있는 비현실적 상황을 욕망하며 이에서 벗어나지 못하는 모습을 보인다. 이러한 남자를 두고 「호사저(胡四姐)」의 여우 여성 호사저는 상대 남자인 상생(尙生)더러 끓어오르는 정욕을 참지 못하는 경박한 사내라며 면박을 준다. 호사저는 수련을 통해 여우에서 신선으로 승격하였지만 상생은 그저 색만 탐하고 있었기 때문이다. 결국 호사저 노력 덕분에 상생도 신선이 되기는 했지만, 이 과정에서 신선으로의 상승은 정념을 끊어내지 못하였던 상생이 아니라 호사저에 의해 주도된다. 욕정을 주체치 못하는 남자의 모습은 정욕을 밝히다가 여우에게 정기를 빼앗겨 죽은 다음 저승에 가 자신의 죽음이 억울하다며 재판을 청구하는, 곧 욕정을 탐하여 죽었음에도 반성하지 않는 동생(董生)의 모습에서 절정에 이른다. 결국 재판관으로부터 여색을 접하고는 마음을 다스리지 못하였으니 그 죄는 죽음에 해당한다는 판결을 받는다.(「동생(董生)」) 이에 비해 소수의 서사를 빼고는 여우-귀신 서사에서 여인으로 둔갑한 여우나 귀신은 정욕에 사로잡히지 않는다. 그들이 욕망하는 정도는 인간의 보통 수준에 해당한다고 봄이 타당하다. 여우, 귀신의 욕망에서 인간으로서는 이룰 수 없는, 이상적이거나 공상적 내지 환상적인 욕망이 아니라 보통의 인간이 지녔을 법한 욕망을 도출해 낼 수 있다는 것이다. 여우, 귀신의 욕망을 인간의 욕망으로 바꾸어 읽을 수 있는 또 하나의 이유다.

한편 여우-귀신 서사를 통해 인간의 욕망을 본다는 것은 여우-귀신 서사와 명대 중엽 이후 본격화된 사람들 욕망의 새로운 조류 간 상관관계에 대하여 고찰하는 작업이기도 하다. 다만 이는 여우-귀신 서사에 투영된 인간, 주로 당시 사회의 주류인 남성의 욕망을 살펴보는 작업이 아니라는 점에 유의해야 한다. 여성으로 둔갑한 귀신이나 여우의 욕망이 적잖이 전경화되어 있기에 여우-귀신 서사를 남성 중심 사회의 기득권자인 남성의 욕망 해소를 위한 판타지만으로, 현실 사회의 주류인 남성의 시각이 투사된 결과로 볼 수는 없기 때문이다. 이 글에서 행하고자 하는 바는 어디까지나 여우와 귀신이라는 주류에서 배제된 주변부적 존재의 욕망을 그 자체로 읽어 내는 작업이라는 것이다. 이는 『요재지이』에는 여성 제재 서사가, 곧 여성이 서사의 주체, 중심이 되는 서사가 적잖이 실려 있다는 사실에 의해서도 지지된다. 이들 서사에서 여성은 이전의 서사에서 여성이 배경처럼 활용되거나 주제와 연계되어 있지 않은 소재처럼 주변부에 배치되며, 재자(才子, 빼어나고 수려한 남자)로 대변되는 남성 주인공의 보조 장치로서 활용되던 양상에서 분명하게 벗어나 있다. 이러한 양상은 여성으로 둔갑한 여우-귀신 서사에서 더욱 두드러진다. 이들 서사의 절대 다수는 둔갑한 여성이 주도하고, 사람인 남성은 서사를 주도하지 못한 채 둔갑한 여성이 서사를 주도하는 데의 보조 장치로서 활용된다. 예컨대 남성은 그러한 여성이 서사에 등장하게 되는 발판이나 계기 등의 역할을 주로 수행한다.

이러한 유형의 여성에게서 목도되는 욕망은 당시의 지배 이념인 유교 윤리학을 기반으로 하는 욕망이 아니다. 논자들은 이를 두고 '유교 윤리학적 인간'의 욕망이 아니라 '정종(情種, 정의 종자)[5]으로서의 인간'의 욕망이라고 평가한다. 적잖은 중국 문학사가들은 사대기서(四大奇書)로 대표되는 명, 청대의 소설이 정(情)을 매개로 욕망을 재평가했다는 점에 동의한다. 욕망에 대한 재평가가 정에 대한 긍정과 옹호로 나타났다는 것이다. 이는 여우와 귀신의 욕망에 주목하여 인간의 욕망을 탐구하는 작업의 또 다른 토대가 되어준다. 이러한 욕망은 주류인 유교 윤리학의 시좌(視座)에서 볼 때 주변부적 존재인 여우나 귀신이 제재인 서사에 명료하게 구현되어 있을 개연성이 높고, 여우와 귀신의 욕망에 그러한 인간 욕망이 가감 없이 투영되었을 개연성이 높기에 그러하다.

『요재지이』에 투영된 여우론과 귀신론

『요재지이』의 여우-귀신 서사에 투영된 욕망을 읽어 내기 전에 『요재지이』에 투영된 여우론과 귀신론을 비교 고찰해 볼 필요가 있다. 여우와 귀신에 대한 관념이 이들에게 투영되는 욕망과 그 발현 양태 등에 영향을 미쳤을 개연성이 높기에 그러하다. 『요재지이』의 여우와 귀신에 대한 인식은 크게 이 둘을 동일시하는 관념과 둘 사이의 차이에 주목하는 관념으로 나누어 볼 수 있다.

여우와 귀신을 동일시하는 인식은 다음과 같다. 가령 여우와 귀신은 모두 신통력을 지닌 존재로 등장한다. 둘 다 미래 예지 능력이라든지 전생을 기억하고 파악할 줄 아는 능력, 심리 파악 능력, 공간 이동 능력, 둔갑 능력, 사물 변환 능력 등을 지닌 존재로 제시된다. 여우-귀신 서사에 등장하는 여우나 귀신이 이러한 능력을 모두 갖춘다거나 항상 발휘한다는 뜻은 아니다. 여우-귀신 서사에 따라 하나 내지 둘 이상의 신통력이 활용된다는 얘기다. 여우와 귀신 모두 부적과 도술로 퇴치할 수 있다는 믿음(「초명(焦螟)」)⁶도 여우와 귀신을 동일시한 인식의 소산이다. 귀신이나 여우 모두 환생이 가능하다는 믿음 또한 마찬가지다. 가령 「유량채(劉亮采)」에는 여우가 평소 가깝게 지낸 이의 아들로 환생하는 서사가 등장한다. 귀신과 여우모두 사람을 골리고 놀리는 존재로 등장함 또한 그 둘을 동일시한 인식의 소산이다. 옛사람들은 귀신의 빈정댐을 받았다더니 오늘은 자신이 여우의 놀림감이 되고 말았다는 왕자안(王子安)의 탄식(「왕자안」)은 이러한 인식을 잘 드러내 준다. 반면에둘 다 사람에게 아무런 해를 주지 않고 오히려 사람을 도와주는 존재로 설정되기도 한다. 이러한 양상은 여우, 귀신과 인간사이의 관계 맺음의 유형과 밀접하게 연동되어 있다. 곧 여우나 귀신 모두 인간과 관계 맺음의 유형은 동일하다는 것이다.

여우, 귀신과 인간 간 관계 맺음의 양상은 여우나 귀신이 사람을 돕는 유형과 여우나 귀신이 사람에게 피해를 입히는 유형으로 나뉜다. 후자의 유형은 다시 의도형과 비의도형으로나누어 볼 수 있다. 비의도형은 말 그대로 의도는 없으나 교합

을 갖다 보니 상대 남자가 양기나 정기, 생기 등을 차츰 잃어가
결과적으로 상대 남자가 피해를 입는 유형이다. 「호녀(狐女)」
에서 여우는 사람과 부부처럼 잘 지내고 사람을 해코지하지
도 않지만 결국은 사람의 정기가 쇠약해진다. 의도형은 말 그
대로 여우나 귀신이 사람을 홀려 골탕을 먹이고자 하거나 괴
롭히고자 하여 사람이 피해를 보는 유형이다. 『요재지이』에서
는 주로 여우가 이러한 캐릭터로 등장하지만 귀신도 간혹 이
렇게 굴기도 한다. 여우나 귀신이 사람을 해치고자 하는 동기
는 대부분 전생의 원한 해소 내지 소원 성취를 위함이다. 한편
귀신은 「상부(商婦)」에서처럼 다른 사람을 죽임으로써 자신이
인간으로 환생할 수 있어 의도적으로 사람을 해치기도 한다.
이는 현생 귀신으로서 지니는 귀신의 욕망이 발현된 예로, 여
우가 신선이 되고자 하는 욕망을 이루는 데는 사람에 대한 해
코지가 필요 없다는 몇몇 서사 속 여우의 욕망과 대비된다. 물
론 「유해석(劉海石)」에 등장하는 너구리 정령(포송령은 이를 '여
우과'라고 규정했다)처럼 더욱 영험해지고자 하는 욕망을 채우
려 사람의 정기를 빨아먹는 유형도 매우 적지만 존재한다. 여
우나 귀신이 사람을 돕는 유형은 많은 경우 여우나 귀신이 남
자의 인격, 덕성에 감동을 받거나 이를 흠모하여 도와주는 양
상으로 나타난다.[7] 이 경우 남자의 인격, 덕성은 여우와 귀신이

남자와 부부처럼 정답게 살 수 있는 가능성을 판단하는 근거이지 유교 이념을 표상하고자 한 의도의 소산은 아니다. 전생의 연 때문에, 혹은 전생에서 못 푼 원한을 해소하거나 못 이룬 바람을 이룩하기 위하여 여우나 귀신이 적극적으로 남자에게 접근하여 남자를 도와주는 유형도 등장한다.[8] 그런가 하면 여우나 귀신이 인간 사회의 어엿하고 평범한 구성원으로 살아가기 위해서,[9] 인간과 막역한 우정을 맺으며 지내고 싶어서 인간을 도와주는 경우도 다수 존재한다.[10]

한편 『요재지이』에서 확인 가능한 귀신과 여우의 차이점은 다음과 같다. 첫째는 출산 가능 여부이다. 예컨대 「봉선(鳳仙)」이나 「소취(小翠)」의 여우처럼 아이를 낳지 못해 첩을 들여 아이를 낳게 하는 예도 있지만, 훨씬 많은 서사에서 여우는 자녀를 직접 생산한다. 반면 귀신은 「방문숙(房文淑)」에서처럼 아이를 낳기도 하지만, 절대 다수의 서사에서는 임신과 출산이 불가능하다. 이러한 인식은 귀신은 생기나 정기가 없는 존재이고 여우는 생기나 정기가 있는 존재라는 관념이 투영된 결과로 보인다. 나아가 생기나 정기가 있는 존재 사이에서는 임신과 출산이 가능하다고 본 관념의 결과라고도 할 수 있다. 가령 「화고자(花姑子)」에서처럼 여자로 둔갑한 사향노루는 인간의 아이를 낳았고, 심지어 「야차국(夜叉國)」에서는 암 야차와 인간 남자 사이에 2남 1녀가 태어나기도 한다. 살아 있다면 동물이나 비인간이라 할지라도 인간과의 교접과 임신, 출산이 가능하다고 여긴 셈이다. 신녀(神女)나 선녀(仙女)와도 교접과 임신, 출산이 가능하다는 서사도 마찬가지의 맥락에서 이해할 수 있다. 물론 「신녀(神女)」에서처럼 도교의 신인 도리사(都理司)의 딸이 아이가 생기지 않아 첩을 들여 아이를 낳고 단란한 가정을 이룬다는 서사도 있지만, 「편편(翩翩)」이나 「운라공주(雲羅公主)」, 「죽청(竹靑)」 등에서처럼 대부분은 신녀나 선녀가 인간 남자의 아이를 출산한다. 이들을 신선계의 어엿한 구성원으로 생기나 정기가 결여된 귀신과는 질적으로 다른 존재로 여겨졌기 때문이다.[11] 식물이나 동물의 정령이 여성으로 둔갑한 경우도 임신, 출산을 한다. 「갈건(葛巾)」의 모란꽃과 담쟁이 넝쿨 정령 자매는 스스로를 하늘에서 귀양 온 선녀라고 했는데, 포송령은 이들도 무정하다고 할 수 없다며 사람이 지극히 사모하면 능히 감응시킬 수 있는 존재라고 논평함으로써 이들이 생기와 정기를 지닌 존재임을 분명히 하였다.

그런데 이러한 인식은 귀신도 임신, 출산이 가능하다는 인식으로 전화될 수 있었다. 귀신도 「오추월(伍秋月)」에서처럼 양기를 불어넣으면 다시 인간이 된다고 여겼기 때문이다. 생기나 정기 있는 존재이면 임신, 출산이 가능하다는 인식은 임신, 출산의 관건은 생기 내지 정기의 구비 여부에 있지 존재 형식이 인간이냐, 동물이냐, 귀신이냐 등에 있지 않다는 인식이다.[12] 따라서 생기나 정기를 보충하여 지니게 되면 귀신도 아이를 낳을 수 있게 된다. 가령 「섭소천(葉小倩)」에서 섭소천은 죽은 지 꽤 된 귀신임에도 산 남자와 함께 생활하며 미음을 먹게 되는 등 차츰 사람처럼 변하자, 다시 말해 사람의 생기를 몸에 축적하게 되자 아이를 갖고 낳게 된다.[13] 「만하(晚霞)」에서도 마찬가지다. 죽어 용궁에 머물던 만하(晚霞)는 역시 죽어 용궁으로 간 아단(阿端)과 사랑을 나눈 후 임신하게 된다. 용궁의 옷을 입고 49일이 지나게 되면 혼백이 견고하게 응결되고 정기가 응결되어 산 사람과 다를 바 없게 되기 때문이다. 고대 중국의 전통적 관념에 의거하면 혼백에서 혼은 정기와 연관이 되고 백은 육신과 연관이 된다. 따라서 혼백이 응결된다고 함은 정기와 육신을 지니게 된다는 것에 다름없게 된다. 한편 신녀나 선녀 및 여우를 비롯한 둔갑한 동물이 아이를 인간처럼 갖고 낳게 된다면, 신성함이나 신비로움, 신통력 같은 인간을 넘어서는 역량을 지니고 있는 기이하고 신비로운 존재라는 특성이 소거되거나 약화될 가능성이 있다. 이에 잉태와 출산 과정을 인간과 다르게 설정하기도 한다. 예컨대 「상아(嫦娥)」에서 선녀인 상아는 남자와 교합 없이 남자가 아이를 원하자 문득 아이를 가진 후 왼쪽 옆구리를 갈라 아들을 생산하고, 얼마 후에는 딸을 오른쪽 옆구리를 가르고 생산한다. 인간으로 둔갑한 여우 또한 「하화삼낭자(荷花三娘子)」에서처럼 배를 스스로 갈라서 아이를 꺼내기도 한다. 그럼으로써 최소한 이들이 인간 존재가 아님을, 관련 서사가 판타지임을 환기한다.

해코지의 의도성 여부도 여우와 귀신 사이에 존재하는 큰 차이다. 여우는 절대 다수의 경우 의도해야만 비로소 남자의 정기를 취해 남자를 병들거나 죽게 하는 데 비해 귀신은 대부분의 경우 의도하지 않음에도 남자의 정기가 소진되어 병들거나 죽는다. 이는 「연향(連香)」에 드러나 있는, 그러니까 사람을 해치지 않는 여우는 있지만 귀신은 음기가 지나치게 왕성하기 때문에 사람을 해치지 않는 예는 없다는 관점에 잘 드러나 있다. 그렇다 보니 「연향」의 귀신은 낭군과 화목하게 사는 삶을 원했을 뿐이지 사람을 사지에 몰아넣으려 하지는 않았다며 답답함을 토로했음에도 남자는 그 귀신 여성과 교합하면 할수록 수척해 갔다. 이러한 관념은 여우는 양기를 간직한 따뜻한 존재, 귀신은 음기가 강한 차가운 존재라는 인식과 통하며, 신녀나 선녀는 생기를 지닌 존재로 사유했기에 「봉선(鳳仙)」[14]에서처럼 여우는 선녀와 통용되었지만 생기가 결여된 귀신은 그러하지 못하다는 설정으로 드러났다.

여우와 귀신의 욕망: 소소한 평강과 소박한 대단원

상술한 바와 같이 때로는 동질적 존재로, 때로는 이질적 존재로 사유된 여우와 귀신은 여우여야 비로소 가질 수 있는 욕망, 곧 '여우의 욕망'과 귀신이 되어서야 비로소 가질 수 있는 욕망, 곧 '귀신의 욕망'을 지니고도 있다. 예컨대 여우나 귀신은 신선이 되고자 하기도 한다. 물론 인간도 신선이 되고자 하는 욕망을 지니고 있다는 점에서 신선 되기는 여우나 귀신만의 욕망이라고 할 수는 없다. 그러나 여우나 귀신이 인간을 거쳐서 신선이 되고자 함이 아니라 여우, 귀신에서 직접 신선으로 상승하고자 한다는 점에서 이는 여우, 귀신 자체의 욕망이라고 할 수도 있다. 다만 여우나 귀신이 신선이 되는 방식은 인간이 신선이 될 수 있다고 믿는 방식과 동일하다. 곧 선업을 닦아서 다음 생애에 신선으로 태어나거나 불경 공부나 도교식 수련과 같은 수양을 하는 방식이다. 가령 「봉삼낭(封三娘)」의 여우는 도교에서 말하는 최고 경지인 제일천(第一天)에 오르기 위하여 수양을 하는 한편 미모에 반해 여인의 벗이 되고 그 여인을 돕고 죽음에서도 소생케 하여 사랑을 이루게 해주는 등의 선업을 닦는다.

그런가 하면 이들 여우나 귀신은 인간의 욕망이 투영된 바라고 볼 수 있는 욕망도 다채롭게 지니고 있다. 이를테면 인간이 되고자 하는 욕망이 대표적 예다. 앞에서도 언급했듯이 다른 사람을 해쳐서라도 인간으로 환생하고자 한다거나, 진짜 인간이 되어 인간 사회의 평범한 일원으로 살아가고자 하는 것[15] 등이 이에 해당한다. 이때 인간이 되는 대표적 방도는 귀신의 경우 죽기 직전의 자신으로 소생하거나 다른 인간으로 환생하는 길이다. 후자는 여우에게도 해당하는 방도이다. 물론 인간도 인간으로의 환생을 욕망하기도 하지만 이는 인간에서 다른 인간으로의 환생이라는 점에서 귀신이나 여우가 인간으로 환생하는 것과 동질적이라고 할 수는 없다. 『요재지이』에서는 이러한 환생을 불교의 윤회와 연계하지 않는다. 전생의 연이 있거나 보답이든 보복이든 전생에 이루지 못한 바를 수행하기 위하여, 또는 「매녀(梅女)」에서처럼 현실, 그러니까 이승에서의 사랑이나 인연을 다하기 위하여 환생한다. 곧 윤회와 무관한 동기나 이유로 인해 환생한다는 것이다. 인간으로의 환생은 또한 현실로부터의 초월 내지 고해(苦海)로부터의 구원 같은 모티프와도 무관하다. 『요재지이』의 여우-귀신 서사에는 여우나 귀신이 상대를 구원해 준다는 모티프가 없다. 구원의 모티프로 읽을 수도 있는 신선 되기의 지향도 이를테면 고통스러운 현실이나 고된 윤회를 야기하는 업보 등으로부터의 해방이란 모티프 등과 연계되어 있지 않다. 그저 전생의 연을 다하기 위해서나 인간-여우 간, 인간-귀신 간 사랑을 지속하기 위하여 환생할 따름이다.

여기서 "여우나 귀신은 왜 인간이 되고자 하는 것일까?"라는 물음을 던질 필요가 있다. 「연향」에서의 귀신 여성은 스스로가 귀신이다 보니 사람보다 한 단계 아래라고 생각되었고, 그래서 산 사람을 만날 때마다 한없이 부러웠다고 탄식한다. 또한 신녀나 선녀 등 신계 소속 존재가 인간 세계에 귀양을 와서 인간으로 존재했다는 「혜방(蕙芳)」 등의 서사에서 목도되듯이 '신적 존재-인간-여우-귀신' 사이의 가치론적 위계 관념이 분명하게 있었다. 그러나 『요재지이』의 여우-귀신 서사 가운데 이러한 가치론적 위계가 전경화되어 있는 예는 무척 적다. 하여 여우나 귀신이 인간이 되고자 하는 이유를 인간이 여우나 귀신보다 '진보한' 존재, 달리 말해 그들보다 나아서라고 단정하기는 힘들다. 게다가 현실적으로 인간은 삶을 살아 내기가 결코 녹록치 않다. 반면에 서사 속 여우나 귀신은 분명 인간이 갖지 못하는 신통력 등 초인적 능력을 지니고 있다. 따라서 자신의 노력이 통하지 않거나 배반당하기 일쑤인 현실에서, 자신의 노력과 무관하게 닥쳐드는 재앙에 무기력할 수밖에 없는 처지에서, 인간이 이러한 시련과 재난을 너끈히 이겨

갈 수 있는 능력을 지닌 여우나 귀신이 되고자 하는 욕망을 갖는 것이 더욱 호소력 높아 보이기도 한다.[16] 인간이 되고자 하는 여우나 귀신의 판타지, 그러니까 인간 세계에 평범한 인간으로서 살아가며 소소한 신통력을 발휘하는 서사보다는, 초인적 힘을 발휘할 수 있는 여우나 귀신이 되고자 하는 인간의 판타지, 달리 말해 인간이 여우나 귀신의 초인적 역량을 활용하여 원하는 바를 모두 성취하는 「무효렴(武孝廉)」 같은 서사가 한층 독자들의 호응을 불러일으킬 듯하다. 이 점에서도 여우나 귀신이 무엇 때문에 인간이 되고자 하는 것일까라는 물음은 꼭 짚고 넘어가야 한다. 이 질문의 답은 이들이 인간이 되어서 실현하고자 하는 욕망을 짚어보는 방식을 통해 구성해 볼 수 있다.

일단 이들은 대부분 여성으로 둔갑한다. 여우나 귀신의 둔갑은 '홀리다'라는 단어와 줄곧 연동된다. 여기서 홀린다는 표현이 남성 중심적 사회의 소산이다 보니 여우나 귀신이 인간으로 둔갑한다고 하면 묘령의 절세가인 여성으로의 둔갑을 떠올리곤 한다. 그러니까 묘령의 여인으로 둔갑한 여우가 남자(이 경우는 청년부터 중년, 노년까지 열려 있다)를 홀린다는 서사를 '먼저 그리고 일반적으로' 떠올린다는 것이다. 그런데 『요재지이』를 보면 일반적으로 그러하지 않다. 여우는 남성, 여성,

젊은이, 중년, 노년 할 것 없이 둔갑하고, 홀리는 대상에도 남성, 여성의 구분을 두지 않는다. 「황구랑(黃仇郞)」이나 「협녀(俠女)」 등에서처럼 여우가 미소년으로 둔갑하여 젊은 남성의 남색 대상으로 역할 하는 서사도 존재한다. 귀신 또한 죽은 나이와 성별에 따라 연령대와 성별이 결정되기에 남성, 여성, 젊은이, 중년, 노년 할 것 없이 다양한 모습으로 등장한다. 물론 남자와 교접하는 대상은 절대 다수가 젊은 여자이기에 여우 남성이나 귀신 남성이 인간 여성을 홀리는 경우는 소수이다.[17] 그런데 이들 둔갑 서사 속 여성들은 상대방 남자를 고관대작으로 만들어 부귀를 크게 누리고자 하는 욕망과는 거리가 멀다. 여우 여성이나 귀신 여성뿐 아니라 운라공주(雲羅公主)처럼 신녀도 상대 남자에게 공명을 추구하지 못하게 한다.(「운라공주」) 여우나 귀신이 인간으로 둔갑하여 상대 남자의 글공부 역량을 제고해 주는 서사, 가령 「곽생(郭生)」이나 「하선(河仙)」, 「냉생(冷生)」, 「사문랑(司文郞)」 등의 서사에서도 상대 남자의 문재(文才) 증진은 그를 출세시키고자 하는 욕망의 소산이 아니라 여우나 귀신이 시문을 즐긴다든지 시문으로 장난을 치는 것과 같은 다른 의도 아래 결과적으로 구현된다. 도리어 세속적 부귀영화의 추구를 비웃고 혐오하기도 한다.[18] 대신 상대 남자와 '두루 형통하며 금실 좋게 지내는 것'을 추구한다. 이는 「주극

창(周克昌)」에서처럼 귀신이 젊은 남자로 둔갑한 후 성시(省試)에 급제하여 거인(擧人)이 되는 등 세속적 성공을 거둔다는 유의 서사와는 분명하게 구분된다. 곧 귀신 남성의 욕망은 출세하는 것으로 드러나는 데 비해 귀신 여성은 그러한 경우가 드물다는 것이다.

정치적 권력을 향한 욕망에 대해서만 거리를 둠도 아니다. 경제적 부유함도 거부 창출을 욕망하는 것이 아니라 절대 다수는 '손대는 것마다 잘 풀려 넉넉하게 사는 정도'를 도모하는 선에서 멈춘다. 곧 넉넉하게 먹고 살 수 있는 수준을 욕망하지 결코 큰 부를 추구하지 않는다. 여우-귀신 서사에 종종 보이는 재산을 많이 모았다는 식의 서사도 애초부터 거부가 되겠다는 욕망의 소산이 아니라 여우 여성이나 귀신 여성이 자신이 지닌 역량을 일상적으로 발휘한 결과라는 점에서 경제적 힘을 향한 욕망과는 무관하다. 이들은 대신에 귀신끼리는 만나 봤자 결국 아무런 즐거움도 없다(「연향」)는 귀신 여성의 고백에서 목도되듯이 즐거움을 찾아서 인간으로 둔갑한다. 정치적, 경제적 권력의 획득과 무관하게 "낭군과 화목하게 사는 것이 소원"(「연향」)이라는 고백처럼 절대 다수의 여우-귀신 서사에서 그들은 소소한 평강과 소박한 대단원(大團圓)을 추구할 따름이다. 이를테면 사기나 강도 등의 범죄나 전쟁 같은 재난을 당하지 않는 안정된 삶, 불투명한 미래로 인한 불안으로부터 벗어난 평안한 삶, 적절한 규모로 아랫사람을 부리는 편리한 삶, 경제적 넉넉함을 누리며 부부 간 금실 좋게 지내고, 건강하게 천수를 누리며 자녀가 출세하는 그러한 굴곡 없는 대단원의 삶 등을 추구한다. 가령 「염앙(念秧)」에서의 여우는 악당들로부터, 사기꾼들로부터 당하지 않고자 하는 욕망을 구현해 주고, 인간이 앞으로 닥쳐올 일을 못 보고 모르기에 유발되는 불안을 해소해 준다. 또한 「무효렴」 등에서처럼 여우나 귀신은 중병에 걸린 이를 영약 등을 구해 와 낫게 해주기도 하고, 「추호(醜狐)」의 여우처럼 상대 남자를 부유케 해 주기도 한다.

반면에 상대 남자를 영웅호걸로 빚어내고자 하는 부류의 욕망 같은 것은 거의 없다. 여우나 귀신의 상대가 되는 남자들 또한 영웅호걸에 대한 욕망을 드러내지 않으며 그러한 삶을 펼쳐 내지도 않는다. 『요재지이』에 등장하는 인간 남성은 종종 절세가인이자 생활력 있는 여성, 특별한 역량을 지닌 여성을 욕망하는 데 비해 여성으로 둔갑한 여우나 귀신은 이에 견줄 만한 욕망을 지니지 않고 있다. 더러 남자 중심 서사에서 남자가 여우나 귀신의 도움을 받아 과거 급제 등에 대한 욕망 실현을 도모하기도 하지만, 이러한 서사에서도 남자가 고관대작이 되거나 영웅호걸이 되어 세상을 다스리겠다는 식의 욕망이 전경화되어 있지는 않다. 같은 맥락에서 여우-귀신 서사는 대개가 정의의 실현과도 무관하다. 이를테면 '의협(義俠)'의 모티프와 연계된 여우-귀신 서사는 매우 드물다.[19] 악인을 벌한다고 해도 「하간생(河間生)」에서 노인으로 둔갑한 여우처럼 나쁜 자들을 소박하게 혼내 주는 정도에 머문다. 이들을 특정 윤리적 지향이 도드라진, 이를테면 '권선징악'형 서사 같은 유형으로 보기는 어렵다. 권선징악이라는 목표 의식이 뚜렷하게 설정되어 있는 것도 아니고, 악인이 행위의 대가를 치르게 된다고 해도 불의한 행동이나 도덕적 일탈 등을 징치하는 것이 아니라 주로는 보복하는 것이기 때문이다. 한마디로 어떤 지향이나 바람, 욕구 등이 뚜렷하게 표출되거나 돋을새김 되어 있지 않다. 강하게 표출된 욕망이 있다면 「봉선(鳳仙)」에서 남자의 진심 어린 애정을 욕망하는, 곧 남자가 "정랑(情郎, 애정이 전부인 사내)"이기를 원하는 선녀의 예에서처럼, 남자가 정종이었으면 하는 정도이다.

한편 여우나 귀신은 앞서 언급했듯이 신선이 되겠다는 욕망을 종종 표출한다. 여우는 스스로를 호선(狐仙) 내지 선인(仙人)이라 부르기도 하는데, 이는 여우의 욕망이 신선이 되는 데 있음을 일러준다. 여우나 귀신이 신선이 되겠다는 욕망을 품게 된 데는 기본적으로 여우와 귀신도 죽음으로부터 자유롭지 못하다는 인식이 자리하고 있다. 그렇다 보니 인간이 불로장생의 욕망을 갖고 있듯이 여우와 귀신도 이러한 욕망을 지닌 것으로 상정된다. 가령 신통력을 가졌다고 해도 여우 또한 늙기도 하고 죽기도 한다. 수백 년, 아니 천 년을 넘게 살았어도 마찬가지다. 많지는 않지만 「장아단(章阿端)」에서처럼 귀신도 죽는다는 모티프가 표출되어 있다. 귀신은 죽으면 적귀(聻鬼)[20]가 되는데 귀신들은 적귀가 되는 것을 매우 꺼린다. 여우나 귀신이 이러한 죽음의 공포로부터 벗어나는 길은 인간과 마찬가지로 신선이 되는 것이다. 그렇다 보니 도를 닦아 신선이 된 「진생(眞生)」의 여우와 같이, 또 신선이 됐기에 인간의 정념에 마음을 둘 수 없다면서 인간 남자와 정념으로 엮이는 것을 거절하며 떠나간 「호사저」의 여우와 같이, 신선이 되고자 하는 혹은 신선 상태를 유지하고자 하는 욕망이 적잖이 표출되어 있다. 여우-귀신 서사에서 목도할 수 있는 얼마 안 되는 현실이라는 범위를 벗어나서 설정된 욕망의 하나이다.

여우, 귀신 욕망의 저변: 정욕의 긍정, 여성 목소리의 제고

이러한 면모를 지니고 있는 여우와 귀신의 욕망은 지배 권력,

지배 이념, 지배 문화 등으로부터의 탈피 내지 비틀기라는 양상을 전면에 띤다. 이는 『홍루몽(紅樓夢)』 같은 소설에 극명하게 투영되어 있듯이, 적어도 명대 중엽 이후 본격화된 '남성-관리-문인 지식인-유교' 중심의 주류 문화에 대한 거부, 천리(天理)로 대변되는 리(理) 중심 인간관에서 정(情) 중심 인간관으로의 전이 풍조와 깊이 연관되었을 것으로 보인다. 앞서 말했듯이 명, 청대의 소설이나 희곡 등에서는 정이 적극적으로 옹호되었고 정에 기초한 새로운 인성에 대한 탐구 결과가 본격적으로 담기기도 했다. 정을 옹호하고 상찬하는 풍조가 지식인들 사이에서 유행처럼 번져 나갔고, 왕양명(王陽明, 1472-1529) 등 일군의 지식인들은 욕망과 감정에 대하여 철학적 논의를 개진하기도 했다. 명대 말엽의 대표적 문인 풍몽룡(馮夢龍, 1571-1645)은 시효를 다해 가는 성리학의 천리[理] 기반 예교(禮敎)를 대신하여 정을 기반으로 하는 교화, 곧 '정교(情敎)'를 주장하기도 하였다.[21] 어짊이나 효성 같은 유교의 도덕이 아닌 인간 내면의 '진정(眞情)'에 기초한 정교만이 도시화, 민간 부문의 성장, 경제적 팽창 등으로 대변되는 새로운 문화와 습속을 바로잡을 수 있다고 본 것이다. 여우-귀신 서사 속 여우와 귀신의 욕망은 이러한 현실과의 긴밀한 소통 결과라고 할 수 있다.

여성 목소리의 주체화라는 양상도 부각되어 있다. 앞서 말했듯이 여우-귀신 서사는 여성 서사가 주축을 이루고 있다. 이에 해당하는 절대 다수의 서사는 여우 여성이나 귀신 여성이 가장을 내조함으로써 가정을 건사하는 유형이 아닌, 자신이 가장처럼 생활을 주도하는 양상으로 구성되어 있다. 곧 여우 여성과 귀신 여성의 욕망이 소소한 평강과 소박한 대단원의 추구라는 양상으로 드러난다고 하여 이들의 욕망을 '현모양처'형 욕망으로 볼 수는 없다. 이는 적어도 명말청초 무렵부터 본격화된 여성 목소리의 주체화라는 조류와 깊은 연관이 있다. 예컨대 청대 초엽의 장편 소설 『여선외사(女仙外史)』의 여주인공 당새아(唐賽兒)는 여성에 의한 실제 역사의 전복, 임신과 출산, 육아라는 족쇄로부터의 탈피와 같은 여성 주체적 서사를 펼쳐 낸다. 청대 중엽 무렵에 나온 『유림외사(儒林外史)』에는 심경지(沈瓊枝)라는 여성이 문인 지식인 집안의 여성이 걷게 되는 일반적 삶의 경로를 거부하고, 당시 중국 문화의 중심지인 남경(南京)에 홀로 가 혼자 힘으로 일종의 '문학 살롱' 같은 공간을 마련한 후 '주류-남성-문인 지식인-관리'의 문화 자본인 시문(詩文)을 생계 수단으로 삼아 자신이 원하는 삶을 구현하고자 한다.[22] 여우-귀신 서사에 두드러진 여성 목소리의 주체화는 이러한 풍조와 긴밀하게 연동되어 있다고 할 수 있다. 다만 독립적이고 자율적 존재로서의 여성이라는 각성이나 여성으로서의 젠더 인식 및 욕망의 재구성, 스스로를 어엿한 사회적 존재로 빚어가고자 하는 전망 등이 보이지 않는다. 여성 목소리의 주체화가 실제 현실에 이미 구현되어 있는 여성 목소리 주체화의 반영이라든지, 여성 목소리 주체화의 실현으로 이어졌다고 단정할 수는 없는 이유이다. 하여 여우-귀신 서사에서 암컷 여우나 여자 귀신이 신선이 되고자 희구하였다는 것은 현실의 남성 중심 지배 질서의 외곽, 주변에 놓인 여성이 다시 그러한 위상의 인간으로 변신 또는 환생하는 것이 지속 가능한 해결책이 되지 못한다는 인식의 반영일 수도 있다. 이는 실제 현실에서는 여성 목소리의 주체화가 실현되었다거나 실현될 가능성이 그다지 높지 않았음을 반증해 준다.

이처럼 여우-귀신 서사를 통해 확인 가능한 여우와 귀신의 욕망은 결국 현실과 그 속의 인간 욕망이라는 범위를 벗어나지 않는다. 정욕의 긍정, 여성 목소리 주체화 풍조의 투영도 어디까지나 당대 현실과의 긴밀한 소통의 소산이었다. 현실 속 인간의 욕망과 비교할 때 차이가 있다면 그들의 욕망이 권력 지향적이지 않다는 것, 소시민적 욕망에 만족한다는 점, 정을 기반으로 한다는 면모 등이다. 그들은 정치적 권력이나 부의 추구에 매몰되어 있지 않으며 공명을 도모하지도 않는다.

그런가 하면 여우 여성이나 귀신 여성을 세상에 둘도 없을 절세 미녀로 묘사하고, 일부 서사에서는 인욕(人欲)을 단순히 긍정하는 정도가 아니라 이를 삶의 참된 목표인 양 추구하기도 하지만, 그렇다고 남자나 여우, 귀신이 정욕의 노예가 되지도 않는다. 이미 『금병매(金甁梅)』등 앞선 시기의 많은 애정류 소설에서 성(性)에 대하여 노골적으로 묘사해 왔음에도 『요재지이』의 여우-귀신 서사에는 이러한 면모가 극히 드물다. 적잖은 논자들이 『요재지이』를 에로티시즘의 정화인 양 평가하지만 실제로 그렇다고 할 만한 대목이 많지 않다는 것이다. 있다고 하더라도 「하화삼낭자」의 여우 여성처럼 정사를 탐하다가 자신의 도행(道行)이 일순간 물거품이 될 뻔했다며, 한갓 성욕을 채우기 위하여 남의 원한을 사서는 안 된다는 오묘한 이치를 깨달았다고 고백한다. 성애에의 매몰을 분명하게 경계하는 관점이 잘 드러나 있는 대목이다.[23]

한마디로 여우-귀신 서사에서 도출 가능한 욕망은 보통의 인간으로서 지니고 싶고 또 지닐 수도 있는 수준에서의 권력욕, 재물욕, 명예욕, 성욕에 그친다. 같은 맥락에서 인간 욕망과의 비판적 거리 두기, 금욕주의 등도 보이지 않는다. 생계로부터 자유롭지 못한 보통의 인간이 이러한 지향을 갖기 어려운 것처럼 말이다. 여우-귀신 서사에서 인욕을 긍정하는 태도나 정신과 쉬이 마주할 수 있는 까닭이다. 여우나 귀신이 인간이 되고자 함은 진실하고 변치 않는 정을 나누고자 함이라는 서사[24]에 잘 드러나 있듯이 이러한 양상은 여우와 귀신이 '정'을 희구하는, 상대뿐 아니라 자신도 정종이 되기를 염원하는 서사의 배경이 된다. 여우나 귀신은 정은 인간이어야 비로소 지닐 수 있는 것으로 보았고, 그러한 정에 대한 희구는 「소추(素秋)」에서 여우가 예절이란 것이 본래는 사람의 감정을 근거로 만들어진 것이라면서 서로에 대한 정이 이토록 두터운데 서로 다른 종족이란 것이 무슨 문제가 되겠냐고 반문한 데서 극명하게 목도된다. 정이 인간과 비인간을 가로질러 그들을 참되게 소통케 하고 결합해 줄 수 있는 것으로 사유되었음이다. 이는 명대와 청대 사람들이 정을 인간다움의 핵질로, 제일가는 조건으로 설정한 사유를 넘어서는 관점이다. 정이 만물을 외적 형식과 내적 자질의 다름을 가로질러 서로 소통케 하고 함께 어우러진 공존을 가능케 해주는 핵질로 제시한 셈이기에 그러하다. 또한 예절로써 감정을 절제한다는 전통적 예교 관념을 전복하고 정을 기반으로 하는 새로운 예절의 정립 가능성을 제시했다는 점에서 그 의의가 적다고 할 수 없다.

결론적으로 『요재지이』의 여우-귀신 서사에서 확인 가능한 욕망은 당시 현실 세계에서 목도 가능한 '보통 인간의 욕망'이라고 할 수 있다. 이는 명대 중엽 이후 '욕망의 해방' 풍조가 일었지만 현실적 차원에서 가장 실현 가능한 목표이자 양태일 수 있다는 점에서 여우-귀신 서사가 지극히 현실적 판단에 의해 수행되고 현실에 뿌리박은 판타지임을 일러준다. 이점에서 여우-귀신 서사는 명대 중엽 이후 극성한 '기이(奇異) 추구의 풍조'에 대한 반명제로 읽히기도 한다. 여우-귀신 서사에는 적어도 두 가지의 전복이 중첩되어 있기에 그러하다. 하나는 여우와 귀신은 일상적이고 낯설지 않은 존재라는 설정이다. 대다수의 여우-귀신 서사에서 상대 남자를 비롯하여 그의 부모나 부인, 하인, 친지, 동네 사람 등은 모두 여우와 귀신을 꺼려하거나 두려워하지 않으며, 신기해하지도 않는다. 또하나의 전복은 이들 여우-귀신 서사에서 여우나 귀신이 초인적 역량으로 일궈내는 성취나 소산이 그다지 비현실적이거나 초현실적이지 않다는 점이다. 이것이 여우나 귀신의 신통력으로 일구어 낸 판타지의 실상으로 제시된 셈이니, 여우-귀신 서사는 판타지인데 그 실상은 일상적이라는 전복이 일어난 것이다. 가장 기이한 것은 바로 가장 일상적이고 평범하며 실제적이라는 인식이 반영된 소산으로 읽힌다는 것이다.

이는 기이함[異]은 기이함이라고 지칭되는 것에 있지 않고 기이하지 않은 것, 곧 심상하고 일반적인 것에 있다는 사유이자 감각이다. 다시 말해 여우가 둔갑했다, 귀신이 둔갑했다는 사실이 기이한 것이 아니라 그들이 실제로 우리 인간과 섞여 산다는 일상이 기이한 것이고, 초인적 역량을 지닌 그들이 발휘한 신통력이 기이한 것이 아니라 현실적이고 일반적인 욕망을 실현하였다는 점이 기이한 것이 된다. 곧 여우와 귀신이 펼쳐 낸 삶은 장삼이사니 필부필녀 같은 말로 지칭되는 우리네 평범한 사람들의 욕망을 향한 삶이었으며, 기이함은 바로 이러한 일상성에서 비롯되고 구현된다고 함을 말한 것으로 볼 수 있다.

07

16세기 일본 무사의 고명이라는 욕망

박수철

인간의 욕망은 개인별로 차이가 있다. 대다수 사람은 명리(名利)를 추구하지만 각자 중시하는 욕망은 다를 수 있고 때론 독특한 자기만의 '가치'를 추구하는 사람도 있다. 마찬가지로 통상 부귀로 수렴되는 어떤 한 시대의 욕망도 그 시대를 대표하는 욕망이란 관점에서 보면, 시대에 따라 적지 않은 차이가 있다. 가령 과거(科擧)를 통해 '공명(功名: 벼슬)'을 얻고자 한 조선 사회와 자본주의 시대를 맞아 '돈(Money)'을 추구하는 오늘날처럼 욕망의 표출에는 시대별 차이가 존재한다.

이 글에서는 16세기 일본 사회, 특히 지배층이라 할 무사(武士)들이 지닌 욕망과 그들이 추구한 가치관을 살펴보려고 한다. 모든 욕망을 다루기에는 지면의 한계가 존재하는바 여기서는 동서고금에 통용되는 지배층으로서의 핵심 가치인 '명예(honor)'에 대한 욕망이 16세기 일본 사회 속에서 어떻게 규정되고 발현되고 있었는가 하는 점에 초점을 둔다. 당시 일본의 '명예'는 전쟁터에 나가 이름을 떨치는 것을 의미하는 '고명(高名)'에 큰 특색이 있다. 넓은 의미에서 고명은 어느 시대, 어느 지역에나 존재하는 명예의 범주에 속하지만 한국·중국과 달리 무사가 지배층인 16세기 일본 사회는 고명이란 독특한 용어를 만들어 냈다.

'일본형 명예'로서의 고명

고니시 유키나가(小西行長)와 더불어 한국인에게도 잘 알려진 가토 기요마사(加藤淸正)는 첫 출전을 회상하면서 다음과 같이 말했다고 한다.

> 내가 히데요시 공을 따라 처음 이치반야리(一番鑓: 가장 먼저 적
> 과 싸운 군공)를 한 것은 시즈가타케(賤が岳)의 전투(1583년 히데
> 요시가 라이벌 시바타 가쓰이에를 제압하고 오다 노부나가의 후계자

지위를 확고히 한 전투)로 생각된다. 언덕길을 올라가니 맞은편에 적이 있었다. (적과) 마주쳤기에 전투가 시작되었다. 그 때 마음 속은 무언가 한밤중 같아 아무것도 보이지 않았다. 그래서 눈을 감고 염불을 외면서 어둠 속에 뛰어 들어 창을 찔러 넣은 순간 손에 반응이 있다고 생각하니 적을 죽이고 있었다. 그러고 나서 야 겨우 피아가 구분되기 시작하였다.[1]

무사로 살아가기로 결심한 이들에게도 피가 난무하는, 생과 사의 갈림길에 선 전투는 쉽지 않았을 것이다. 실제 기요마사의 죽마고우 이이다 나오카게(飯田覺兵衛直景)는 이른바 가토 가문의 3걸(傑)로서 무용이 뛰어나고 창을 잘 다룬 인물이라 하는데 그조차 다음과 같은 생각을 갖고 있었다.

나는 일생 가즈에노카미(主計頭: 가토 기요마사)에게 속아왔다. 처음 전투에 나가 공명(功名: 軍功)을 세웠을 때 많은 동료가 총에 맞아 죽었다. '위험한 일이야. 이제는 여기까지. 무사의 임관은 할 일이 아니야'라고 생각했지만, 돌아가자마자 기요마사가 '오늘 보여 준 대단한 활약은 기특하기[神妙] 그지없다'며 칼을 주었다. 이처럼 전쟁터에서 돌아오면 매번 후회했지만, 그때마다 기요마사는 늘 옷[陣羽織]이나 감장(感狀: 일종의 표창장)을 주었고 사람들도 모두 부러워하며 치켜세워 주었기 때문에 거기에 꾀여 어쩔 수 없이 전투를 지휘해 사무라이 대장(士大將)이라고 불리게 되었다. 기요마사에게 속아 본래 뜻을 잊은 것이다.[2]

이처럼 죽고 죽이는 무사로서의 삶이 자신과 맞지 않는다고 생각한, 뼛속 깊이 무사를 지향하지 않은 사람조차, 칭찬해 주는 주변 분위기에 휩쓸려 전장에서의 군공(공명)을 세워 입신출세하는 길을 밟아 나갔다. 그 과정에서 이이다 나오카게와 달리, 무사 임관을 꿈꾸던 무수히 많은 백성 출신 지망자들이 후대에 작은 이름도 남기지 못한 채 죽었을 것이다.

공명(功名)은 당시 사료 용어로는 고명이라고도 하며, 전술한 바대로 주로 무사가 전쟁터에 나가 군충·훈공을 세우는 것을 의미했다. 17세기 초 예수회 선교사가 편찬한 사전(『방역일포사서(邦譯日葡辭書)』)에는 고명(高名: Cǒmiǒ)을 "높은 이름(高い名). 전쟁 때 세운 혹은 공적으로 얻은 좋은 평판과 명성(名聲)"으로 정의한다. 조선시대에는 비슷한 개념인 공명이 과거에 합격해 벼슬길에 나감을 의미한다고 할 때, 일본은 전쟁터에 나가 군공을 세워 이름을 날리는 것이 공명이다. 바로 이 지점에 한국과 일본 사이에 큰 차이라면 차이가 있을 것이다.

고명은 일종의 '일본형(型) 명예(honor)'로서 원래 상당한 가문 출신의 무사가 추구하는 가치였지만, 16세기 일본 전국 시대에 이르면 백성 출신 일반 서민도 전공을 세워 신분 상승 을 할 수 있었다. 그 결과 고명의 적용은 기본적으로 이들까지 로 확대되었다. 또한 고명은 지배층의 단순한 심성적·추상적 인 차원의 명예에 그치는 것이 아니었다. 고명을 올린 대상자 는 영지를 포함해 사회적·경제적인 측면에서 실질적 이득(다 양한 은상)을 획득할 수 있었다. 또한 16세기 전국시대에는 이 름(名) 추구가 군공의 획득 장소인 전쟁터에 국한되지 않았으 며, 각종 직인(職人)이나 예능인들도 높은 명성을 획득할 수 있 었다. 이 시기에는 '천하제일(天下一)'의 칭호가 널리 유포되는 등 무사가 아닌 자도 자신의 능력 여하에 따라 특정 직능·예능 분야의 명인(名人)이 될 수 있었다. 일반 서민 출신자도 자신의 이름을 딴 가문을 세울 수 있다는 점에서 16세기에 일본 '고명 사회'가 출현한 것으로 볼 수 있다.[3]

'고명사회'의 출현은 전국시대 당시 입신출세를 열망한 일 본인의 욕망과 밀접한 관련성이 있다. 그런데 16세기 일본의 무사 정권은 전장에서 전투를 장려하기 위해 개개인의 고명을 크게 상찬(賞讚)하면서도 다른 한편으로 개인 차원의 지나친 욕망 폭주를 제어하는 등 고명의 통제와 관리에 나섰다. 가령 오다 노부나가의 부하 아케치 미쓰히데가 덴쇼(天正) 9년(1581년) 6월 2일자[付]로 반포한 18개 조 군법을 보면 개인의 고명보다 집단의 법도가 중시되었다.

1.(제5조) 하타모토(旗本: 근위대)·사키테(先手: 선봉대)는 담당 지역이 배치된 이후 아시가루(足輕: 보병)끼리 싸움이 벌어져도 명령을 면밀히 지켜야 한다. 만일 (명령을 기다리지 않고) 함부로 (싸우러 나가는) 무리(族)가 있으면 누구든지 즉시 처벌할 것이다. (…) 설령 거기서 잘 싸워 비할 데 없는 고명(高名)을 세웠어도 법도를 어긴 처벌은 피할 수 없다.[4]

이처럼 16세기 말 지휘자의 통제를 벗어난 군공에 대한 개인의 욕망(고명) 추구는 군법의 처벌 대상이 되었다. 필자는 이를 개인의 고명 추구가 무사 공권력[公儀]에 의해 제한받는다는 의미에서 '공의의 고명'으로 파악한다.[5]

이하 구체적인 사례 하나를 통해 16세기 일본 무사의 욕망(고명) 추구 실태를 살펴보고자 한다.

가모 우지사토의 욕망과 고명

도요토미 정권 후기 가모 우지사토(蒲生氏鄕)라는 인물이 있다. 우지사토는 일반 대중에게는 잘 알려지지 않은 인물이지만, 역사적으로 도쿠가와 이에야스 등과 더불어 도요토미 정권의 최고위층을 구성한 핵심 인물 중 한 명이었다.

우지사토의 출신 가문인 가모씨(蒲生氏)는 가마쿠라 시대 이래 오미국(近江國: 현재 시가현)의 유력 호족으로 대략 6만 석 정도인 히노군(日野郡) 일대를 근거지로 하였다. 이른바 국인 (國人:국 단위의 유력 무사) 클래스의 무사라 할 수 있다. 가모 가문은 대대로 무로마치 막부 쇼군이나 오미국의 지방 장관이라 할 슈고(守護) 롯카쿠(六角) 가문에 충성했지만, 1568년 오다 노부나가의 교토 상경을 맞아 당시 당주(當主)였던 가모 가타히데(蒲生賢秀)는 기존 입장을 바꾸었다. 가타히데는 노부나가에게 항복하고 아들 우지사토를 인질로 바쳐 충성을 맹세했다. 그 후 오미국을 새로운 거점으로 삼은 노부나가는 가모 가문을 중용하여 가타히데의 아들 우지사토를 사위로 삼았다. 이후 우지사토는 출세의 길을 밟았고, 도요토미 히데요시 휘하에서는 더욱더 승승장구해 일본 동북 지역의 아이즈(會津) 92만 석을 영유하는 다이묘에 이르렀다. 그러다가 분로쿠(文祿) 4년

(1595년) 2월 지병으로 사망하였는데 그의 나이 40세였다.

이러한 경력의 우지사토가 미노국(美濃國: 현재 기후현)의 오가키(大垣) 성주(城主) 이토 모리카게(伊藤長門守盛景)의 아들 한고로(半五郞)란 젊은 무사에게 보낸 매우 내밀한 사적 편지가 있다. 우지사토의 편지에 관해서는 "부친 때부터 친한 젊은 무사 이토 한고로의 장래를 생각하여, (우지사토) 자신이 지금까지 밟아 온 길, 믿고 실천해 온 일을 바탕으로 현실적인 교훈을 알려 주고 무사로서 행하여야 할 도(道)·마음가짐을 깊이 조언한 것"[6]라는 평가가 있다. 그런데 무엇보다 이 편지는 흉금을 터놓는 대상에게 자기 내면의 생각을 가감 없이 솔직히 적었다는 점에서 16세기 일본 무사의 가치관을 더할 나위 없이 생생히 보여 주고 있다.

가모 우지사토의 편지

먼저 다소 장문이기는 하지만 당시 무사의 심성을 잘 알 수 있는 호례(好例)의 편지라는 점에서 중요 내용을 자세히 번역·소개하고, 그 후에 고명과 관련한 무사의 욕망을 분석하려 한다.

말(馬)이 필요하다는 편지를 확인하였습니다. 여섯 필을 구하여 보냅니다. 이 중 적갈색 말(鹿毛)과 회색 말(蘆毛: 葦毛) 두 마리는 내가 직접 골라 보냅니다. 귀하게 받아 주시면 무척 기쁘겠습니다. (…) 귀공은 문학을 좋아한다고 알고 있습니다. 지금은 태평[治平]의 시대이니 훌륭하다고 생각합니다. 경하스럽고 기특하기 그지없습니다. 그대 부친 조슈(長州: 이토 모리카게)와는 허물없이 이야기를 나누는 각별한 사이입니다. 또한 그대와는 불가사의한 기연이 있고 특별히 좋아하니 조금도 가슴 속에 숨길 일이 없습니다. 거리낌 없이 이야기해 보겠습니다.(A-1)

나는 젊었을 때 난카(南化) 화상(和尙)을 친하게 모셔 때로 유학·불교[儒釋道]의 귀한 가르침을 얻었습니다. 또한 산조니시 우대신(三條西殿右府: 三條西實枝)과 그 외 소요(宗養)·조하(紹巴) 등의 시[歌之道]에 심취하여 밤낮 가리지 않고 빠져 있었습니다. 그 때문인가요. 어떤 때인가, 시 모임[當座之會]이 열렸을 때, '꽃은 지고 바람은 따라오네(落花隨風)'라는 제목으로 "눈인지 구름인지 모르는 산의 바람에 꽃으로 피어나는 봄의 저녁 무렵"이라고 읊었더니 모두 훌륭하다고 칭찬하였습니다. 또 차(茶)에도 열중하였는데 이것도 밤낮으로 배워 노지(露地)의 축조와 돌[飛石]의 배치가 사람들에게 모범이 될 정도였습니다. 유학과 시, 차에만 빠진 나날이었습니다. 그 무렵 궁시(弓矢)를 수행하던 사이토 구라노스케(齋藤內藏之助)라는 자가 '쓸모없는 일에 열심이기보다 가직(家職: 軍事)에 마음을 쓰세요.'(B-1)

라고 만날 적마다 간언하였지만, 젊을 때라서 그다지 귀를 기울이지 않았습니다.

그런데 노부나가 공(公)이 오미(江州) 간노지성(觀音寺城)으로 출진하셨고 선봉은 이가중(伊賀衆)이며, 두 번째 공격대는 미노중(美濃衆)·오미중의 연합군인데 나도 여기에 속하여 출진하였습니다. 이때 사이토 구라노스케가 단기(一騎)로 우리 부대에 와서, "이가중이 오늘 선봉인 듯한데, 군사 배치나 아시가루(足輕: 보병) 부림이 형편없어 보입니다. 성중(城中)의 적이 병사를 내어 공격하면 선봉 부대는 틀림없이 패배할 것입니다. 그대는 부대를 서쪽 산기슭 대나무 숲에 잠복시켜 놓고 만일 선봉이 무너지면 적 군대를 흘려보내다가 (측면에서 적의) 가운데를 친다면 반드시 승리할 것입니다. 그렇게 무사히 일이 끝나면 이가중에게 가서 '아침부터 계속 싸워 지쳤을 것입니다. 우리는 새 병력으로 투입되어 후방에서 합류한 것이지요'라고 이유를 설명하고, 신가리(殿: 물러나는 아군의 맨 뒤에서 공격해 오는 적을 막는 행위)의 역할을 다한다면, 이것이야말로 고명(高名)이 될 것입니다.(B-2) 이 두 가지[兩條: 복병을 두는 것과 신가리의 양해를 구하는 것]는 조금도 어긋나서는 안 됩니다."라고 말해 주었습니다. 그 가르침대로 서쪽 산기슭의 덤불 속에 병사를 숨겨 기다리고 있었는데 과연 말한 대로 이가중은 (적진) 깊숙이 들어갔다가 간노지성의 아시가루에게 반격을 받아 패배하였습니다. 그래서 측면에서 적 가운데를 찔러 들어가니 적군은 패배하였고 흩어지는 적 병사를 14정(町) 거리를 쫓아가 30명의 수급을 획득하여 노부나가 공에게 보여드렸습니다. 젊은데도 대단한 활약을 했다고 감탄하시면서 구니토시(國俊)라는 칼을 내려 주셨습니다.

이후 사이토 구라노스케의 말을 따라 부족한 무사의 기예(藝能)·명예(譽)를 획득하려 하였습니다.(B-3) 그런데 노부나가 공이 타계하시고 아즈치(성)에 아케치 야헤이지(明智弥平次)가 쳐들어 왔습니다. 어쩔 수 없이 (아즈치에 있던) 노부나가 공의 측근 처첩 20여 명을 우리 일족처럼 히노(日野: 가모 가문의 本城)로 맞아들였는데, 아케치 야헤이지가 3천 명 정도로 추격해 왔기에 나도 3백 명 정도로 (나아가) 맞서 6, 7번 싸웠지만 (적을 물리치고) 무사히 히노로 돌아왔습니다. 이것은 나의 무용(武勇) 때문이 아니며 오로지 주군[主: 노부나가]을 생각하는 깊은 마음으로 인하여 하치만대보살이 도와주시어 이런 행운을 얻은 것입니다.(C)

그 후 아케치 미쓰히데(明智日向守: 光秀)가 죽은 후, 나는 태합(太閤) 히데요시 공의 막하(幕下)로 가서, 이세 고야마(神山) 성과 지쿠시 간자쿠(巖尺) 성을 함락하였을 때, 두 번이긴 하지만 모두 이치반(一番: 최초 공략의 軍功)으로 성을 공격하였기에 태합의 감장(御感=感狀)을 받았고 마쓰가시마(松力島) 12만 석을 수령하였습니다. 덴쇼(天正) 연간에 호조 가문(北條家)을 멸망시키고 데와·오슈까지 처리하신 후에는 아이즈(會津)가 오우(奧羽) 양국 경계의 요충지라며 아이즈 4군(郡) 40만 석을 주셨고 저를 여기에 배치하셨습니다. (…) 그런데 그 해 겨울 11월에 잇키(一揆: 백성 반란)가 일어나 기무라 이세노카미(木村伊勢守) 부자(父子)를 공격해 죽이려 한다는 보고가 올라와 아이즈에서 7일 남짓 걸리는 곳을 주야 3일 만에 달려가 미오(三尾) 성을 공략하였고, 몇 개 지역에 농성하고 있던 잇키를 남김없이 참살하고 기무라 부자를 구해 내었습니다. 그것에 (히데요시께서) 감탄하시어 아이즈는 말할 것도 없고 센도(仙道) 6군, 요네자와(米澤) 4군, 다테(伊達)·시노부(信夫) 2군, 총 16군 합계 백만 석을 수령하게 되었습니다.

귀공 부자(父子) 역시 태합께서 고려하시어 오가키(大垣) 성에 배치하였습니다. 그 땅은 이세(勢州), 오미(江州), 미노(濃州), 오와리(尾州) 4개 국이 지나가는 요충지로서 만일 천하에 생각하지 못한 큰 일이 발생한다면, 히데요시 님의 안목대로 훌륭히 봉공을 다하는 일이 간요하리라 생각됩니다. (그리하려면) 무엇보다 첫째 가중(家中: 가문 내) 사람들에게 정(情)을 두텁게 하고 영지[知行]를 내려야 합니다. 영지만을 주고 정이 없으면 아무것도 안 됩니다. (또한) 정이 아무리 깊어도 영지를 주지 않으면 헛된 일이 될 것입니다. 영지와 정은 수레 두 바퀴, 새의 양 날개처럼 여기지 않으면 안 됩니다. 또 내 몸이 불편한 것은 수고스럽게 여기지 말아야 하며, 가중(家中)의 숙로와 공로자[老功]를 아껴야 합니다.

상인(商人) 등은 오직 금전(利錢)과 이윤만을 생각하나 사무라이(侍)는 금전과 이윤에 마음을 써서는 안 됩니다.(D) (…) 사무라이의 본분은 무용(武勇)이 있는 자를 끌어들이는 (것으로) 무용의 명예(誉れ)가 있다면 입신(立身)은 틀림없습니다.(B-4) 사무라이인 자가 마음이 협소하면, 삶거나 익혀도 먹을 수 없는 자일 것입니다. (…) 오는 봄 빨리 상경할 터이니, 옛날 일을 잊지 않았으면, 쌍침동석(双枕同席)하고 다시 이야기를 나누고 싶습니다. 일소일소(一笑一笑). 이 편지는 한번 쭉 읽은 후 불에 태어 버렸으면 합니다.(A-2). 삼가 말씀올립니다(恐惶謹言).

9월 18일

　　　　　　　　가모 히다노카미 우지사토(蒲生飛彈守氏郷)
이토 한고로 님(伊藤半五郎樣)**7**

서찰 양식상으로 볼 때 '공황근언' 등으로 서신을 끝맺는 등 아들 친구에게 이처럼 최상급 대우의 편지를 쓴 점에서도 이례의 편지라 할 수 있다. 분로쿠(文祿) 2년으로 추정되는 이 문서는 (A-1)과 (A-2)처럼 우지사토와 한고로 사이의 사적 관계를 암시하는 부분이 내포되어 있다. 특이한 서찰 양식은 기본적으로 그러한 애정 관계(?)에서 유래한 것으로 보인다. 어쨌든 우지사토가 "거리낌 없이 이야기해 보겠습니다."(A-1)라고 하듯이, 이 편지 속에는 16세기 무사 내면의 진솔한 가치관이 잘 드러나 있다.

가모 우지사토의 명리와 신불

이상의 편지 내용에서 유추할 수 있는 명리(名利)와 관련된 우지사토의 주요 가치관은 다음과 같다.

우선 첫째, (D)처럼 금전이나 이윤[利錢]은 무사가 아닌 상인이 추구할 가치로 보았다. 무사의 물질(이익)에 대한 욕망을 권장하지 않고 있는데, 이것은 비단 우지사토만의 주장이 아니었다.

가령 오다 노부나가도 쇼군 아시카가 요시아키(足利義昭)가 금전의 부를 축적하는 행위를 비난한 적이 있다.[8] 또한 노부나가는 부하 사쿠마 노부모리(佐久間信盛)를 추방할 때 그 이유로서 "이전부터 거느린 자에게는 영지(知行)를 더하여 주고 적당한 협력자[餘力]를 붙이고, 때맞추어 새로운 사무라이들도 발탁하였으면 이 정도의 실패는 없었을 것인데, 오직 금은을 축적하는 데만 몰두하였기에 이번에 천하의 면목을 잃었던 것이다. (그 불명예는) 당, 고려, 남만까지 숨길 수 없다."라면서, "무엇보다 첫째 욕심으로 가득 차 있고, 대하기 불편하고, 좋은 부하를 거느리지 않았으며, 더욱이 (일처리에) 방심하였으며 필시 부자(父子) 모두 무도[武邊道: 무사도]가 부족하다."[9]라고, 올바른 무사로서의 길과 부(금은)에 대한 욕망을 대비시키고 있다. 이처럼 무사가 부와 이익을 탐하는 것은 비난의 대상이었고 심지어 그런 무사는 배제되어 기존 지위가 상실될 위험도 있었다.

그러나 한편으로 다른 측면에서 보면, 사쿠마 노부모리와 같은 노부나가의 최고위급 부하도 금은의 세속적 이익을 탐하고 있듯이 부의 추구는 인간의 본성이며 당시 대다수 일본 무사들의 일반적인 지향으로 볼 수 있다.

실제 전국시대 많은 일반 무사들이 이익과 부를 쫓아 주인을 바꾸는 일은 비일비재하였다. '갈아타기[渡り] 봉공인(奉公人: 윗사람을 섬기는 자)'이라는 비유마저 존재하였다. 능력을 발휘하여 주군을 갈아타는 일은 일반화되었고 '잇속(名利)에 살

다'고 하듯이 명리에 관심을 갖지 않은 무사가 드물었다.[10] 사실 전장에서 발군의 공적을 세우고 이름을 널리 떨쳐 명예나 평판을 얻으면 주위 사람들에게 널리 인정을 받았고, 주군으로부터 공적에 어울리는 토지[恩地]나 하사품을 받아 경제적인 이익도 향유할 수 있었다. 물론 노부나가나 우지사토와 같이 부와 이익을 탐하는 것을 상인의 가치로 보고, 무사는 어디까지나 "무용의 명예가 있다면 입신은 틀림없습니다."(B-4)라고 금은이 아닌 고명을 우선시하는 자들도 존재하였다. 그러나 이 역시 돈과 이익을 쫓을 것이 아니라 무사로서의 본분[武勇]에 충실하여 입신출세하면 부와 명예는 저절로 따라오는 것이하는 입장으로 보인다. 즉 가모 우지사토나 오다 노부나가나 당시 무사들의 이익 추구가 일반적인 현상이었음을 인식하고 있었다. 이런 상황에서 근시안적인 금은 추구보다 무용의 명예를 무사의 본분이자 본질로 중시한 것이다.

둘째, 우지사토는 "무용의 기예·명예"(B-3)를 무사의 본질적 가치로 보고 학문(유학)·시·차도를 문인이 추구할 가치라면서 문과 무를 대립시켜 파악하였다(B-1).

물론 16세기 모든 무사들이 우지사토처럼 문무를 서로 대립하는 가치로 인식한 것은 아니었다. 전국시대 관동 지역의 유력 다이묘인 다케다 신겐의 동생 다케다 노부시게(武田信繁)

는 가훈에서 "무인에게 가장 중요한 것은 평소에 늘 궁마에 전념하는 일이다."라고 무예를 중시하면서도 "학문의 도에 대해서도 결코 소홀해서는 안 된다."고 학문도 소홀히 여기지 않았다.[11] 전국 다이묘의 전형적 인물 중 한 명인 호조 소운(北條早雲)도 "시간이 잠깐 있으면 책을 보고 품속에 넣고 다니다가 상황을 살핀 후 항상 읽어라. 문자란 자거나 눈뜨거나 늘 익숙하지 않으면 바로 잊는 것이다. 쓰는 것도 마찬가지이다."(제12조)라고 했으며, "시[歌道]를 못하는 자는 무능하며 천(賤)한 일이다. 배워야 한다. 항상 말함에 신중하라. 말 한마디로 다른 사람의 심중을 알 수 있다."(제15조)라고 역시 무 이외에 문을 중시하였다.[12] 이런 자세는 중세 이래 상급 무사들이 추구했던 문무겸행(文武兼行)의 입장을 계승한 것이다.

다만 이때 무사의 문은 고상한 철학 내지 학문의 문이라기보다 실용적 측면에서의 문이었다. 도요토미 히데요시의 군사로 유명한 구로다 간베에 요시타카(黑田官兵衛孝高)는 다음과 같이 말했다.

문무는 수레의 두 바퀴와 같고 어느 하나가 없으면 쓸모가 없게 된다. 물론 치세에는 문을 사용하고 난세에는 무를 사용하는 것이지만, 치세에 무를 잊지 않고 난세에 문을 버리지 않는 일이 중요하다. (…) 무장(武將)의 가문에 태어난 이상 잠시도 무의 도를 잊어서는 안 된다. 또한 난세에 문을 버리는 자는 제법(制法)이 정해지지 않아 정치에 사곡(私曲)이 많아, 가신[家人]을 비롯해 국의 백성[國民]을 사랑하지 않기 때문에 사람들의 원망이 많다. 전쟁[軍陣] 때도 혈기의 용맹만으로 도가 바르지 않기 때문에 사졸(士卒)이 경모하지 않고 충의의 행동이 드물다. 설령 한번은 전투에서 승리하더라도 후에 반드시 패배한다. 무릇 국주(國主)가 문도를 좋아함은 반드시 책을 많이 읽고, 시를 짓고, 고사를 아는 것이 아니다. 진정한 도를 알고 무슨 일이든 조사·궁리하기를 소홀히 하지 않고 일의 논리에 어긋나지 않고 잘못을 없게 하고 선악을 살펴 상벌을 분명히 하며 마음 씀씀이에 연민이 깊은 것이 중요하다. 또한 무도를 좋아한다는 것은 단지 오로지 무예만을 좋아하고 오만한 것을 의미하지 않는다. 군사[軍]의 도를 알고 항상 난을 진압하기 위해 지략을 행하고 방심하지 않고 사졸을 훈련시키고 공 있는 자에게 은상을 내리고 죄 있는 자에게 형벌을 가하고 강건함과 비겁함을 바로잡고 평화로울 때 전투를 잊지 않는 것을 말한다. 무예에만 집중하여 홀로 움직이기를 좋아하는 것은 필부의 용이다. 국주와 무장의 무도(武道)가 아니다.[13]

셋째, 우지사토는 무사로서의 주요 가치인 무용은 그 발휘가 (C)처럼 결국 신불(神佛)의 뜻에 달려 있다고 인식하였다. 또한 동시에 정직을 강조한 가마쿠라 시기 신불의 전통적 가치관과 달리(후술), (B-2)처럼 아군조차 속여 수단 방법을 가리지 않고 고명을 획득하여야 한다고 인식한 점도 주목된다.

근세 초 무사도의 전형으로 간주되는 『하가쿠레(葉隱)』라는 저서의 저자 야마모토 쓰네토모(山本常朝)의 조부도 "큰 소리로 외쳐라. 거짓말을 해라. 도박을 해라."라고 말하였다고 하며, 쓰네토모의 부친도 "일정(一町: 약 109미터)을 걷는 사이에 일곱 번 거짓말을 하는 것이 남자다."라는 교훈을 남겼다고 한다.[14] 에도 시대 초기 사상가 가이바라 에키켄(貝原益軒)은 "일본의 무도(武道)는 유학자와 같이 인의충신(人義忠信)의 도를 써서는 안 된다. (상대를) 속이지 않으면 승리를 얻을 수 없다. (…) 병(兵)은 궤도(詭道: 사람을 속이는 방법)이므로 때와 경우에 따라서는 아군을 속여서라도 군공[人の功]을 빼앗고 혹은 적국을 혼란시켜 거꾸로 빼앗는 것도 관계없다. 이것이 일본의 무도이다. 중국의 도를 가지고는 일본의 무도를 행하기 어렵다. 일본은 무국(武國)이기 때문에 중국과 같이 정직하여 어중간해서는 공(功)을 올릴 수 없고 일본 풍속에 맞지 않다. 마음을 잘 드러내지 않고 잽싸게 남이 획득한 공명(功名)이라도 빼앗아 자신의 공명으로 삼는다. 남이 취한 수급도 빼앗아 나의 용맹으로 하는 것이 일본의 무도이다"[15]라는 사회 풍조를 지적하였다. 우지사토에게 고명의 공적을 올리기 위해 같은 편조차 속일 것을 권유한 사이토 구라노스케라는 인물이야말로 전국시대의 전형적인 무사일 것이다.

13세기 가마쿠라 무사와 비교

가마쿠라 시대 호조 야스토키(北條泰時)는 고세이바이시키모쿠(御成敗式目)라는 최초 무사 성문법을 제정한 것으로 유명한 인물이다. 호조 시게토키(北條重時)는 야스토키의 동생으로 형을 도와 가마쿠라 막부가 안정되는 데 큰 역할을 한 인물이다. 이 호조 시게토키와 밀접하게 관련된 것으로 보이는 호조 가문의 가훈(「極樂寺殿御消息」)은 가장 먼저 제1조에 신불에 대한 독실한 믿음, 이에 따른 정직의 덕목을 강조한 점이 눈길을 끈다.

신불을 아침저녁으로 배례하고 마음을 다해 기도를 드려야 한다. 신은 사람의 공경으로 영험을 더하고, 사람은 신의 은혜로 운명을 온전히 한다. 그러므로 신불 앞에 서면 '이번 생에 살아가는 동안 정직한 마음을 갖게 해 주시기를'라고 기원해야 한다. 그것은 이번 생이 다른 이에게 쓰이게 되어 다음 세상에는 반드시 서방정토로 갈 수 있는 것이다. 여러 사람에게 좋은 일이다. 이런 마음을 잘 알고 분별해야 한다.[16]

이처럼 사람이 정직해야 하는 이유에 대해 "신[神明]은 사람(마음의 선악)을 비추는 거울이라 한다. 사람이 하는 일을 (무슨 일이든) 굽어살피지 않는 일이 없지만, 그것은 단지 인간의 마음이 정직하였으면 하고 생각하시기 때문이다. (…) 타인을 속이는 일이 있으면 반드시 그것을 넘는 보복에 직면할 것이다. 그것을 바보는 모른다."(제77조)라고 정직을 신불의 본성 내지 인과응보 관념과 연계시켰다.

나아가 정직은 "무슨 일이든 무예[弓箭]를 비롯해 윗사람으로서 이름을 떨치고 덕을 드러냄은 정직의 마음을 기초로 하는 것 이외에 없다"(제47조)라고 무사로서의 이름 추구와도 관련되었다. 동일한 이름 추구라도 수단 방법을 가리지 않고 고명을 추구하는 전술한 전국시대 무사 사이토 구라노스케 등과 가치관을 달리하는 것이다. 물론 "불법을 숭경하고 정직한 마음을 지닌 사람은 이번 생은 평온하며 사후에도 극락에 갈 수 있다. 훌륭한 부모라면 자식들도 널리 천하에 발탁되는 것이

다. (그것은) 나 자신의 힘이 아니며 신불의 가호 덕분이다."(제
47조)라고 신불의 영험을 믿고 있는 점에서는 13세기 가마쿠
라 무사나 16세기 전국시대 무사(가모 우지사토: 하치만대보살)
나 동일하지만, 신불의 구체적인 반영물인 정직에 대한 관념
은 이처럼 크게 달라졌다.

정직을 강조하는 호조 가문의 가훈은 신불의 권위가 강한
가마쿠라 시대의 풍속을 반영한 것이라 할 수 있다. 세속화되
고 신불의 권위가 약화된 전국시대에 이르면 정직이란 가치를
강조하는 목소리가 더욱 낮아졌다. 천도(天道)라는 개념이 널
리 확산되었고 무사들도 스스로의 능력을 발휘해 자신의 운을
확인하려는 움직임이 뚜렷해졌다.[17]

전국시대 무사가 추구한 이러한 시대적 풍조를 잘 지적한
말이 '일명담박(一名膽薄)'이다. 이 말은 '임진전쟁(임진왜란)'
시기 포로가 되어 일본에 끌려갔던 조선의 선비 강항이 사용
한 용어이다. 강항은 당시 일본인의 심성을 궁금해 하면서,
"살기를 좋아하고 죽기를 싫어하는 것은 사람이나 동물이나
마찬가지인데, 왜 일본 사람[日本之人]만은 홀로 죽기를 좋아하
고 살기를 싫어하는 것이요."라고 질문하였다. 이러한 의문에
당시 일본인[倭將·倭卒]은 다음과 같이 답하였다.

일본의 장관(將官)이 백성의 이권을 독점해 백성에 속한 것은 조금도 없습니다. 그래서 장관 집(家)에 몸을 의탁하지 않으면 옷과 음식[衣食]이 없습니다. 한번 장관 집에 의탁하면 그 몸은 자신의 몸이 아닙니다. 한번 담이 적다(겁쟁이)고 이름이 나면 [一名膽薄], 어디를 가나 받아들여지지 않고, 칼을 잘 다루지 못하면 사람으로 치지 않습니다. 칼이나 창의 흉터가 얼굴에 있으면 용부(勇夫)로 간주되어 큰 봉록을 받지만, 귀 뒤에 있으면 잘 도망치는 자라고 간주되어 배척을 받습니다. 그래서 옷과 음식 없이 죽느니 차라리 적과 싸우다 죽는 편이 나은 것입니다.[18]

당시 일본인이 이름(高名)을 추구하는 이유, 즉 어떤 '이름'을 추구하는가(一名膽薄인가, 勇夫인가)에 따라 처우가 크게 나뉘는 일본의 사회 구조가 잘 드러나 있다.

무수히 많은 일반 백성까지 무사화해 고명을 추구하는 세상에서 가마쿠라 시대처럼 소수의 엘리트 무사에 국한되는 정직과 이를 바탕으로 한 고명은 더 이상 통용되지 않게 되었다. 16세기 전국시대에는 일반 백성까지 참여가 가능한 치열한 경쟁과 실력주의의 고명을 추구하게 된 것이다. 당시 일본인에게 수단 방법을 가리지 않고 획득한 고명은 단순히 명예라는 무형의 추상적 가치에 그치는 것이 아니라 이를 통해 부귀라는 실질적 가치를 얻을 수 있는 수단이기도 하였다. 물론 금전 (利錢)과 이윤은 상인의 가치이며 무사는 명예가 중요하다고 가모 우지사토는 주장하였지만, 기실 16세기 대다수 일본인에 게 명예와 부(금전)는 동전의 양면에 불과하였다. 이러한 전국 시대를 거치면서 일본 사회는 과거를 통해 입신양명을 지향하 는 한국(조선) 사회와 달리, 공(功)에 입각한 고명 추구가 중시 되는 사회가 자리 잡게 되었다.[19]

08

루이스 부뉴엘의 영화 속 욕망의 궤적

: 프로이트에서 라캉까지

임호준

스페인 영화의 대부(代父)라 할 수 있는 루이스 부뉴엘(Luis Buñuel, 1900-1983) 감독은 자신이 초현실주의자가 아닌 적이 없었다고 말하였을 정도로 초현실주의 예술가로서의 정체성을 확고하게 가졌던 인물이다. 스페인 아라곤 지방의 작은 마을 칼란다에서 태어난 그는 대학에서 농공학을 공부하기 위해 마드리드에 왔으나 학생 기숙사에서 가르시아 로르카(García Lorca), 살바도르 달리(Salvador Dalí) 등과 교류하며 예술에 눈을 뜨게 되고 예술가로서의 길을 가기로 작정한다. 당시 스페인에 처음 번역되어 소개된 지그문트 프로이트(Sigmund Freud)의 저술을 탐독한 젊은 예술가들은 무의식의 세계를 예술적으로 재현하는 데 심취하게 되고 이후 로르카는 시와 연극에서, 달리는 미술에서, 그리고 부뉴엘은 영화에서 이를 실현하고자 하였다.

초현실주의자 부뉴엘의 영화 세계를 관통하는 키워드는 단연 욕망이다. 그에게 유명세를 안겨 준 첫 단편 영화 두 편은 모두 프로이트의 이론을 기반으로 하여 무의식 속에 억압된 욕망을 영화적으로 재현하는 것이었다. 그는 평생 32편의 영화를 만들었는데 욕망의 문제가 드러나지 않은 작품은 없다고 해도 과언이 아닐 정도로 치열하게 욕망과 관련된 주제에 천착했다.[1] 흥미로운 것은 정신분석학이 프로이트를 거쳐 자크 라캉(Jacques Lacan)에 의해 수정되고 체계화되는 진화를 겪은 것과 마찬가지로 부뉴엘의 영화 또한 정신분석학의 진화된 이론을 담아내고 있다는 점이다. 첫 작품인 「안달루시아의 개(Un chien andalou)」(1929)와 「황금시대(L'age d'Or)」(1930)에서 프로이트의 초기 저술을 토대로 무의식 세계의 탐사를 시작한 그는, 중기 작품에서 프로이트가 이론화한 성적 욕망의 다양한 발현을 다룬 작품을 만들었고, 마지막 작품인 「자유의 환영(Le fantôme de la liberté)」(1974)과 「욕망의 모호한 대상(Cet obscur objet du désir)」(1977) 등에서는 욕망의 속성에 대한 라캉의 이론을 영화로 재현하며 평생 초현실주의자로서 일관하였다.

초현실주의 영화의 시작과 프로이트적 진화

1929년 부뉴엘이 달리와 함께 만든 첫 단편 영화 「안달루시아의 개」는 세계 영화사에서 최초의 초현실주의 영화로 불리는 작품이다. 달리가 꾼 꿈을 영화화하였다는 이 작품은 프로이트가 설명한 거세 공포와 남녀의 해부학적 차이에 기인한 상이한 욕망, 그리고 욕망의 발현에 있어 이드와 초자아의 작용을 영화적으로 표현한 것이다. 이 작품은 프로이트의 『꿈의 해석』에 설명되는 성과 관련된 여러 이미지들로 가득 차 있고 꿈과 마찬가지로 압축과 전치 원리에 따라 다양한 해석의 여지를 남긴다. 예컨대, 잘린 넥타이와 손은 남성 성기, 손바닥의 구멍과 여자의 겨드랑이는 여성 성기에 대한 은유로 해석될 수 있다. 그리고 칼 같은 구름이 보름달을 스치는 것, 면도날이 여성의 눈알을 자르는 것, 손이 문짝에 걸려 잘리는 것 등은 거세를 의미하는 것으로 보인다.

이 영화에서 반복적으로 등장하는 서사는 공격적이고 집착적인 남성 욕망, 그러나 그 발현을 어렵게 만드는 거세 공포와 초자아의 개입이다. 이 영화의 도입부에서 달밤에 발코니에 나타난 건장한 남자(부뉴엘 분)는 담배를 물고서 면도칼을 갈고 있다가 가느다란 구름이 보름달을 관통하는 것을 보더니 갑자기 여자의 눈을 칼로 베어 버린다. 무방비 상태로 영화를 보던 관객들을 경악하게 만든 이 유명한 장면은 거세에 대한 은유와 환유로 해석된다. 이렇게 거세의 강력한 이미지를 영화 서두에 내세우며 시작한 「안달루시아의 개」는 거세 공포에 의해 영향받는 성적 욕망의 속성을 반복적으로 재현한다.

거세 공포에 시달리는 남성은 자신을 기다리고 있는,『자수 짜는 법』 책을 읽고 있는 여자에게 달려가고자 한다. 하지만 계속해서 출현하는 거세 이미지와 초자아는 그의 욕망 추구에 걸림돌이 된다. 초자아는 신부들(종교), 그랜드 피아노(문화), 도마(가정), 중절모의 신사(아버지) 등으로 등장하면서 남자가 욕망의 대상인 여성에게로 가는 것을 막는다. 그렇다고 해서 욕망의 발현이 늘 실패하는 것은 아니다. 가끔 거세 공포가 사라지거나 초자아가 제거되면 욕망은 고개를 든다.

초자아는 아버지, 경찰, 또는 매우 남성적인 모습을 하고서 여성의 복장을 한 남성에게나 양성성의 모습을 보이는 인물에게 나타나 경고한다. 책상 위에 펼쳐진 책으로 보아 오이디푸스 단계를 지나는 것 같은 소년에게 중절모를 쓴 신사가 나타나 질책하는 것이 그런 장면이다. 하지만 그렇다고 해서 소년이나 양성성의 모습을 한 인물이 항상 강력한 남성에게 굴복하는 것은 아니다. 총을 쏘아 그를 죽이기도 하는데 초자아적인 인물이 죽자 남자의 성적 정체성은 더욱 모호해진다. 남자가 손으로 입을 가리고 그것을 치우자 여자의 겨드랑이 털이 남자의 입에 붙는다. 이 털은 여성 성기의 털처럼 보인다. 이것은 이제까지와는 달리 모든 성적인 기표의 의미가 상실되는 것을 의미한다. 여자는 이제 수동적인 태도를 버리고 매우 능동적인 태도를 취하며 해변에서 새로운 남자를 추구한다. 골프 옷을 입은 남자는 시계를 보며 여자가 늦게 도착한 것을 타박하려 하다가 그녀의 팔장을 낀다. 그러나 욕망의 절정이나 끝은 죽음의 이미지와 연결되고, 마지막 장면에서 해변을 걷던 남녀는 처참한 시체로 발견된다.

「안달루시아의 개」는 영화가 카메라를 통해 현실을 재현한다는 기존의 인식을 깨고 보이지 않는 세계, 즉 인간의 무의식까지 표현할 수 있다는 새로운 가능성을 제시하였다. 이것은 당시 프로이트의 정신분석 이론과 함께 나타난 초현실주의 예술가들에게 새로운 희망을 주는 것이었다. 그리하여 이 작품은 인류 영화사에 있어 '최초의 초현실주의 영화', '최초로 관객과 기존 영화를 공격하는 영화', '미국 아방가르드 운동의 선구적 작품'으로 불리는 기념비적인 작품이 되었다.

첫 작품의 성공에 고무된 부뉴엘과 달리는 1930년에 「황금시대」라는 작품을 발표한다. 1년여의 시차를 두고 제작된 부뉴엘의 첫 번째 작품과 두 번째 작품이 프로이트 정신분석학의 진화를 반영하고 있다는 점은 흥미롭다. 「안달루시아의 개」가 거세 공포, 오이디푸스 콤플렉스, 초자아 등 개인 무의식의 작동 원리를 보여 준다면, 「황금시대」는 이드의 분출과 이를 억압하는 가정적, 사회적, 종교적 기제 사이의 충돌을 보여주고 있다. 즉, 첫 작품이 개인적 심리 기제를 보여준다면, 두 번째 작품은 개인 욕망의 공격성과 사회적 환경 사이의 갈등을 보여 준다. 이것은 『꿈의 해석』 등 초기 저술에서 개인 심리 연구에 몰두하던 프로이트가 『문명 속의 불안』, 『토템과 터부』 등의 중기 저술에서 사회와 문명론으로 나아간 것과 궤를 같이 한다.

다섯 개의 시퀀스로 이루어진 이 작품의 중심적인 서사는 세 번째와 네 번째의 시퀀스에 등장하는 가스통 모도(Gaston Modot)와 라이아 리스(Lya Lys)가 연기한 두 연인의 불타는 욕망이다. 이들의 욕망의 성질을 드러내기 위해 첫 번째 시퀀스에는 전갈에 대한 다큐멘터리를, 두 번째 시퀀스에는 불한당들의 싸움을 보여 준다. 서막으로 등장하는 전갈에 대한 다큐멘터리는 이후에 이어질 서사에 불길한 기운을 드리운다. 화려한 가톨릭 제의 복장을 입고 마요르카 섬에 상륙한 사제들은 해골이 되어 바위에 전시된다. 욕망은 전갈과 불한당들과 마찬가지로 음침한 곳을 좋아하며 위협적이고 공격적이라는 뜻이다. 세 번째 시퀀스에서 옷을 잘 차려입은 사제, 수녀, 귀족, 경찰이 도시의 기공식에 참석한다. 가장 신분이 높은 사람으로 보이는 사람이 연설을 시작하려는 순간, 신음 소리가 들리고 한 쌍의 남녀가 진흙탕을 뒹굴며 격렬하게 사랑을 나누고 있다. 사람들이 두 사람을 떼어 놓자 여성은 화장실에 앉아 있는 듯 보이고 이윽고 배설물로 보이는 이미지가 스크린을 덮치고 변기의 물 내리는 소리가 난다. 남자가 경찰로 보이는 사람에 의해 끌려가자 기공식은 다시 진행되고 순서에 따라 배설물처럼 보이는 회반죽이 주춧돌 위에 놓인다. 그리고 이 주춧돌 위에 로마제국이 건설되었다고 하는 자막 위로 현대의 대도시가 원경으로 비춰진다.

이것은 현대의 문명이 성적 욕망의 억압을 바탕으로 건설되었다는 프로이트의 문명론을 풍자적으로 보여주는 것으로서, 부뉴엘은 현대 문명의 토대를 배설물이라고 할 정도로 문명에 의한 욕망의 억압을 문제적으로 보고 있다. 프로이트 역시 『문명 속의 불안』에서 고대 도시 로마를 예로 들면서 욕망의 억압으로 인한 승화와 이로 인해 문명 속에 깃든 불만과 신경증을 이야기한 바 있다.

네 번째 시퀀스에서 남자와 여자는 고관대작들이 파티를

벌이는 집의 정원에서 성적 황홀경에 빠진다. 물론 주변을 신경 쓰지 않는 이들의 난교는 군중, 경찰, 부모에 의해 제지되고 남자는 참혹한 제재를 받아 눈에서 피를 흘린다. 가장 충격적인 장면은 엔딩 시퀀스로서, 파리 외곽에 있는 셀리니 성에서 120일 동안 벌어진 짐승과 같은 난교에 참여하였던 네 명의 난봉꾼과 열두 명의 소녀들 중에서 생존한 사람들이 예수와 같은 모양을 한 블랑지 백작 뒤를 따라서 성 밖으로 나오는 장면이다. 이는 말할 것도 없이 사디즘의 어원이 된 사드(Donatien Alphonse François de Sade) 후작을 떠올리게 하는 신성모독적인 장면이었다.

당대의 관객은 물론 평론가들이 이 영화에 대하여 혹평을 퍼부은 것은 당연하다. 프랑스 일간지 『르 피가로』는, "형편없는 예술적 자질을 가진 「황금시대」와 같은 영화는 (…) 가장 저속하고, 더럽고, 입맛 없는 에피소드로 구성되어 있다. 국가, 가정, 종교는 진창 속에서 더럽힘을 당한다."라고 평하였다.[2]

프로이트가 후기로 오면서 쾌락 원칙을 넘어선 죽음 충동을 주장한 것처럼, 「황금시대」는 성적 욕망의 파괴적인 힘에는 죽음으로의 이끌림이 있다는 것을 보여주고 있다. 전작에서 자주 등장하던 거세를 의미하는 이미지가 부재하기 때문에 이제 「황금시대」의 인물들은 거세 공포를 잊고 성적 욕망을 더욱 거세게 탐닉한다. 그와 함께 강조되는 것은 죽음과 파괴의 이미지이다.

이렇듯 첫 작품이 욕망에 대한 개인 무의식의 분석이라면 두 번째 작품은 개인을 넘어 사회적, 문명적 문제로 확대하고 있다. 이 작품에서 기독교가 신랄하게 비판되는 것도 이런 맥락인데, 사회적으로 보자면 2000년 기독교의 역사가 서구 사회에서 욕망 억압의 주역이었고 그 때문에 서구 문명은 불만으로 인한 신경증으로 가득 차 있다고 그는 보았던 것이다.

도착과 신경증의 다양한 양상들

스페인 내전이 프랑코 반란파의 승리로 끝나자 부뉴엘은 미국으로 건너가 할리우드 영화의 외국어판 더빙을 만드는 등 영화와 관련된 허드렛일을 한다. 그러다 스페인의 공화국 정부가 망명한 멕시코로 이주하였고 거기에서 극 영화를 만들기 시작한다. 단편 영화나 다큐멘터리에 비해 극영화는 상업적인 면을 도외시할 수 없기 때문에 실험성을 영화에 가미하기 어렵다는 현실적인 문제가 있다. 그럼에도 정도의 차이는 있지만 부뉴엘은 29편의 극영화에서도 초현실주의적 실험을 이어가며 욕망의 속성에 대해 탐구한다.

　프로이트가 설명한 여러 가지 욕망의 속성이 극영화에 등장하는데 특히 그는 프로이트의 이론에서 도착 또는 신경증으로 정의된 성향을 보여 주는 인물들의 심리를 탐구한다. 그들은 대부분 남성들으로서 외적으로 보자면 중후한 외모에 사회적인 지위와 부를 누리고 있는 멀쩡한 사람들이다. 그리고 당시 멕시코 사회의 상류층이 그러하듯 종교적으로도 매우 신앙심 있는 사람들이기도 하다. 하지만 그들은 심리적으로 불안하고 미성숙하며 도착적인 성적 욕망을 품고 있다. 프로이트가 페티시즘의 예로서 지목하였던 여성의 특정 부위―다리, 스타킹, 하이힐 등―에 집착하거나 시각 음란증의 증상으로서 여성을 훔쳐보고, 사디즘·마조히즘적 기질도 드러낸다.

　부뉴엘이 멕시코에서 만든, 「이상한 열정(El)」(1953)은 이러한 경향이 잘 드러난 작품이다. 이 영화의 주인공인 프란시스코는 40대의 부유한 지주로서 독실한 가톨릭 신자이다. 그는 부활 주간 교회에서 대사제가 12명의 소년에게 행하는 세족식을 참관하면서 소년들의 다리를 보다가 주변에 앉아 있던 한 여성의 다리―스타킹에 검은 구두를 신은―에 매혹되고 이후 그 다리만 생각하며 그녀를 욕망하기 시작한다. 프로이트는 남성 리비도를 여성의 특정한 부위, 쓰던 물건 등에 과도

하게 투사하는 것을 남성의 거세 위협과 연관시킨다. 거세 위협 때문에 여성의 성기 부재를 부인하며 그것을 대체하는 대상을 찾는 것이 페티시즘이라는 것이다. 물론 성기가 아닌 다른 대상에 성적 리비도를 집중시키는 것은 거세 공포를 넘어서는 오이디푸스 콤플렉스 단계를 성공적으로 통과한 것이 아니다.

영화에서 프란시스코는 자신의 욕망의 대상인—엄밀하게는 그녀의 발이 욕망의 대상인—글로리아가 자신도 알고 있는 기술자와 약혼한 사이라는 것을 알게 되자 두 사람을 자신의 저택에서 열린 파티에 초대한다. 여기에서 약혼자가 안 보는 사이에 글로리아에게 열렬한 사랑을 고백하여 그녀와 키스하는 데 성공한다. 그는 결국 그녀의 약혼자를 물리치고 그녀와 결혼하게 된다.

그러나 신혼여행에서부터 프란시스코는 이상한 열정을 보이기 시작한다. 아내가 키스하던 중 눈을 감자 약혼자와 키스하였던 기억을 떠올리는 게 아니냐며 그녀를 몰아세운다. 그리고 신혼여행지에서 그녀가 우연히 예전에 알던 남자를 만나서 반갑게 인사하는 것을 보고는 그가 예전 남자 친구였다고 단정해 버린다. 그리고 이 사람을 다시 호텔 식당에서 만나게 되자 그가 그녀를 따라다닌다며 불쾌해 하면서 그녀를 데리고 방으로 올라간다. 그러고도 모자라 그가 자기 부부를 열쇠 구멍으로 몰래 엿보고 있다며 열쇠 구멍을 뜨개질 바늘로 쑤신다. 물론 그는 엿보고 있지 않았기 때문에 그의 눈이 찔릴 리 없다.

프란시스코는 이걸로도 모자라 그의 방으로 찾아가 따귀를 때리고 그를 호텔에서 내쫓는다. 이렇게 심한 의처증 증세를 보이면서도 아내를 사업에 이용하려는 모습도 보이는데, 자신의 소송을 맡은 변호사를 아내의 생일 파티에 초대하여 아내로 하여금 그를 접대하도록 시킨다. 순종적인 아내는 남편의 말에 따라 변호사에게 친절하게 대해 주고 그의 청에 따라 춤을 춘다. 남편의 질투심은 하늘을 찌르고 그는 손님들이 가고 난 후 아내를 심하게 책망한다. 그러나 다음날 식사 테이블에서 떨어진 물건을 줍다가 아내의 다리를 보자 갑작스럽게 욕망을 느끼고 그녀에게 키스를 퍼붓는다.

남편의 이해할 수 없는 행동에 실망한 글로리아는 친정 엄마와 사제를 찾아가 하소연하지만 그들은 남편을 이해하라는 말만 되풀이한다. 멕시코 전통 사회는 순종적인 아내의 역할을 강요하는 것이다. 아내에 대한 집착과 더불어 의처증이 더욱 심해진 프란시스코는 공포탄을 쏘아 그녀를 살해하는 시늉을 하고, 높은 종탑으로 그녀를 유인하여 떨어뜨리려 하기도 한다. 가장 끔찍한 장면은 그가 솜, 면도날, 실에 꿴 바늘, 가위, 로프를 준비해서 잠자는 아내에게 뭔가를 하려다 아내가 깨어나는 바람에 미수에 그치는 장면이다. 이것은 사드 후작의 『규방 철학』에서처럼 글로리아를 꿰매려는 의도였을 수 있다. 부뉴엘 역시 이 장면이 무의식적으로 사드를 모방하고자 했을 가능성을 인정한다.[3] 사드 후작을 떠올리는 장면은 앞서 언급하였던 「황금시대」에도 나왔던 것으로 보아, 사드와 그의 저술이 부뉴엘에게 상상력의 원천으로 작용하고 있음을 알 수 있다.

프란시스코는 아내에게 징벌을 가하는 사디스트적 면모를 보이지만 또 한편, 소송이 잘 풀리지 않자 아내의 품에 안겨 울음을 터뜨린다. 그러면서 자신은 시키는 대로 할테니 명령만 내려 달라고 한다. 프로이트는 대체로 남성 욕망이 공격적인 요소—정복하려고 하는—를 갖지만 동시에 그 자신이 고통을 겪는 것도 즐거움으로 받아들이게 되는 마조히즘적 속성도 보인다고 설명한다.[4] 프란시스코는 이렇게 사디스트적 면모와 마조히스트적 면모를 동시에 드러낸다. 의처증이 점점 심해진 그는 길을 걸어가는 다른 커플을 아내와 그의 전 약혼자로 보고서 그들을 미행하고 세상 모든 사람들이 자신을 비웃는다고 생각한다. 결국 그는 조현병(schizophrenia)자가 된 것이다. 시간이 홀러 글로리아가 그녀의 전 약혼자 그리고 프란시스코라는 이름의 아들과 함께 정신병원 겸 수도원에 있는 프란시스코를 찾는 것으로 영화는 끝이 난다.

홍미로운 것은 자크 라캉이 52명의 심리학자와 함께 특별상영회에서 이 영화를 보았고 편집증(paranoia)의 전형적인 예로서 이 영화를 다른 사람들에게 소개하였다는 것이다. 부뉴엘은 그의 자서전에서 라캉이 상영회에 와서 자신에게 영화에 대해 매우 길게 얘기하였고 자신의 제자들에게도 설명하였다고 쓰고 있다.[5] 젊은 시절 프로이트에 탐닉하며 정신분석학에 입문하였던 부뉴엘은 이제 라캉과 교류하며 더욱 진화된 정신분석학 이론을 접하고 있었다고 볼 수 있다.

이 시기 멕시코에서 만든 영화 중에서 욕망에 대한 또 다른 홍미로운 고찰을 보여주는 작품은 「범죄의 시도(Ensayo de un crimen)」(1955)이다. '아르치발도 데 라 크루스의 범죄 인생(La vida criminal de Archibaldo de la Curz)'이라는 부제가 붙은 이 작품에도 성적으로 정상적이지 않은 욕망을 발현하는 주인공 아르치발도가 등장한다. 영화는 성인이 된 그가 보이스 오버로 어린 시절을 이야기하며 회상하는 장면으로 시작한다. 그는 매우 유복한 가정의 외아들로서 가정의 주도권을 쥐고 있는 엄마한테서 응석받이로 자란다. 어린 아이인 아르치발도는 엄마의 옷장에 들어가 속옷을 탐하거나 하이힐을 신고 노는 것을 즐기는 문제아이다. 이것은 전형적인 프로이트식 오이디푸스 장면으로서 모든 문제의 출발점으로 제시된다. 멕시코 혁명이 한창이던 밖과 달리 평온하고 유복한 집에서 아르치발도는 가정교사의 지도를 받으며 놀고 있다. 그러다 아르치발도가 엄마가 준 음악 인형의 음악을 트는 순간 밖에서 날아온 총알에 가정교사가 목을 맞고 쓰러진다. 이 충격적인 순간 아르치발도는 쓰러진 교사의 목에서 나오는 피와 스타킹 신은 다리를 보면서 희열을 느낀다. 이전의 영화에서도 다리가 페티시 대상으로 나온 적은 여러 번 있었지만, 페티시즘이 피, 그리고 죽음에 대한 매혹과 연결된 것은 정신분석학적 탐구에서 이 영화가 이전보다 한층 더 복잡해졌다는 것을 의미한다.

성인으로 성장한 아르치발도는 정상적인 성행위를 하지 못하고 다리와 죽음에 대한 페티시에 계속 집착한다. 그래서 그는 예쁜 다리를 가진 여인을 유혹하고 그녀를 죽임으로써 자신의 성적 희열에 도달하고자 한다. 물려받은 재산도 많은 데다 유명한 도예가가 된 그는 자신의 계획을 실현하기 좋은 위치에 서고 아름다운 다리를 가진 여인들이 자신에게 관심을 갖게 하는 데 성공한다. 하지만 그가 살해하려는 순간 공교롭게도 상대는 다른 이유나 다른 사람에 의해 죽게 되면서 희열을 향한 그의 욕망 추구는 계속 좌절된다. 급기야 그는 옷 가게의 마네킹을 집으로 가져와 같이 지내면서 여자를 집으로 유인하여 그녀의 옷을 벗게 하고 그 옷을 마네킹에 입힌다. 이로써 확실해진 것은 그의 욕망의 대상이 인물 자체가 아니라 그의 옷이었다는 사실이다. 마네킹은 그가 마음대로 죽일 수 있는 것이니 페티시의 대상인 옷만 있으면 그는 만족할 수 있기 때문이다.

결국 그는 마네킹을 자신의 그릇 굽는 화로에 넣고서 서서히 타들어 가는 몸을 보면서 어릴 적 가정교사의 죽음을 보면서 느꼈던 희열을 다시 경험한다. 이렇게 해서 그의 살인 충동은 해소된 듯하지만 라캉이 설명한 욕망의 속성처럼 욕망은 충족되지 않고 바로 깨어난다. 마지막 장면은 아르치발도가 마네킹을 위해 옷을 빌려줬던 여자와 다정하게 걸어가는 것으로 끝나는데 그의 살인 충동이 실제의 여자를 죽이는 것으로 이어질지 알 수 없다.

「이상한 열정」, 「범죄의 시도」 이후로도 부뉴엘은 욕망을 탐구하는 많은 걸작들을 만드는데, 그의 흥미를 끈 것은 억압으로 인해 일그러진 형태로 표출되는 도착적인 욕망이었다. 그가 보기에 그의 모국이나 멕시코는 가톨릭적 전통이 인간을 억압하는 곳이었고, 프랑스는 부르주아의 허영과 위선이 억압으로 작용하는 곳이었다. 그래서 부뉴엘이 스페인과 멕시코에서 만든 작품에는 교회와 사제가 자주 등장하고 프랑스에서 만든 작품에는 다양한 직군의 부르주아 군상이 등장한다.[6] 가령, 스페인에서 만든「비리디아나(Viridiana)」(1960),「트리스타나(Tristana)」(1970)에는 어린 여자를 탐하는 늙은 남자들의 일그러진 욕망이 등장하고, 프랑스에서 만든「세브린느(Belle de Jour)」(1967)에는 낮 동안 매음굴에서 일하며 욕망에 탐닉하는 부유한 부인이 등장한다. 이런 작품에 등장하는 인물들은 사회적으로는 존경받고 아무 문제 없는 사람으로 보이지만 은밀한 영역에선 매우 도착적인 성적 욕망을 드러낸다.

라캉적 욕망의 탐구

부뉴엘이 77세에 만든 마지막 작품「욕망의 모호한 대상(Cet obscur objet du désir)」(1977)은 제목이 암시하듯 욕망의 속성을 풍자적으로 재현하는 걸작이다. 이 영화는 1898년에 나온 피에르 뤼의 소설『여자와 꼭두각시』를 원작으로 하고 있지만, 소설이 단순히 자신을 좋아하는 남자를 약 올리는 여성에 대한 이야기라면, 부뉴엘의 영화는 그런 서사를 기반으로 하면서도 욕망의 속성에 대해 훨씬 풍부한 성찰을 담아내고 있다. 서사는 가정부로 일하는 매력적인 10대 소녀 콘치타와 그녀를 소유하려는 부유한 50대 남자 마티유 사이의 줄다리기를 중심으로 펼쳐지는데 이는 부뉴엘의 영화에 자주 등장하는 세팅이다. 남자 배우로는 이런 역할을 자주 연기하던 부뉴엘의 분신과도 같은 페르난도 레이(Fernando Rey)가 기용됐으나 상대인 콘치타 역으로는 완전히 다르게 생긴 두 명의 여배우를—스페인 배우 앙헬라 몰리나(Angela Molina)와 프랑스 배우 카롤 부케(Carol Bouguet)—기용하여 2인 1역을 하게 하였다.[7] 남자 주인공 마티유는 어느 여배우가 연기하든 욕망의 대상을 향해 무작정 돌진하면서 욕망은 대상의 문제가 아니라는 점을 명징하게 보여 준다.

일단 아름다운 젊은 여자와 동침하길 원하는 마티유의 상황은 욕망은 항상 타자의 욕망이라는 라깡의 명제를 따르는 듯 보인다. 그리고 콘치타가 마티유를 거부하며 도망가기를 반복하자 마티유의 욕망은 더욱 불타오르는 것 역시 궁극적으로 욕망은 대상에 대한 욕망이 아니라 결핍에 대한 욕망으로서 지속적으로 미끌어지는 것이라는 라깡의 통찰을 보여주고 있다. 마티유의 재력이라면 얼마든지 젊은 여성을 소유할 수 있을 텐데 왜 마티유는 하필 자신에게서 달아나는 이 대상에 집착하는 것일까? 여기에서 욕망의 대상과 원인이 다르다는 라캉의 통찰이 설득력을 얻는다. 마티유가 서로 다르게 생긴 두 명의 콘치타의 차이를 알아보지 못하고 누가 연기하든 온통 마음을 빼앗기고 있다는 것은 그의 욕망이 대상의 문제가 아니기 때문이다.

그렇다면 무엇이 그를 욕망하게 만드는가? 라캉은 욕망을 촉발시키는 부분 대상으로서 실재의 존재인 '오브제 아(objet a)'를 말하는데 그것이 무엇인지는 영화를 통해 알 수는 없다. 하지만 영화의 서사로 보아 마티유를 욕망하도록 만드는 한 가지 확실한 유인은 콘치타의 거부와 그의 좌절이다. 콘치타가 거부를 통해 좌절을 맛보게 할수록 어딘가 모르게 마티유는 쾌감을 느끼는 것 같고 마티유의 욕망은 더욱 달아오른다.[8]

콘치타 역시 마티유에게 자신의 모든 것을 주게 되면 그가 자신을 욕망하지 않을 것이라는 점을 잘 알고 있다. 그래서 두 사람은 다음과 같은 대화를 나눈다.

콘치타 : 당신은 이미 저를 팔로 감싸고 저는 당신을 쓰다듬어요. 당신은 내 다리, 입, 가슴을 품었어요. 그런데 왜 굳이 섹스를 원하는 거죠?
마티유: 왜냐면 그게 정상이니까. 그게 자연스러운 거야. 사랑

에 빠진 모든 사람은 그 일을 해.

콘치타: 그럼 당신은 제가 정상이 아니라고 생각하는군요. (…)
당신이 원하는 걸 주면 당신은 저를 더 이상 사랑하지 않을 거
예요.

마티유가 열차 안에서 다른 승객들에게 하는 이야기를 재
현하는 방식으로 진행되는 이 영화의 서사에서 콘치타는 객관
적인 인물이 아닌 마티유의 주관적 투사체라 할 수 있다. 하지
만 그녀는 욕망의 속성을 누구보다 더 잘 꿰뚫고 있으며 그렇
기 때문에 마티유를 마음대로 요리한다. "당신이 원하는 걸 주
면 당신은 저를 더 이상 사랑하지 않을 거예요."라는 말에는
욕망은 본질적으로 결핍에서 비롯되는 것으로서 충족될 수 없
다는 것을 그녀가 이미 간파하고 있음이 드러난다.

또한 욕망에는 대상이 부재하기 때문에 사디즘-마조히즘
과 같은 도착적 심리가 결부되어 있고 이것은 마티유가 세비
야의 집에서 콘치타의 성애 장면을 쇠문 밖에서 바라보아야
하는 장면에서 가장 명확하게 보인다. 쇠문 밖에 있는 마티유
에게 콘치타는 그녀의 불쾌함을 말하며 그의 늙음에 대해 잔
인하게 공격한다. 모욕을 당한 그는 그 자리를 떠나는 듯하지
만 몇 걸음을 걷다가 다시 돌아와 성애 장면을 보고자 한다. 철

창을 잡고서 욕망하는 상대의 정사 장면을 보는 그는 욕망의 포로로서 마조히즘에 사로잡힌 것이다. 콘치타는 그가 모욕을 당할수록 자신에게 집착한다는 것을 잘 알고 있기 때문에 이런 장면을 연출하고자 한다.

하지만 반대로 공수가 바뀌어서 콘치타 역시 마티유에게 맞거나 물세례를 받은 후엔 그에 대해 욕망이 샘솟는 것을 느끼고 순종적이 되면서 그에게 집착하고자 한다. 사디즘과 마조히즘은 욕망하는 인간에게서 동시에 보이는 동전의 양면이라는 프로이트의 설명에 부합하는 양태를 보이는 것이다.

흥미롭게도 이 영화의 마지막 장면은 다시 프로이트의 거세 공포와 오이디푸스 콤플렉스 설명으로 되돌아간다. 영화의 마지막 장면에서 파리에 도착한 두 연인은 아케이드를 걷다가 쇼윈도에서 레이스를 깁는 여성을 보게 된다. 이 여성은 이 영화에서 여러 번 등장하였던 의문의 자루에서 피 묻고 찢긴 레이스를 꺼내서 바늘과 실로 깁고 있다. 마티유는 쇼윈도를 통해서 이 광경을 유심히 바라보고 있다. 이 장면은 「안달루시아의 개」에서 레이스 뜨는 법에 대한 책을 읽고 있던 여성과 거세를 연상시키는 잘린 손을 보던 광경을 남성이 창문을 통해 바라보던 장면을 연상시킨다.

「안달루시아의 개」에서 잘린 손이 결국 나무 상자 안에 보관되고 거세를 환기시키던 시간이 지나자 남자가 갑자기 여성에 대해 공격적인 욕망을 발현하기 시작한 것처럼, 「욕망의 모호한 대상」에서도 여성에 의해 피 묻은 레이스 구멍이 기워지는 것을 확인한 마티유의 얼굴엔 화색이 돌고 그는 이미 돌아서서 자기 길을 가고 있는 콘치타를 따라간다. 그리고 「안달루시아의 개」에서 남성의 접근을 막았던 여성처럼 콘치타는 마티유의 팔을 쌀쌀맞게 뿌리치고 걸어간다. 그 순간 그들 뒤로 엄청난 폭발음과 함께 불꽃이 일어난다. 다시 그들의 관계는 원점으로 돌아간 것이고 이것이 라캉의 환상 공식에 부합하는 욕망의 일반적 속성이라고 말하는 듯하다.

군이 원작에 없는 이 장면을 마지막 장면으로 넣은 것은 그의 필모그래피 첫 작품과 마지막 작품의 장면을 연결하려는 의도로 볼 수 있을 것 같다. 「안달루시아의 개」에서 바느질하는 법에 대한 책을 읽고 있었던 여자의 분신이 「욕망의 모호한 대상」의 마지막 장면에서 레이스의 피 묻은 구멍을 메우고 있는 것으로 보인다. 여성의 피 묻은 가운과 구멍은 거세에 대한 명백한 메타포로서 이를 꿰매는 것은 거세 공포를 해결하려는 노력으로 볼 수 있다. 그러나 이것은 불완전한 봉합으로서 완전한 결합은 환상이고 결핍은 늘 남아 있게 된다. 그럼에도 이 장면을 본 마티유는 거세 공포를 극복하고 남근을 소유한 남성으로서의 상징계에 진입한 듯 여성에 대한 공격적인 성적 욕망을 나타내기 시작한다. 하지만 마지막 순간 엄청난 폭발이 일어나며 에로스는 타나토스로 바뀌고 모든 것은 허망하게 끝나 버린다.

부뉴엘은 20대에 마드리드 대학의 기숙사에서 프로이트의 책을 읽으며 초현실주의자가 되기로 결심한 후 그가 만든 32편의 영화를 통해 지속적으로 무의식 세계를 탐구하며 인간 의식의 허위성을 밝힌다. 흥미로운 것은 프로이트에서 라캉으로 이어지는 정신분석학의 발전 과정이 그러하듯 그의 무의식 탐사 역시 진화한다는 점이다. 초기의 작품이 프로이트 이론을 충실하게 영화화하는 것이라면 후기의 작품은 훨씬 복잡한 욕망의 속성을 보여주며 라캉의 이론과 공명한다. 실제로 라캉이 다른 정신분석학자들과 함께 그의 영화를 보았고 그와 길게 이야기하였다는 에피소드가 그의 자서전에 나오는 것을 보면 그가 라캉의 이론까지 섭렵한 것으로 보인다. 이런 점에서 시종일관 무의식에 대한 탐사와 의식 세계의 허위성을 보여주는 데 진력하였던 부뉴엘의 영화는 정신분석학 논의를 위한 흥미로운 예를 제공한다.

09

스탈린 시대 소련 공산당원의 욕망

노경덕

스탈린 시대 소련의 공산당원은 그 정치 체제와 역사를 연구하는 전문가들에게 특별히 커다란 학문적 관심을 받는 집단이었다. 냉전과 더불어 서방에서 소련 연구가 본격적으로 시작된 이래, 수많은 학자들은 당원들의 마르크스-레닌주의 해석, 소련 사회 내에서 그들이 누렸던 지위와 특혜, 당원이 되기 위한 조건, 방법, 그리고 그 유지 전략 등의 주제 연구에 몰두하였다. 이런 관심은 소련이 정치 제도상으로는 일당 독재 국가였으며, 따라서 그 '집권당'의 당원은 사실상의 정책 결정자, 또는 주요 집행자로서 국가의 핵심 권력층을 형성하였다는 믿음에서 우선하여 비롯된 것이었다. 또한 그 관심은 소련의 내부 자료를 폭넓게 열람할 수 없었던 냉전이라는 정치적 제약 속에서도, 이들 당원에 대한 기록은 상대적으로 접근하기 수월하였다는 실질적인 연구 조건 때문에 더 커지기도 하였다. 공산주의 진영 국가 연구에 냉전 시대에 핵심적인 자료를 차지한 간행물들, 즉 신문과 잡지, 그리고 공식 당 대회, 당 협의회, 당 중앙위원회 전원회의 기록 등은 당원들의 이념적 성향, 정치 및 사회적 지위, 수행 임무 등을 살필 수 있는 귀중한 자산인 것이다. 냉전이 끝나고 소련의 문서고가 개방된 후에도, 당원에 대한 학문적 관심은 줄어들지 않았다. 문서고 속에는 대외적으로 드러난 당원의 활동과 입장뿐만 아니라 그들의 내면, 특히 그들의 내적 욕망과 정서를 이전보다 더 직접적으로 들여다볼 수 있는 많은 사(私)적인 자료들까지 포함하고 있기 때문이다.

이 글은 소련의 성격을 규정하는 대표적인 기존의 학문적 분석 틀, 또는 패러다임들이 스탈린 시대 소련 당원을 지금까지 어떻게 바라보았으며, 나아가 특히 당원의 욕망 문제에 대해 어떤 설명을 내놓았는지 개관하는 데 일차적인 목적이 있다. 전체주의, 수정주의, 푸코주의(Foucauldian), 신전통주의로 분류될 수 있는 기존 패러다임들은 당원의 성향과 지위, 그들이 처한 상황 등을 크게 상반된 시각 아래에서 바라보았으며, 그들의 욕망 문제에 대해서도 매우 다른 해석을 제시하였다. 이들 사이의 차이는 각각의 정치적, 이념적 입장과 그에 따른 자료의 선택 경향 및 강조점에서 비롯되었으며, 그만큼 매우 부분적인 역사적 진실밖에는 담고 있지 못하다. 이런 편향성을 넘어 스탈린 시대 소련 당원에 대한 대안적인 설명과 향후 연구 가능성을 제기하는 것이 이 글의 최종적인 목적이다.

소련 연구 패러다임들과 공산당원

전체주의

전체주의는 전간기(제1·2차 세계 대전 사이 기간) 이탈리아 파시스트들이 자신들을 자랑스럽게 정의하는 개념으로 썼던 데에 그 기원이 있으나, 제2차 세계 대전이라는 반파시즘 전쟁이 끝난 직후에는 전 세계에서 최악의 어감을 가진 담론이 되었다. 한나 아렌트(Hannah Arendt)처럼 서방 세계까지 포함한 근대 사회 전체에 대한 보다 근본적인 비판을 위해 이 개념을 사용한 경우도 있었지만, 컬럼비아대나 하버드대 등 미국 동부의 주요 대학 소속 정치학자들처럼 반공주의 전파라는 정치적 목적을 위해 활용하는 경우가 당시로서는 더 일반적이었다.[1] 이전까지 주로 파시스트 사회를 지칭하였던 전체주의는 전시의 아군 소련을 신속하게 적으로 이미지화하는 인식 전환을 위해 매우 효과적인 개념 틀일 수 있었다. 다시 말해, '파시즘은 무조건적 악이다'라는 명제에 익숙하였던 당시 서방의 대중에게 파시즘과 공산주의를 하나의 틀로 묶는 전체주의론은 공산주의를 쉽게 악의 이미지와 연결하게 만들 수 있는 유용한 학문적 도구였던 것이다. 이런 정치적 목적 아래에서 주로 미국의 정치학자들이 설파하였던 전체주의론은 파시즘과 공산주의의 본질들, 특히 그들 간 경제 체제의 차이는 무시하고 오로지 정치 행위의 외관적 유사성에만 주목하였다. 일당 독재, 개인 지도자 숭배, 비밀경찰의 활용, 테러 등이 이에 속하는 것들이었다.[2] 전체주의론자들에 의하면, 이런 외관 아래 흐르는 보다 근본적인 공통점도 있다. 그것은 두 체제가 모두 국가에 의한 사회의 원자화(atomization), 즉 모든 자율적인 사회 단위들이 파괴되어 개인은 정치 단체나 시민 사회를 조직할 수 없이 파편화되고 결국에는 국가라는 유일한 거대 기구의 완전한 통제 아래 놓이는 현상을 초래한다는 것이다. 그리고 이러한 파괴와 통제가 가능할 수 있도록 국가는 끊임없이, 이제는 원자화된 객체들의 집합에 불과한 '대중', 또는 '군중'이 다시는 비판 의식을 회복하지 못하고 오로지 국가의 명령만을 따르도록 세뇌 작업을 하여야 한다.

바로 이 지점에서 전체주의론자들은 스탈린 시대 소련의 공산당원에 주목하였다. 그들에 따르면, 스탈린주의 지도부의 핵심적 관심사는 마르크스-레닌주의 이념과 소련이 추구하는 삶의 방식을 대중에 주입하는 교육과 선전 과정이었으며, 당원은 레닌의 그 유명한 표현대로 대중의 전위로서 그 임무를 직접 실행에 옮기는 이들이었다. 이렇게 볼 때, 당원은 소련의 국가 이데올로기와 집단주의 가치를 체화한 이들이며, 사실상 소비에트 체제와 한 몸이나 다름없는 이들이었다. 실제로 신문 지상이나 당 대회 등의 공식 회합에서 당원이 열렬히 토로하였던 언사들, 특히 대중 선전 선동에 해당하는 표현들은 이들 전체주의론자들에게 중앙 권력과 당원의 합일성을 입증하는 중요한 근거 자료가 되었다. 아울러 스탈린 시대 널리 보급되었던 '모범' 당원들의 수상(受賞) 수기나, 당원이 주인공으로 등장하는 사회주의 리얼리즘 소설 작품들 역시 전체주의론자들이 자주 활용하는 자료 중 하나였다. 만약 특정 당원이 당, 또는 국가와 하나가 되지 못한다면, 그는 강제적으로, 또한 폭력적으로 제거되어야 할 것이었다. 이런 배제의 과정을 거쳐 살아남은 당원들은 자연히 언제나 하나로 뭉쳐 있으며, 따라서 이들은 개인적이 아니라 집단적 인격을 공유하였다는 것이다.

　　전체주의론자들이 당원들의 욕망 문제에는 특별히 주목하

지 않았던 것은 이런 믿음의 논리적 귀결이었다. 그들이 보기에, 소련의 당원은 체제에 대한 충성심 외에 어떤 인간적 욕망도 없는 존재들이며, 굳이 욕망의 존재를 인정한다면 그것은 당과 함께하는 권력욕과 지배욕에 국한될 것이었다.[3] 하지만 그 권력욕과 지배욕조차 개인적 감정의 발현이 아니라 집단적 체계가 작동하는 과정에서 목격되는 부산물에 불과하다는 것이 전체주의론자들의 생각이었다.

수정주의

매카시즘이라는 극렬한 반공의 분위기 속에 그 세를 불렸던 전체주의론은 이른바 68혁명을 전후해서 새로운 세대의 소련과 제2세계 연구자들이 등장하면서 커다란 도전에 직면하게 되었다. 사실 전체주의론 쇠퇴의 배경에는 흐루쇼프 집권 이후 이른바 미니 데탕트의 분위기 속에서 이루어졌던 소련과의 직접 교류 증가가 중요한 역할을 하였다.[4] 서방의 방문자들이 목격한 소련의 모습은 전체주의 체제의 완전한 통제와는 너무도 큰 거리가 있었으며, 그 예상치 못한 '자유로움'과 보통의 인간에게서 흔히 볼 수 있는 평범한 욕구와 감정은 흐루쇼프 시대의 해빙 분위기와 맞물리며 더욱더 방문자들의 이목을 사로잡았던 것이다. 또한, 정치학과 사회학 등의 사회과학보다 역사학이 소련과 제2세계 연구의 중심을 차지하기 시작하였던 학문 세계의 변화도 전체주의론 쇠퇴에 결정적인 기여를 하였다. 역사가, 또는 그에 영향을 받은 신세대 사회과학자들의 실증적 연구는 정치적 외관을 넘어 보다 구체적인 공산주의권의 사회 현실과 인간 관계들을 드러내면서 전체주의론이 그린 획일적 이미지를 큰 폭으로 수정하였다.[5] 흔히들 수정주의자라 불렸던 전체주의론 비판자들도 소련 지도부가 그들의 국가 이데올로기를 주민에게 주입하려 한 의도가 있었던 것은 부정하지는 않았다. 하지만 그 의도는 현실적 조건의 한계, 실행 과정에서 결부되었던 다양한 이해관계, 그 속에서 발생하는 이견 등으로 인해 결코 온전히 관철될 수 없었다는 것이다. 오히려, 다양한 '개인'으로 구성된 소련 사회와 공동체의 자율적 영역은 정치권력 못지않게 힘을 발휘하며 중앙당의 이데올로기 주입 노력을 변형, 또는 왜곡시키기도 하였다. 수정주의자들은 이런 결론을 전체주의론자들과는 꽤 다른 자료를 활용함으로써 내릴 수 있었다. 정책이 관철되지 못함을 지적하는 국가 기관의 보고서들과 다양한 뒷이야기나 일화 등을 담은 신문이나 잡지의 '사회'면 기사들은 중앙당 통제의 빈자리나 허점들을 생생히 드러내 주는 자료였다.

이런 소련 사회에 대한 재해석 아래에서 과거 전체주의론자들이 그저 체제 이념의 집단적 집행자로 그렸던 공산당원은 전혀 새로운 모습으로 비추어질 수 있었다. 수정주의자들이 보기에, 공산당원은 서방의 엘리트와 유사한 개인적 이해관계에 따라 '합리적'으로 행동하는 보통의 인간들이었다. 지방이나 하급 당원의 경우, 중앙당의 지시 및 정책과 이해관계를 같이하는 경우도 있었지만, 그렇지 않았던 사례가 오히려 더 두드러졌다. 일례로, 농촌 지역의 공산당원들은 스탈린 시대 대표적인 국가 정책인 급진적 농업 집단화 드라이브를 현장에서 수행하고 이를 즉각적인 성과로 이끄는 데 커다란 어려움을 겪었다. 따라서 그들은 여러 가지 방식을 통해 국가 정책을 지체시키거나, 또는 심지어 변형시키려 노력하였다. 그 과정에서 두드러졌던 것은 현장 당원들끼리의 공모와 비밀 협의 등의 등장이었으며, 또는 자신들에게 떨어진 업무와 목표치를 조정해 보려 중앙에 선을 대는 작업과 같은 나름 '합리적' 대책의 시도였다. 당원들은 당 회의, 당 협의회, 중앙위원회 전원회의 등에서 열렬한 당 정책 지지자임을 수사적으로 선언하기도 하였지만, 반대로 그 정책의 세부적 측면과 실행 방식 등에 대해서는 당의 뜻에 전폭적으로 따르는 무모한 인물들은 아니었다.

수정주의자들에게, 당원은 집단주의 일원이 아니라 '합리성'을 갖춘 개인이기에 그들에게 개인적인 욕망이 존재한다는 것은 당연한 논리적 귀결이다. 당원이 욕망의 인간이었던 만큼, 이들에게는 중앙당의 이념 및 정책과 합일되지 않았던 것을 넘어 자신의 상대적으로 우월한 정치, 사회적 지위를 이용하여 사욕을 채우는 모습까지 존재하였다. 당원의 사욕이 드러나는 모습은 결코 소련 사회를 미화하는 것일 수는 없었지만, 당시 소련 연구의 맥락에서는 이를 다른 서방 사회와 비교 가능한 일반적인 사회로 '격상'한다는 의미를 담을 수 있었다. 아이러니하게도, 수정주의자들이 발견한 당원의 사욕 추구와 게으름, 관의 부패, 관료주의적 오작동과 그에 따른 소련 사회의 재규정은 서방 학계에서는 진보적인 함의를 내포하는 것이었다. 이런 모습들은 소련 체제 내부의 '균열'을 상징하는 것으로서, 소련을 획일적이며 완벽하게 통제된 비인간적인 특수한 체제로 규정하였던 '냉전의 전사' 전체주의론자들의 주장에 직접적인 반박 증거가 될 수 있었기 때문이다. 중앙당은 전체주의에 상응하는 야심 찬 이념적 계획을 수립하였을지는 모르나, 당원은 개인적 욕망의 실현을 여전히 버리지 않고 추구하였기 때문에 그 계획을 민중에게 충실히 전달하지 않았다. 그 결과, 민중은 그만큼 국가 영역에 통합되지 않았으며 나름의 자율적 영역을 견지할 수 있었다. 이렇게 볼 때, 수정주의자들이 그리는 소련 사회 그림은 중앙당, 당원, 일반 민중의 삼분

구도로 구성되는 셈이었다.

수정주의자들에 의하면, 스탈린 시대 저 악명 높은 대숙청은 이런 삼분 구도 속에서 일어난 사건이었다. 숙청은 전체주의론자들의 주장처럼, 중앙당과의 이념적 합일을 이루기 위해 '불순물'을 걸러내는 작업은 아니었다. 수정주의자들이 보기에, 숙청은 중앙당이 소련 전역에 산재해 있던 당원들의 '합리성'을 공격한 것이었다. 즉, 국가의 거대 정책 추진 과정에서 다양한 수단을 통해 그 과정을 '왜곡'시켰던 이들, 특히 그 과정을 주도할 것으로 기대받았던 이들이 '과업'을 완수하지 못하였을 때 내려진 책임 추궁과도 같은 것이라는 것이다. 스탈린 시대 숙청이 보통 일반적 근대 사회에도 있는 '인적 청소' 수준에 머물지 않고 '대'숙청이 되었던 것은 역으로 생각해 봤을 때, 당원들 사이의 그간의 비밀 협약과 공모, 즉 국가 이념에 포섭되지 않은 '합리적' 행동이 매우 광범위하게 퍼져 있었다는 이야기이다. 한 당원의 '합리성'이 적발되면, 곧 그가 속한 집단이 함께 드러나는 방식으로 숙청 대상의 범위는 점점 넓어졌다. 한편, 숙청의 규모가 확대되었던 또 하나의 원인은 당원들의 사욕과 그들이 누렸던 특권이 일반 민중에게 큰 분노를 샀기 때문이기도 하였다. 소비에트 체제 출범 이후, 민중에게 지방당원이나 국가 공무원과 같은 이른바 권력 향유자에 대한 고발 문화를 독려하였던 것이 숙청이라는 불이 크게 번지는 데 불쏘시개 역할을 하였던 것이다. 숙청 대상에 오르거나 의심을 받았던 당원들의 '죄' 축소 노력은 그간 쌓여 있던 민중의 고발장에 의해 수포로 돌아가는 경우가 많았다.

요컨대, 수정주의자들이 그리는 공산주의 체제의 당원은 여타 근대 국가 건설과 경제 개발 과정에서 나타나는 국가 공직자의 다양한 측면, 즉 국가 정책 수행자, 공권력과 내부 정보 활용자, 축재에 관심 있는 자 등의 모습을 모두 포함하는 '평범'한 것이었다. 스탈린 시대 소련이 서방 사회와의 차이가 있다면, 그것은 시장 기제와 그것이 포괄하는 범위에 비해 국가 영역이 압도적으로 컸기에 위와 같은 당원을 비롯한 관료들이 성장할 수 있는 조건이 더 두터울 수 있었고, 그 결과 국가 관료와 민중과의 괴리도 더 넓었으며, 숙청과 같은 국가의 폭력적인 대응이 출현할 수 있는 여지도 더 컸다는 것뿐이다. 수정주의자들에게, 스탈린 시대 소련은 집단적 권력 집행자와 원자화된 민중들이 군거하는 곳이 아니라 '사람이 살고' 있는 공간이었다.

푸코주의

이런 수정주의자들의 '합리적' 소련 당원 상은 소련 해체 이후 그 문서고가 개방되면서 체제 내부의 보다 은밀한 자료들까지 탐구할 수 있게 되자 강력한 비판을 받기 시작하였다. 비판자들 주장의 근간은 소련은 공산주의 이념을 믿는 특수한 국가였기에, 그곳의 지배층이라 할 수 있는 당원들은 일반적인 산업 사회에서의 엘리트층과 유사한 잣대로 단순히 취급될 수 없다는 것이다.[6] 푸코주의자, 또는 근대론자로 불리기도 했던 이들은 스탈린 시대 소련의 이념을 하나의 담론 체계로 인식하고 그 체계가 구성하는 주체(subjectivity) 문제에 관심을 집중하였다. 이런 그들의 관심사로 볼 때, 국가 담론 유포자로서의 당원의 역할, 그리고 그들의 주체 구성 과정이 구체적 연구 대상이 되었음은 물론이다. 푸코주의자들은 당원이나 열성 노동자를 비롯한 소련의 시민들이 그 담론 체계에 포섭되었는지를 확인해 볼 수 있는 새로운 자료들을 문서고 개방 덕에 이용할 수 있었다. 국가가 검열하고 출판하기 전 상태의 수기, 자서전, 일기 등에 대한 담론 분석을 통해 푸코주의자들이 발견한 것은 놀랍게도 이전에 전체주의론자들의 주장을 연상케 하는 소련 시민들의 공산주의 이념 내면화, 즉 적극적 수용이었다. 다만 이들의 수용이 개인성을 견지하면서 능동적으로 이루어졌는지, 아니면 자아 파괴를 통해 사실상 강제되었는지는 논쟁점으로 남았지만 말이다.[7]

여하튼 푸코주의자들에 의하면, 스탈린 시대 소련 공산당원의 욕망은 개인적 이해관계의 추구보다는 당 이데올로기와의 합일 노력으로 표출되었다. 이들이 그 노력의 증거로 제시하였던 문건에는 당원들이 여러 가지 구래의 편견, 습성, 본능적 욕구로부터 벗어나 당의 이념을 진정으로 받아들이려는 끊임없는 자기 채근의 모습이 자주 목도된다는 것이다. 당원이나 열성분자는 1961년이 되어서야 최종적으로 확정되기는 하지만 스탈린 시대에 이미 널리 보급되었던 소련 도덕률에 자신의 삶과 사고를 반추하여 계속적인 자기 성찰을 하였고, 이런 마음가짐을 일반 민중들에게도 전달하기 위해 노력하였다. 게으름과 주색에 대한 욕망, 가족주의적 편향성, 그리고 중앙당 정책에 대해 피어나는 의심 등은 당원들이 자신을 성찰할 때 가장 자주 등장하였던 '적'이었다. 결국 당원에게 사회주의 혁명과 체제 건설은 '내 마음의 혁명'이었다.[8] 그들의 일상은 자신의 나약하고 복잡해질지 모르는 마음을 스스로 국가 이념에 맞추고, 그것의 발전에 기여하도록 계속해서 다잡아 가는 과정으로 점철되었다. 그것은 마음이라는 개인적 공간과 사생활을 국가의 공적 영역과 구별하지 않으려는 합일 시도였다는 것이다. 흥미로운 것은 푸코주의자들은 이러한 '마음의 혁명' 과정을 소련이나 제2세계와 같은 공산주의 체제에만 국한된 현상으로 바라보지는 않는다. 그들이 보기에, 서방의 여타 근대 국가들 역시 이성과 과학 등으로 무장한 계몽주의적 지배 담론을 통해 결국에는 인간의 자율적 심성의 영역을 규율하였다고 믿는다. 다만 서방 사회에서는 횡적으로 이루어졌던 지배 담론의 유포 과정이 소련이나 제2세계에서는 중앙에서 종적으로 이루어졌다는 점이 다를 뿐이었다. 또한 그 담론 체계의 수용 과정 역시 서방 사회보다는 철저한 자기 반성을 통해 자아 파괴적으로 이루어졌다는 점에서도 차이가 있다. 이스라엘의 소련사가 이갈 할핀(Igal Halfin)에 의하면, 특히 당원과 열성 분자의 자서전에는 이런 파괴적인, 그만큼 폭력적인 수용 과정이 생생하게 드러난다.[9]

신전통주의

소련 해체 이후 공개되었던 공산주의 체제 내부의 은밀한 자료는 푸코주의자들의 방식으로만 해석되지는 않았다. 스탈린 시대 소련의 당원을 비롯한 엘리트층, 나아가 일반 시민들이 여과 없이 남긴 말과 글은 공산주의 이념이나 계몽주의적 근대성에 포섭되는 부분 못지않게, 그렇지 않았던 부분들도 존재하였다는 점을 분명히 드러내 주기 때문이다. 일부 역사가들은 이 점에 주목하여, 근대성이 완전히 장악하지 못한 전통의 잔존 현상을 소련과 제2세계 사회의 지배적인 특징으로 묘사하기 시작하였다. 특히 공산당원에 대해 이 역사가들이 구소련 문서고의 수많은 서류철에서 발견한 것은 푸코주의자들이 주목하였던 바와는 사뭇 다른 종류의 것이었다. 곧 신전통주의자라 불리게 되었던 이들에 따르면, 당원은 소비에트 이념의 세례를 받기는커녕, 직장이나 일상 모두에서 전근대적 관행 속에 살아가는 인물들이었다. 당원들에게 핵심적인 사안은 이른바 후견 문화, 즉 그들의 전통적인 인적 관계 유지였으며, 이념적인 헌신이나 근대성에 입각한 합리적 성과 내기 등은 자주 뒷전이었다. 그들은 다양한 형태의 구래의 추천 관행을 통해 당과 국가 기구를 장악하였으며, 역으로 숙청과 같은 외부의 위기가 찾아왔을 때에는 바로 그 전통적인 네트워크 때문에 예상치 못하였던 큰 피해를 입기도 하였다. 또한 당원들은 마르크스, 레닌, 스탈린과 같은 거물뿐만 아니라, 지역 당수나 지역 출신 명망 공산주의자 등을 숭배하는 관행을 만들어 내며 지역에서의 그들 권위를 유지하려 하였는데, 이 역시 전근대 시대 러시아와 동유럽 전통의 부활이었다. 한편, 당원들이 향유하였던 전통 관습 중에는 상호 간의 부조나 보호와 같은 스탈린 시대라는 '힘든 시대'[10]를 살아가는 데 도움이 되는 긍정적인 것들도 있었지만, 여전한 가부장제와 남성 위주의 사고, 가정 폭력 같은 구습도 상당 부분을 차지하였다. 이들은 모두 소련 공산주의가 타파하려 하였던 것들로서, 당원들은 원칙상 그 선봉에 서야 하였지만, 실제의 모습은 그렇지 못하였다는 것이다. 중앙당이 교육과 선전을 통해 바꾸어 가려 하였던 과거의 문화는 심지어 스탈린주의의 대대적인 사회 공학(social engineering) 아래에서도 엄연히 살아남아 있었다.[11]

신전통주의자들에게 스탈린 시대 당원은 소비에트 이념에 의해 변질된 욕망을 가진 특수한 존재들이 아니라, 수정주의자들의 생각처럼 여타 사회의 엘리트들이 가지는 욕망과 비교할 만한 것들을 가진 이들이었다. 신전통주의가 과거 수정주의의 학문 전통 속에서 피어났다는 점을 생각하면 이런 규정은 놀랍지 않다. 하지만 신전통주의자들이 새로이 더 주목하였던 소련 당원들의 욕망은 수정주의자들이 그리는 근대 산업 사회의 '합리적' 욕망보다는 훨씬 전통적인 것들에 속하였다. 당원은 지방에서 자신만의 '영지(領地)'를 건설하고자 하였고, 그 영지를 전통적인 인적 네트워크를 통해 운영하기를 원하였다. 그들은 축재 욕구보다는 인정욕구가 더 강하였으며, 특히 지역 공동체로부터의 존경을 바랐다. 또한 합리적 설득의 능력이나 업무 행위의 효율성보다는 카리스마적인 지도력과 위신을 더 중시하기도 하였다. 그들은 가족을 건사하고 이에 헌신하는 것을 중요한 덕목으로 여겼으며, 따라서 기혼 남녀의 부정이나 무책임한 자식 방기 행위에 특히 민감하였다. 신전통주의자들은 스탈린 시대 이후에는 중앙당 역시 이런 전통적인 도덕률을 포용하고 있었다고 주장하기도 한다.[12]

신전통주의자들은 이런 강력한 전통의 잔존이 아이러니하게도 제2세계의 국가주의 때문이었다고 생각한다. 즉, 여타 서방 사회에서는 자본주의 시장이 전통을 매우 '효율'적으로 해체한 한편, 소련 진영의 경우는 국가가 시장 기능을 전적으로 대체하였지만 전통을 파괴하는 데에서 그만큼의 '효율'성을 보이지 못하였다는 것이다. 그 결과 산업화나 도시화 같은 근대적 외형은 갖추었지만 소련 사회는 그 작동의 내적 원칙 면에서 여전히 전통에 지배되었고, 그 엘리트 계층 당원 역시 전통적 감성과 관행을 가장 중요한 삶의 가치로 삼게 되었다는 것이 신전통주의자들의 주장이다.[13]

소련 공산당원 욕망의 좌표 찾기

이상에서 소련 사회를 분석하는 주요 패러다임 네 가지를 살펴보았다. 이들은 모두 소련 사회 구성원 중 특히 공산당원에 주목하였으며, 당원의 욕망 문제에 대해 각기 다른 결론에 이르렀다. 전체주의론자들은 공산당원의 개성과 개인적 욕망의 존재를 인정하지 않은 채 그들을 중앙당의 이념과 정책을 군중에 주입하고자 작동하는 집단주의적 성향의 사람들로 묘사하였다. 수정주의자들은 공산당원을 산업화된 근대 서양 사회의 엘리트와 비교 가능하다고 주장하면서, 개인적 이익 추구를 그들 욕망 리스트 중 윗자리에 놓는 '합리'적 인간들로 바라보았다. 푸코주의자들의 경우, 중앙당의 이념과 담론 체계에 대한 당원의 자발적인 수용과 참여를 강조하면서, 이들을 끊임없는 자기 파괴적 성찰과 욕망 억제를 통해 사회주의 체제의 이상적 리더 상을 실현하고자 하는 인물들로 규정하였다. 마지막으로 신전통주의자들은 당원의 경력과 일상 속에 남아 있는 전통의 요소를 부각함으로써, 그들이 단순히 근대 산업사회의 '합리'적 인간도 아니었고, 동시에 공산주의 담론 체계에 (자발적이든 비자발적이든) 종속된 수동적 인간들도 아니었다고 주장하였다.

네 가지 이론 모두, 스탈린 시대 소련의 당원의 모습과 성향, 특히 그들의 욕망을 충실히 설명하는 데에는 한계를 지니고 있다. 중앙당과 당원이 이념적 욕망으로 합일되어 있다고 믿는 전체주의론과 푸코주의는 소련 중앙당이 당원의 충성도와 도덕성에 대한 끊임없는 감찰 행위를 펼쳤으며, 그것이 결국에는 숙청으로 이어졌다는 사실을 쉽게 설명하지 못한다. 1937-1938년의 잘 알려진 대숙청 이외에도 레닌이 여전히 집무실에서 활약하였던 1920년대 초부터 시작해서 줄곧 소련에는 당원 숙청이 주기적으로 벌어졌다. 이런 끊임없는 중앙당의 감찰 노력과 숙청 행위를 전체주의론자들과 푸코주의자들처럼 단순히 국가의 통제 시도, 또는 담론적 포섭 노력으로만 볼 수는 없을 것이다. 역으로, 그런 노력의 존재 자체가 중앙당의 의도가 쉽사리 관철되지 못하였음을 보여주는 증거이기도 하기 때문이다. 한편, 당원을 서방, 또는 다른 사회의 엘리트와 비교 가능한 일반적 인간형으로 바라보는 수정주의와 신전통주의의 경우는 소련 체제 존속 70년의 기간 동안 당원이나 열성분자들이 남겨 놓은 수많은 이념 지향적인 텍스트들의 존재를 설명할 수 없다. 이들의 텍스트는 그저 개인적 이익 추구와 전통적 관행을 숨기기 위한 위장술의 소산만은 아니었다. 특히 소련 당원과 시민의 삶이 서방과의 치열한 이념 대결, 즉 냉전이라는 정치, 문화적 환경 아래 40년 이상 놓여 있었다는 사실을 고려한다면 더더욱 그렇게만 볼 수는 없을 것이다.

　스탈린 시대 당원에게 높은 도덕률이 부과되고 그들이 국가 정책에서 이탈하지 못하도록 하기 위해 중앙당이 지속적인 통제 시도를 하였던 것은 사실이다. 하지만 그 통제 시도는 꼭 이념적인 내용만을 갖추고 있지는 않았다. 중앙당의 주 관심사는 당원이 집단주의적 이념의 전달자가 되는 것보다는 소련의 경제 발전, 특히 국방에 필요한 급속한 산업화를 위해 더 빠르고 많은 성과를 낼 수 있는 지도자가 되어야 한다는 훨씬 실용적인 차원에 있었다. 수정주의자와 신전통주의자들이 발견한 것처럼, 이 과정에서 당원들은 다양한 방법을 동원하여 국가의 의도를 좌절시키곤 하였다. 하지만 당원이 이런 우회 전략을 썼던 이유는 중앙당의 통제 노력에 맞서 그들의 '합리'적 욕망을 분출하거나 전통적 관행을 유지하고자 하는 의도 때문은 아니었다. 그것은 지독히도 척박하였던 스탈린 시대 소련의 경제, 문화적 조건 속에 조속하고 가시적인 성과를 요구하는 중앙당의 압박에 시달렸던, 그러면서도 그 성과가 그들이 인류의 미래라 믿는 사회주의 체제의 수호와 직결된다는 신념 아래 당이 부과한 목표 달성을 위해 무거운 책임감을 느끼고 동분서주하였던, 그리고 그 달성이 어려워 보일 때에는 위로부터의 문책을 면해 보고자 온갖 수단을 동원하였던, 그런 인간들이 엄혹한 정치 체제 아래에서 생존하고자 하였기 때문이다.

3부

욕망으로 철학하기

10

서양 정치사상사에서
욕망을 바라보는 시각들

윤비

1497년 7월 7일, 피렌체 시민들은 지롤라모 사보나롤라(Girol-amo Savonarola) 수도사를 따르는 약 1,300명의 아이들이 가가호호 문을 두드리는 광경을 보았다. 이어 머리에 올리브 가지로 엮은 관을 두른 여성들이 춤을 추는 가운데 광장에 끌어내어 쌓아 놓은 커다란 더미에 불이 붙여졌다. 그림, 조각품, 악기, 보석 및 기타 장신구, 거울이나 값비싼 양탄자, 통속적이거나 미신적 주장이 담긴 책(여기에는 보카치오나 단테 같은 당대의 저자들뿐 아니라 오비디우스 같은 고대 작가들의 저술도 포함되었다), 그 이외에도 허영과 사치를 멀리하라는 기독교의 가르침에 조금이라도 어긋난다고 여겨지는 물건들은 가차 없이 불구

덩이에서 재로 변하였다.

헛된 욕망을 부추겨 풍습을 타락시키고 종교를 해치는 물품들에 대해 사보나롤라와 그 일파가 벌인 전쟁은 그 이후에도 벌어졌다. 시민들이 언제나 반강제적으로 끌려 들어갔던 것은 아니다. 많은 이들이 자발적으로 사보나롤라의 요구를 따랐다. 예를 들어 화가 보티첼리(Sandro Botticelli)도 그런 사람 중 하나였다. 그 결과 지금 남아 있었다면 가치를 매기기조차 힘들었을 그의 작품들이 세상에서 사라졌다.

이탈리아 르네상스의 중심지인 피렌체에서 일어난 이 사건은 서구의 윤리 사상을 관류하는 금욕주의, 즉 생명과 사고의 유지에 필요불가결한 수준 이상을 욕구함으로써 인간은 참된 삶의 목표로부터 멀어지게 된다는 생각이 정치의 한복판으로 밀고 들어온 한 예이다.[1]

금욕주의를 알지 못하는 문화는 존재하지 않는다. 인간이 가진 (오늘날 기준으로 너무나 자연스럽게 여겨지는) 식욕이나 성욕, 심지어 오늘날 일반적으로 긍정적으로 여겨지는 지식욕까지 터부시하거나 부정적으로 보고 거리를 둘 것을 요구하는 사조들은 태평양의 섬에서부터 아시아와 아프리카를 거쳐 유럽과 남북 아메리카에서까지 다양하게 발견된다.[2]

모든 금욕주의가 사회적이거나 정치적인 메시지를 담고 있는 것은 아니다. 불교나 다른 종교에서 종종 보이듯 욕망의 차단을 통해 개인의 영혼의 완성이나 구원에 이르려는 매우 개인적 차원의 금욕주의도 존재한다.

그러나 어떤 금욕주의는 매우 사회적이고 정치적인 메시지를 담고 있다. 때로는 개인적 수양이나 종교적 삶의 양식 차원에 머무르던 금욕주의적 사조나 행위가 급속히 세력을 넓히며 사회 정치적 운동으로 발화하는 경우도 있다.

이하의 논의는 이런 금욕주의가 서양 정치사상, 특히 전근대 서양 정치사상에 끼친 영향을 살펴본다. 논의는 두 가지 주제를 따라가며 중요한 연결점들을 짚어가는 방식을 취한다. 한 가지 주제는 금욕주의의 가장 보편적인 대상인 인간의 욕망, 그 중에서도 물질적 욕망, 그리고 그 아래 자리 잡고 있다고 흔히 여기는 안락과 쾌락에 대한 욕구이다. 고대로부터 근대의 시작점에 이르기까지 욕망을 통제해야 한다고 주장하지 않은 이론을 찾기는 거의 어렵다. 욕망을 통제해야 한다고 여긴 이유 역시 여러 가지이다. 그렇게 욕망을 통제해야 한다고 보았던 사람들 중 일부는 앞에서 이야기하였듯 자신들의 주장 속에 정치 사회적인 내용을 포함시켰다.

두 번째 주제는 앎에의 욕망이다. 이 주제는 오늘날 우리에게는 다소 낯설게 여겨질지도 모른다. 그러나 자꾸 무엇인가를 궁금해 하고 캐고 묻고 나아가 그렇게 얻은 지식에 자부심을 갖는, 어떻게 보면 오늘날 가장 찬양받는 탐구적이고 창조적인 행위에 대해 사람들이 내리는 평가가 언제나 긍정적이었던 것은 아니다. 왜냐하면 그런 행위 속에서 사람들은 다양한 다른, 위험한 욕망들이 꿈틀거리는 것을 보았기 때문이다. 그리고 그런 앎의 욕망이 초래할 수 있는 부작용을 거듭하여 경고하였다. 이런 유형의 금욕주의는 확실히 현대 세계에는 낯설다. 계몽사상이 힘을 얻고 19세기를 지나면서 지식과 과학의 진보에 대한 긍정적 생각이 자라났으며 교회의 권위가 쇠퇴하고 학교 교육이 보편화되는 가운데 이는 더 굳어졌다. 무식이 죄이지 유식을 비난할 수는 없다. 그러나 근대 이전의 세계는 달랐다. 특히 교회는 인간의 지식욕이 감추고 있는 위험성을 경고하는 데 쉼이 없었다.

뒤에서 살펴 보겠지만 앎의 욕구에 대한 의혹과 비난은 앞서 육체적 욕구에 대한 회의적 시각과 맞물려 국가가 시민들의 문화생활까지 참견하고 개입해야 한다는 주장으로 이어졌다. 앞서 본 사보나롤라에 의한 사치와 예술품의 화형식은 그러한 사고에서 비롯된 것이다.

정치 이론과 사상에서 금욕주의라는 주제가 흥미로운 이유는 실제와 이상이 가장 심하게 부딪히는 곳이기 때문이다. 만일 우리가 가장 필요한 것 이상을 욕구하지 않고 살아갈 수 있다면 사실 정치는 그다지 큰 필요가 없을 수도 있다. 역사 속에 등장한 무정부주의의 일부는 그런 사고를 담고 있다.

당연히 현실은 그렇지 않다. 오늘날 국가보다 더 많은 부를 손에 쥐고 흔들며 국가보다 더 많은 폭력을 동원하여 그런 부를 지키고 키우기 위해 애쓰는 집단은 없다. 그런 국가를 경영하는 것을 임무로 삼는 정치인들에게 오늘날 국가가 더 부유해지고 더 풍요로워진다는 것은 존립 정당성과도 같다. 풍요와 안락을 책임지는 존재로 국가가 등장하고 정치가 그에 의해 규정되면서 정치인의 상도 바뀌었다.

오늘날 성공한 사업가들이 점점 더 많이 정치에 진출하고 성공을 거두는 것에는 국가와 정치의 역할에 대한 이러한 규정이 자리 잡고 있다. 당장 (2024년 6월 현재) 미국의 전 대통령이자 차기 대통령 후보로 뛰고 있는 도널드 트럼프에게 (메시지의 불명확성이나 비일관성, 대중 인기 영합적이고 종종 넌센스에 가까운 그의 코멘트들에도 불구하고) 대중이 열광하는 이유도 그가 성공한 사업가이고 경영인이었다는 것과 뗄 수 없는 관계가 있다. 그리고 이러한 사조는 가뜩이나 가난에 대한 공포와 풍요에 대한 추구가 강한 한국 사회에서도 빠르게 번지고 있다. 지난 1990년대 이후 전문 경영인으로서의 업적을 내세우며 정치에 뛰어들었던 인물들을 헤아려 본다면 한국 사회 역시 이미 이런 물결에 진입하였다는 것을 알게 될 것이다.

현대 정치의 흐름에서 금욕주의는 무시할 수 없는 힘이다. 더 이상 인간의 육체적 욕구를 죄악시하지는 않지만, 풍요와 안락의 추구에 대한 의심의 시선, 개인들의 욕망의 추구가 전체 인간 사회를 몰락으로 이끌어간다는 생각은 녹색당부터 환경 보호 운동에 이르기까지 널리 퍼져 있다. 1960년대 후반부터 70년대에 등장한 녹색당 운동은 자본주의적 탐욕이 가져오는 폐해로부터 인간의 삶을 보호하자는 취지가 강하였다(그런 만큼 우리 머릿속에서 흔히 녹색운동은 반자본주의적 운동으로 여겨진다). 오늘날 환경 보호는 이보다 훨씬 더 포괄적인 시민 윤리 개혁 운동의 성격을 띤다. 특히 지속성 있는 발전이라는 모토와 연결되면서 환경을 보호하기 위해 육식을 줄이고, 환경을 보호하기 위해 여행을 줄이는 사람도 늘고 있고, 이를 정책과 연결시키려는 노력도 심심치 않게 일어난다.

이 모든 것이 오로지 금욕주의만이라고 이야기하기는 어렵지만 그 안에 안락과 쾌락을 추구하는 인간의 욕망에 대한 의심의 눈초리가 없다고 말하기는 어렵다.[3]

마지막 결론 부분에서 이야기하겠지만 이런 금욕주의적 정치는 개혁의 에너지가 되기도 하지만 정치를 갉아먹는 요인이 될 수도 있다. 그런 점에서 금욕주의의 역사를 짧게라도 훑어 내려가는 것은 의미가 있다.

더러운 욕망

서양 사상사에서 욕망에 대한 관념이 어떤 것이 있었는가를 묻기 전에 우리는 어느 서양을 이야기하는 것인지 분명히 해둘 필요가 있다. 우리가 서양이라고 뭉뚱그리는 나라들은 종교적, 문화적, 역사적으로 매우 다양해서 사실 하나의 말로 서양이라고 부르는 데에는 어폐가 있기 때문이다. 우리가 잘 알고 있는, 독일에서 시작하여 서쪽과 알프스 남쪽에 있는 지역으로 한정하더라도 다양한 사상의 흐름들이 등장하고 얽혀 성장하였다.

따라서 이하에서 서양 정치사상의 흐름에 대해 이야기하며 고대로부터 중세를 지나 르네상스로 이어지는 줄기를 다룰 때 그것이 장소적 연속성을 말하는 것은 아니라는 점을 염두에 둘 필요가 있다. 우리가 고대라고 부르는 시기는 장소적으로 소아시아와 발칸반도에서 이탈리아반도에 해당한다. 그에 비해 중세라고 부르는 시기는 주로 중서부 유럽을 중심으로 영국과 이탈리아를 포괄하는 지역의 문화적 공통성을 염두에 둔 것이고 이는 근대라는 시기 구분에서도 마찬가지로 적용된다. 우리가 서양 사상사라고 부르는 것은 로마를 통해 그리스의 지적 전통이 이탈리아와 알프스 이북으로까지 영향을 끼치면서 생겨난, 고대 그리스에서 오늘날 서유럽 및 중부 유럽으로 이어지는 지적, 문화적 전통의 큰 맥을 말한다.

어쨌든 직접적으로 간접적으로 서양의 지적 전통에 큰 영향을 준 고대 그리스의 철학 및 정치 사회 이론을 들여다 보면 이미 금욕주의적 사고가 큰 영향을 끼치고 있음을 쉽게 알게 된다. 기원전 4세기 시노페(Sinope) 출신의 철학자 디오게네스(Diogenes)와 같은 인물이 그런 예이다. 디오게네스의 삶에 대해 알려진 것은 별로 없다. 그는 아테네 철학자 안티스테네스(Antisthenes)로부터 철학을 배운 것으로 알려져 있고, 플라톤(Platon)이 소크라테스(Socrates)의 철학을 왜곡한다고 비난하였다고 전해진다.

그는 인간의 이성과 본성을 재산과 도시 생활의 안락함이 타락시킨다고 믿었고 그런 편안함과 풍요로움을 멀리해야 한다고 여겼다. 시장 입구 술 담는 항아리에서 생활하며 구걸하였다는 이야기를 어디까지 믿어야 할지는 확인할 수 없지만 적어도 이는 디오게네스 철학의 금욕주의적 면모를 잘 보여

준다고 할 수 있다.[4]

비록 디오게네스는 플라톤을 그다지 좋게 평가하지 않은 것으로 보이지만 금욕주의라는 면에서는 플라톤 역시 디오게네스에게 크게 뒤지지 않았다. 그는 인간의 욕구, 특히 물질욕을 확실하게 통제하지 못하면 순식간에 인간의 정신을 잡아먹고 그 결과 정치 공동체를 타락으로 몰고 간다고 여겼다.

플라톤의 사상에서 금욕주의적 면모가 가장 뚜렷하게 드러나는 곳은 그의 대화편 『파이돈(*Phaidon*)』이다.[5] 여기서 플라톤은 영혼과 육체를 일종의 경합 관계로 둔다. 한쪽이 커지면 다른 한쪽은 그만큼 위축되고 커진 한쪽에 지배된다는 것이다.[6] 따라서 참된 철학자는 모든 육체적 욕구를 멀리하고 결코 육체적 욕구에 노예가 되지 않도록 해야 한다는 것이 그의 생각이었다.[7] 그에게 철학자는 기쁨과 고통을 초월하는 존재이다.[8]

사실 플라톤이 육체적 욕구를 완전히 무시하거나 죄악시한 것은 아니다.[9] 흔히 플라톤의 금욕주의를 논의하면서 놓치는 부분은 플라톤이 위에서 이야기한 것은 철학자의 삶이지 모든 인간의 삶은 아니라는 사실이다. 매우 차별주의적으로 들리지만, 플라톤은 모두가 철학자가 될 수 있다고 보지 않았다. 『국가(*Politeia*)』에서 그는 인간이 국가를 이루는 이유로서 삶을 살아가는 데 필요한 기본적인 편의와 안락함을 확보하는 것을 든다. 플라톤이 이러한 욕구의 어디까지를 당연한 것으로 여겼고 어디까지를 불필요한 것, 과잉으로 여겼는지에 대해서는 결론을 내리기가 어렵다. 철학자에 대해서도 이야기한다면 플라톤이 육체의 욕망 충족이나 물질적 안락함을 완전히 백안시하였다거나 이를 죄악시하였다기보다는 이보다 더 커다란 기쁨과 행복, 즉 지혜가 주는 즐거움이 더 우월하다고 여겼고 바로 이러한 우월한 즐거움을 좇는 것이 철학자의 의무라고 보았다고 말하는 것이 더 옳을 것이다.

플로티노스(Plotinos) 이후의 신플라톤주의 사고에서도 금욕주의는 아주 뚜렷하게 드러난다. 플로티노스와 그의 제자들에서 비롯된 사고 체계에서 육체적 욕망과 안락의 추구는 매우 부정적으로 여겨졌다. 도시의 풍요로움에서 흘러넘치는 안락함과 사치는 인간 정신이 진정으로 고귀하고 높은 목표를 잊고 타락하는 결과를 낳는 원인이라는 것이 그의 생각이었다.[10]

이런 전통은 극단적으로, 도시는 시민의 생활 방식과 그 안에 흐르는 물질주의로 인해 뛰어남과 지혜를 발전시키기에 부적당한 장소로 여겨졌다. 대신 고립된 현자, 은둔자 및 수도승 같은 인물들이 진정으로 철학적이고 종교적인 삶의 모습으로 인식되게 되었다. 이외에도 금욕주의적 시각은 윤리적 상상력을 다양한 방식으로 여전히 지배하였다.

도덕적이고 이성적인 삶이 개인의 육체적 안락함과 쾌락에 거리를 두어야만 확보될 수 있다는 생각은 고대 정치 이론에도 큰 영향을 끼쳤다. 여기에는 아주 실제적인 이유도 있었다. 여전히 척박하였던 초기 공동체들의 삶의 조건에서 지도자가 개인의 안락함과 쾌락을 추구한다는 것은 공동체 전체에 엄청난 비용의 문제를 초래할 수밖에 없다. 이것은 현대 국가에서는 좀처럼 생각하지 않는 일이다. 비록 대통령이나 수상이 커다란 비용을 들이며 사치를 누린다고 하더라도 그것 때문에 나라의 재정이 휘청한다는 것은 생각하기 어렵다. 그러나 경제적으로 여전히 낮은 생산력을 갖고 있던 사회에서는 상황이 달랐다.

그러나 안락함과 쾌락을 좋은 정치의 적으로 보게 된 가장 결정적인 이유는 합리적이고 도덕적인 판단을 내리는 데에는 이들이 좋지 않은 영향을 미친다는 사고 때문이다. 그리고 정치 지도자가 합리성과 도덕성을 잃는다는 것은 개인에게는 권위와 권력을 의심받게 하는 계기이고, 동시에 전체 공동체로서는 자칫 붕괴의 앞까지 내몰리는 중대한 문제가 될 수 있었다.

고대 그리스 전통에서 금욕주의가 정치 이론의 전면에 등장한 것은 무엇보다도 플라톤에 의해서이다. 그는 『국가』에서 정치를 특수한 계급에 맡기는 것이 옳다는 주장을 폈다. 그리고 지배 계급에 해당하는 수호자들에게 극도의 검소함을 삶의 방식으로 부과하였다.[11] 그들에게는 개인의 육체적 물질적 욕망을 충족시킬 어떤 것, 사유 재산도, 가족도 허용되지 않는다. 플라톤은 심지어 이들의 성생활도 뛰어난 국가의 시민들을 낳아 기른다는 차원에서 접근한다. 수호자들에게 허용되는 욕구는 국가에 대한 봉사를 긍지로 여기는 영예욕 정도이다. 즉 플라톤은 이들 지배 계급에게 가장 필요한 욕구만 남기고 다른 욕구를 거세하거나 통제하고 싶어 하였다. 플라톤은 그를 위해 적절한 자질을 가진 아이들을 선발하여 특수한 집체 교육을 해야 한다고 여겼다.

플라톤 이후 정치 이론에서 금욕주의의 발전을 논의하는 것은 조금 복잡한 문제이다. 앞서 보았듯 플라톤은 지배 계급을 일반 시민과 엄격히 구분하였다. 아리스토텔레스(Aristoteles)는 그런 입장이 아니었다. 그는 군주정에서부터 폴리티(Politie)라고 부르는, 일반 시민들의 참여를 어느 정도, 혹은 전면적으로 허용하는 정치 체제에 이르기까지 다양한 정치 체제를 정당하다고 여기고 논하였기 때문에 일반 시민의 윤리와 지배자의 윤리를 그렇게 뚜렷하게 구분할 필요도 이유도 없었다. 대체로 그가 이상적으로 여겼다고 보이는 귀족정과 민주정 사이의 정치 체제를 보더라도 여전히 통치자와 일반 시민의 구분은 그다지 뚜렷하지 않다.

아리스토텔레스가 욕망의 통제에 대한 플라톤의 주장을 어느 정도는 따랐던 것은 사실이다. 그는 『니코마코스 윤리학(*Ethica Nicomachea*)』에서 인간의 삶을 쾌락을 추구하는 삶, 공동체에 기여하고 그 안에서 행복을 누리고 명성을 얻는 삶, 철학적 진리 탐구에 바쳐진 삶의 세 유형으로 구분하였다. 그는 여기서 쾌락을 추구하는 삶에 경계심을 드러내며 이를 적절하지 않은 것으로 여겼다. 욕망을 중심으로 펼쳐지는 삶은 공동체에서 위치를 추구하는 삶이나 진리를 탐구하는 삶에 비해 현저히 격이 낮다는 것이 그의 생각이었다.[12]

아리스토텔레스에게서 눈여겨보아야 할 것은 욕망을 저급한 것과 고급의 것으로 나누고 있다는 점이다. 공동체의 지위를 추구하는 것이나 진리를 탐구하는 것 역시 인간의 욕망에서 비롯된다. 다만 그 질이 다르고 결과가 다르다. 이들은 인간에게 참된 행복을 가져다주며, 때로 명예를 가져다준다. 뿐만 아니라 그 결과로서 공동체와 국가를 부강하게 만들기도 한다. 사실 이런 점은 플라톤에게서도 동일하게 나타나는 특징이다.

하지만 아리스토텔레스와 플라톤을 완전히 동일하게 둘 수는 없다. 『정치학(*Politica*)』에서 아리스토텔레스는 플라톤이 제시한 여러 방침, 예를 들어 재산의 공유나 처자의 공유 등에 대해 매우 회의적인 입장을 드러낸다. 아리스토텔레스에게 플라톤의 금욕주의적 제안들이 비현실적인 이유는 무엇보다 인간들에게 존재하는 소유욕을 어느 정도는 인정해야 한다고 보는 입장이었기 때문이다. 만일 누구의 것도 아닌 모두의 것이라면 누구도 관심을 갖지 않게 될 것이다. 사람들은 자기가 애를 써 노력하여 거두어들인 것을 소중히 여기고 이를 가족이나 친지, 친구들과 누리는 데에서 기쁨을 찾는 존재이다.[13] 또 처자를 공유한다면 부부 간의 정도 사랑도 자리 잡기 힘들다. 심지어 폭행과 학대가 만연하게 될지도 모른다.[14]

앞서 말하였듯이 플라톤의 엄격한 금욕론은 지배 계급을 위한 것이다. 플라톤이 이런 금욕론을 일반 시민에게까지 적용할 생각이 없었다는 증거는 아주 많다. 어쨌든 플라톤에 대한 아리스토텔레스의 반박은 그가 근본적으로 인간의 욕망을 단지 인간적 한계라는 의미에서만 이해하지 않고 있음을 말해준다. 플라톤도 아리스토텔레스도 모두 인정하고 있는 것은 폴리스는 결국 인간의 육체적 기본 욕구를 충족시킬 필요에서 비롯된다는 것이다. 그러나 플라톤에 비해 아리스토텔레스는 이러한 욕구가 가져오는 긍정적 효과에 대해 더욱 열려 있었던 것으로 보인다. 아리스토텔레스의 입장에서는 무리하게 금욕주의적 윤리를 정치 지도자에게든 시민에게든 강요하는 것보다는 자신의 근본적인 욕구를 올바르게 잘 활용할 수 있도록 가르치고 도움을 주는 것이 낫다.

키케로(Marcus Tullius Cicero)에게서도 극단적인 금욕론은 부정된다. 키케로가 훌륭한 정치 지도자의 덕목으로서 욕망을 통제할 능력을 꼽았다는 것은 사실이다. 그는 『의무론(De offi-ciis)』에서 아들에게 "육체적인 쾌락은 인간의 위엄에 매우 부적당하다."고 가르치며 "우리는 이를 멸시하고 버려야 한다."고 말하였다.[15] 그러나 그의 『국가론(De re publica)』 제6권에 등장하는 「스키피오의 꿈(Somnium Scipionis)」에서 볼 수 있듯이, 그는 그 어느 순간에도 명예를 위한 욕구나 지혜와 학문적 완성을 위한 욕구를 부정하지는 않았다.

플라톤, 아리스토텔레스, 키케로 세 고대 권위자에게 공통적인 것은 욕망과 활동 사이에 계층 구조가 있다는 믿음이다. 다시 말하지만 고대의 욕망에 대한 경계, 금욕주의가 물질적 풍요의 추구를 전적으로 비난하거나 부정한 것은 아니었다. 풍족은 위대한 정부의 필수적인 요소이기도 하다. 플라톤의 구절 어디에도 공동체가 가난하여야 한다고 말하는 곳은 없다. 다만 풍족 자체를 목표로 삼아서는 풍족할 수 없다는 아이러니를 그는 인식하고 있었다. 풍족에 대한 욕망을 쥐고 통제할 수 있는 강한 윤리 의식 내지 책임 의식을 초기 국가의 철학자들은 강조하였다.

다시 한번 강조하지만 고대 정치사상에서 나타나는 금욕주의는 당시의 사회 경제적 발전 수준과 명백히 관련되어 있다. 국가는 약하였고 공동체는 허약하였다. 투키디데스(Thucydides)의 『펠로폰네소스 전쟁사』는 당시의 폴리스가 얼마나 위약한 존재였는지 말해 준다. 경제 수준에서도 물질적으로 풍요롭지 못하였다. 전쟁에서 패하거나 자연 재앙이 휩쓸면 공동체가 사라지는 것도 상상할 수 없는 일이 전혀 아니었다. 따라서 공동체가 풍요롭기 위해서는 전체를 위한 행동, 때로는 희생이 요구되었다. 개인의 욕망을 지나치게 내세우는 것은 경계하여야 했다. 이런 상황이 고대 철학자들의 욕망에 대한 사고 안에 공통적으로 반영되어 있다.

물로 지도자만이 금욕주의적 설교의 대상이 된 것은 아니었다. 국가와 제국과 문명의 번영과 몰락에 대한 고대의 개념 역시 이러한 금욕주의 전통의 연장에 있다. 이미 플라톤은 그의 대화 『크리티아스(Critias)』에서 전설적인 아틀란티스 제국의 몰락을 그 도시의 시민들 사이에 만연한 탐욕과 방종의 탓으로 돌렸다. 그에 의하면 아틀란티스인들은 여러 세대 동안 고결한 본성을 잃지 않고 법에 순종하고 신을 경배하며 너그러움과 지혜를 통해 서로 힘을 모았다. 그들은 덕 이외의 모든 것을 경멸하며 금과 기타 재산 소유에 크게 신경 쓰지 않았다. 그러나 시간이 흐르며 이러한 본성에 변질이 일어나 결국 인간적 본성이 신적 본성을 압도하게 된다. 결국 탐욕과 부정이 국가를 채우고 종국에는 멸망하게 된다.[16]

비슷한 생각이 타키투스(Publius Cornellius Tacitus)의 『역사(*Historiae*)』에도 나타난다. 그에 따르면 로마의 흥망은 인간 욕망의 통제와 길항 관계에 있다. 도시가 가난할 때에는 로마 시민들은 평등한 관계 속에 서로를 의지하고 믿으며 강한 국가를 건설하였다. 그러나 세계를 지배하게 되면서 흘러든 부는 도시에 탐욕을 만연시켰고 결국 시민들은 점차 욕망의 노예가 되어 버렸다. 그 결과 귀족과 민중 간의 다툼이 심해지고 결국 멸망으로의 길을 열게 된다.[17] 부의 증가, 그것이 가져다주는 안락한 삶이 시민들의 시민 정신을 침식하고 도시의 존립을 위협한다는 생각은 그 후로도 한참을 이어졌다.

욕망에 대한 경계와 절제된 삶의 강조는 우리가 중세라고 부르는 라틴 기독교 세계의 정치 관념에서도 주도적인 역할을 하였다. 잘 알려져 있듯이 아우구스티누스(Augustinus)는 국가의 존립 근거를 욕망에 의해 타락한 인간들이 더 갖기 위해 서로를 헐뜯고 물어뜯음으로써 더 많은 죄를 짓고 고통을 겪지 않도록 하는 것에서 찾았다. 인간의 진정한 구원은 참된 종교를 통해서만 얻을 수 있는 것이며, 국가가 줄 수 있는 것은 육체적 삶을 유지하고 보호하는 것 이상이 아니라는 것이 그의 생각이었다. "정의가 없다면 국가는 도적 무리에 지나지 않는다. (··· remota iustitia quid sunt regna nisi magna latrocinia.)."라는 『신국론(De civitate dei)』의 명제는 그의 그런 생각을 드러낸다.[18] 여기서 아우구스티누스가 말하는 정의는 다름 아닌 그가 믿는 참된 종교, 곧 기독교를 의미한다.

진정한 지도자는 참된 종교에 대한 개인적 헌신과 그 가르침을 현세에 최대한 구현하려는 노력을 통하여서만 만들어진다. 군주가 닮아야 할 것은 구약에 나오는 예언자들과 뛰어난 군주들, 무엇보다도 이 둘 모두를 결합한 예수이다.

이런 생각은 중세 내내 비슷한 방법으로 되풀이되었기 때문에 구체적으로 누가 이런 생각을 하였는지를 자세히 이야기하는 것은 동어 반복으로 끝날 것이다. 예를 들어 9세기에 아인하르트(Einhard)는 저서 『샤를마뉴의 생애(Vita Karoli Magni)』에서 샤를마뉴 황제가 항상 식사 중에는 아우구스티누스의 『신국론』을 낭독시켜 들었으며, 삶의 전반에 절제와 자제를

구현한 인물이었다고 치켜세운다.[19]

　이런 기조는 아리스토텔레스의『정치학』이 1260년대에 번역되어 널리 읽히기 시작한 이후에도 변하지 않았다. 흔히 아리스토텔레스의 정치 철학이 기독교와는 다른 국가관을 중세에 소개함으로써 일종의 지적 혁명을 일으켰다고 이야기하지만, 이는 오해이다. 오히려 아리스토텔레스의 정치 철학을 기독교의 맥락에서 읽었다고 말하는 것이 정확할 것이다. 비록 아리스토텔레스『정치학』의 개념들과 아이디어들을 사용하기는 하였지만, 기본적으로 국가를 관념하는 방식은 이전과 결정적인 차이가 없었다.[20]

　군주정이 전제정으로 전락하는 과정이나 귀족정이나 인민정이 타락하는 이유를 권력과 부에 대한 지나친 욕망에서 찾는 고대의 사고 역시 그대로 이어졌다. 아리스토텔레스『정치학』의 개념을 원용하여 쓴 최초의 정치 저술인 토마스 아퀴나스(Thomas Aquinas)의『군주통치론(De regimine Principum)』은 금욕주의 사고전통을 그대로 따르고 있다. 토마스는 올바른 군주는 성서의 가르침, 특히 예수를 비롯하여 그 안에 등장하는 지도자들의 생각과 행동을 적극적으로 따라야 한다고 믿었다.

　빼놓고 가기 어려운 흥미로운 인물은 루카의 톨레미(Ptolemy of Lucca)일 것이다. 톨레미는 토마스 아퀴나스의 손아래 동료이며 토마스가 얼마 쓰지 못한 채 남겨 놓은 『군주통치론』을 마저 이어 써서 완성한 인물이다. 그는 『군주통치론』뿐만 아니라 자신의 다른 저작인 『로마 황제의 사법권에 대한 소론(*Determinatio compendiosa de jurisdictione imperii*)』에서 인간이 어떻게 탐욕에 의해 타락의 길로 들어서고 마침내 노예 상태로 전락하는지에 대해 이야기하였다. 그에 의하면 아담과 이브가 에덴동산에서 쫓겨난 이후에도 인간들은 한동안 선량의 상태(Status Innocentiae)를 유지하였다. 인간들의 관계는 지배와 복종이 아니라 서로 조언하고 돕는 관계였고 그런 만큼 강압적인 통치 체제는 존재하지 않았다. 문제는 이런 평화롭고 조화로운 체제가 시간이 흐르며 탐욕에 의해 잠식당하였다는 것이다. 카인(Cain)으로부터 님로드(Nimrod)와 세미라미스(Semiramis)로까지 이어지는 폭군들이 등장하였고 그로부터 정치 체제가 강압적인 것으로 변화하였다는 것이 그의 주장이다.[21]

욕망이 나라를 망가뜨린다는 생각은 중세 후기와 르네상스 시대 시민 공화정 사상의 맥락에서도 등장한다. 니콜로 마키아벨리(Niccolò Machiavelli)가 『로마사 논고(*Discorsi sopra la prima Deca di Tito Livio*)』에서 번영하고 강력한 제국을 건설하려는 자에게 황량한 지역을 고르라고 권하는 까닭도 마찬가지이다. 혹독한 환경이 개인적으로나 집단적으로 사람들에게 기합을 넣어 쉽게 부패와 타락에 물들게 하지 않도록 도와줄 것이라는 것이 그의 생각이었다.[22] 이런 생각은 마키아벨리의 정치사상 전반을 지배하고 있다. 마키아벨리가 정기적으로 국가를 개혁하지 않으면 멸망으로 이르게 된다고 여긴 것도 이와 관계가 있다. 인간은 삶이 안정에 이르고 모든 것이 편안하게 돌아가면 나태해지고 이기적으로 변하는 습성이 있다. 이것은 국가의 기풍을 흐트러뜨리고 결국 공동체의 몰락을 부른다. 따라서 법과 풍습을 일신하고 규칙을 엄격하게 적용하여 사람들로 하여금 '정신이 번쩍 들도록' 만들어 줄 필요가 있다는 것이 마키아벨리의 생각이었다. 그에 의하면 로마가 번성할 수 있었던 것은 결국 이런 인물들이 쉬지 않고 출현하였다는 것에 있다.[23]

오늘날의 기준에서 본다면 이런 주장의 밑바닥에는 치우친 금욕주의가 자리 잡고 있다고 말할 수 있다. 오늘날 어느 정치가도 물질적 삶의 조건을 악화시켜서라도 사람들에게 소위 '기합이 든 삶'을 살게 해야 한다고 주장하지 않을 것이다. 사실 "등 따뜻하고 배부르고 살에 기름기가 오르면 인간이 나태해지고 나약해진다."는 사고는 오늘날에는 군국주의에서나 들을 수 있는 이야기이다. 오히려 오늘날의 국가는 바로 그렇게 기름기 오른 삶을 제공하는 것을 주요한 목표로 삼는다. 오늘날 낯설게 보이는 그만큼 과거는 지금의 우리와 분리되어 있었다.

더러운 지식

영화 「인디아나 존스」 4편 「크리스탈 해골의 비밀」 마지막 부분에서 소련 국가 보안 위원회(KGB) 소속 고고학자 이리나 스팔코는 외계인들에게 그들이 알고 있는 것을 자신도 알고 싶다고 소리친다. "나는 알고 싶어요(I want to know)." 외계인들은 그녀에게 그들이 알고 있는 지식을 흘려보내기 시작한다. 처음에는 행복해 하던 스팔코는 이내 자신이 감당할 수 없는 어마어마한 양의 지식이 흘러들어오자 고통스러워하며 "그만"이라고 신음한다. 그러나 외계인들은 멈추지 않고 곧 그녀는 눈부터 온몸이 불에 타서 재가 되어 하늘로 날아가 사라져 버린다.

얼핏 보면 여기에서 금욕주의를 찾는 것이 어려워 보이지만 다음의 이야기와 비교하면 스팔코의 스토리는 서양에서 꽤 오래된 이야기를 변주한 것이라는 것을 알게 된다. 13세기 초에 쓰인 체자리우스 하이스터바흐(Caesarius von Heisterbach)의 『기적에 대한 이야기(*Dialogus miraculorum*)』에는 이런 이야기가 등장한다. 한 시토 교단 수도회에 불목한 하나가 살고 있었다. 악마는 그를 꾀어 책에 푹 빠지게 만든다. 우선 악마는 그를 수도원에 있는 수도사들과 수도원 밖 지식인들로부터 글을 배울 수 있도록 만든다. 이어서 그는 천사로 변장하여 그가 할버슈타트(Halberstadt)의 수도원장이 될 것이라고 거짓 계시를 내린다. 결국 마지막에 불목한은 악마가 계획한 대로 말 도둑으로 전락하여 교수대에 매달린다.[24]

과도한 지식, 지식욕을 일종의 허영의 발로이자 죄악으로 여기는 관점은 기독교 중세를 통틀어 쉬지 않고 등장하였다. 이런 관점이 극단적으로 드러난 것은 12세기부터 유럽을 휩쓴 프란치스코파의 운동에서이다. 아시시 귀족 가문의 아들인 성 프란치스코가 초기 기독교의 청빈으로 돌아갈 것을 제창하며 시작한 이 운동은 삽시간에 세를 불려 13세기에는 알프스 이북 전체로 퍼져 나아갔다.

여기서 주목할 것은 성 프란치스코가 단지 육체적, 물질적 욕망만을 배척한 것이 아니라 모든 지적, 문화적 욕구로 화살을 돌렸다는 것이다. 그는 인간의 호기심과 지식욕에 대해 강한 의심을 품고 있었다. 그는 한 서한에서 "육체적으로 지혜롭고 영리하려 하지 말고 소박하고 겸손하며 순수해야 한다."고 썼다.[25] 남아 있는 그의 전기에 따르면 그는 글줄이나 읽어 머리가 커 버린 자들은 결코 기독교가 가르치는 참된 삶의 의미를 이해할 수도 실천할 수도 없다고 여겼으며, 그런 이유로 제자로 받아들이기를 꺼렸다고 한다. 뿐만 아니라 그는 종종 제자들 앞에서 성경을 거꾸로 읽어 무슨 말인지 알아들을 수 없게 함으로써 인간의 지적 욕구와 지식을 조롱하였다고 한다.[26] 인간에게 필요한 것은 신 앞에서 인간이 가지고 이룬 모든 것이 결국 보잘것없음을 인정하는 것이다. 알량하게 인간의 머리와 지식으로 뭔가를 하였다고 어깨에 힘을 주는 것이야말로 가장 경계하여야 하는 일이라고 그는 여겼다.[27]

성 프란치스코가 유난히 이야기를 극단으로 몰아가기는 하였지만, 이런 생각이 완전히 새로운 것은 당연히 아니었다. 아우구스티누스는 『기독교 교양(*De doctrina christiana*)』에서 참된 지식과 그렇지 않은 지식을 구분하면서 기독교의 가르침에 필요한 것을 적극적으로 활용하여야 하지만 그것을 넘어서는 것에 대해서는 경계심을 늦추지 않아야 한다고 설교하였다.[28]

세속적 지식에 대한 경계가 가장 적나라하게 드러난 예는 베르나르 드 클레르보(Bernhard Clairvaux)가 아벨라르(Peter

Abelard)를 거듭하여 공격한 사건일 것이다. 당시 프랑스의 궁정뿐 아니라 교계에서도 커다란 영향력을 가지고 있던 베르나르는 그 무렵 파리에 학교를 열어 변증술과 철학을 가르치며 명성을 키워 가던 아벨라르를 여러 차례 공개적으로 비판하였으며 나중에는 이단적 주장을 펴고 있다는 빌미로 교회 재판에까지 회부하였다. 흥미로운 것은 베르나르가 아벨라르를 단지 잘못된 주장을 설파한다는 것만으로 비난하는 것이 아니라, 그 아래에 깔린 세속적 명성에 대한 추종과 허영을 문제 삼고 있다는 점이다.

물론 이런 입장을 배움과 지식에 대한 완전한 거부로 오해해서는 안 된다. 종교의 교리를 이해하고 설파하기 위해 배워야 한다는 생각은 중세 성기 이후로 교단을 초월하여 널리 공유된 입장이었다. 한편으로 배움이 근본적인 진리를 성찰하는 데에는 한계가 있다는 것 역시 중세를 통틀어 변함없이 인간들의 사고를 지배하는 생각이었다. 이는 잘 알려진 토마스 아퀴나스나 다른 스콜라 철학자들이나 구별할 필요가 없이 당연하였다.

흥미로운 것은 이러한 비판론 안에 예술에 대한 비난이 섞여 있었다는 점이다. 보다 정확히 말한다면 지나친 지식욕에 대한 비난과 쾌락과 안락의 추구에 대한 비난이 만나는 지점이 바로 예술에 대한 집착에 대한 비난이었다. 앞서 말한 베르나르는 당시 클뤼니 수도원의 장식을 두고 다음과 같이 일갈하였다.

그러나 이것은 제쳐 두고 수도원에서 도무지 형제들이 글을 읽는 동안 마주치는 저 괴상한 것은 무엇입니까? 저 희안하게 생긴 기괴한 미인, 아니 저 아름다운 괴상한 형체 말입니다. 저 천한 원숭이는 저기에서 무엇을 하고 있습니까? 저 괴물 같은 켄타우로스는? 저 사나운 사자는? 반인반수의 괴물은? 줄무늬 호랑이는? 싸우는 병사들은? 나팔 부는 사냥꾼은? 머리 하나 달리고 몸은 여러 개인 괴물이 있는가 하면, 반대로 몸은 하나인데 머리는 여럿인 것도 있습니다. 네 발 달리고 뱀의 꼬리를 한 놈이 있는가 하면 네 발 달린 동물의 머리가 물고기 몸뚱이에 얹혀 있기도 합니다. 저기에는 앞쪽은 말인데 뒤쪽은 염소인 놈이 있는가 하면, 여기에는 머리에는 뿔을 달고 뒤쪽에는 말의 몸통을 한 놈이 있습니다. 간단히 말해, 사방에 도무지 말도 안 되는 모습을 한 형상들이 가득해서 책을 보느니보다 대리석 조각을 기웃거리는 것에 끌리고 신의 법을 명상하는 것보다 이런 것들을 하나하나 들여다보느라 하루를 보낼 지경입니다. 오 신이여, 이런 어리석은 일을 부끄러워하지는 않는다 하여도 최소한 그에 퍼부은 돈은 신경이 쓰여야 할 것 아닙니까?[29]

얼핏 이런 주장이 어떻게 정치적인 의미를 가지는지 분명히 들어오지 않을 수도 있다. 그러나 앞서 이야기한 사보나롤라의 예를 생각해 보면 이런 지식과 예술에 대한 금욕주의적 경계는 정치적으로도 심각한 의미를 가질 수 있다는 것이 드러난다. 사보나롤라가 책과 예술품을 불지른 것은 정확히 이런 금욕주의에서 비롯된 것이기 때문이다. 그에게 육체적 쾌락과 안락은 단지 물질적인 차원을 넘어서 지적, 문화적 차원까지 확대된다. 인간의 앎에 대한 욕구, 아름다운 것에 대한 욕구 이 모든 욕구가 그에게는 위험한 유혹이며 참된 믿음을 위해, 그리고 건강한 공동체를 위해 떨쳐내야 할 더러운 대상이었다.

사보나롤라의 금욕주의가 이탈리아 르네상스의 한 중심이던 피렌체를 관통한 것은 1494년 프랑스 샤를 8세의 이탈리아 침공이라는 특수한 사정이 있다. 메디치 정부가 무기력하게 피렌체를 지키는 요새들의 열쇠를 넘겨주고 무릎을 꿇으면서 피렌체인들은 어마어마한 실망감과 불안감에 빠지게 되었다. 그동안 자랑스럽게 여겨 오던 피렌체가 갑자기 범죄와 죄악에 빠진 소돔과 고모라로 느껴졌다. 이런 불안감 안으로 이미 상당한 명성을 누리고 있던 사보나롤라의 설교가 파고들었다. 사보나롤라는 메디치 가문을 시민의 자유를 압살하고 정신을 타락한 독재자로 낙인찍고 회개와 풍습의 개혁을 요구하였다.

사보나롤라는 특히 메디치 가문이 후원해 온 온갖 공공예술이 독재의 도구이며 인간의 정신을 타락시키는 도구에 지나지 않았다고 비난을 퍼부었다. 같은 맥락에서 그는 시민들에게 회화부터 음악에 이르기까지 온갖 세속적 문화의 향유를 막고자 하였다.

사보나롤라의 통치는 불과 4년 만에 종말에 이르렀지만, 세속적 문화에 대한 금욕주의적 비난과 공격의 역사는 여기서 끝나지 않았다. 지식과 예술 활동 전반을 의혹의 눈길로 바라보는 금욕주의가 어떻게 문화 속에 뿌리를 내렸는가를 알기 위해서는 16세기 이후 네덜란드 지방을 중심으로 유럽 전역으로 퍼져 나간 바니타스(Vanitas) 정물화를 살펴보면 된다. '바니타스(vanitas)'는 라틴어로 '허영'과 '덧없음'을 동시에 의미하는 말이다. 성경의 전통에서는 구약의 전도서 12장 8절의 "바니타스 바니타툼 … 바니타스 바니타툼 엣 옴니아 바니타스(Vanitas vanitatum … vanitas vanitatum, et omnia vanitas. 헛되고 또 헛되다. 모든 것이 헛되다)."라는 구절처럼, '바니타스'라는 단어가 세속적 삶에 지나치게 매달리고 연연하지 말고 신을 경배하라는 의미의 메시지와 연관되어 등장한다. 이 말이 일련의 정물화 장르를 지칭하는 용어가 된 것은, 여기로 분류되는 정물화들이 일정한 도상적(圖像的) 문법에 따라 인간이 누리는 세속적 성취가 유한하고 덧없음을 깨닫고, 이들에 몰두하여 도덕적, 윤리적, 종교적인 가치의 중요성을 잊어서는 안 된다는 메시지를 전달하고 있기 때문이다.

바니타스화의 가장 흔한 소재들은 꽃, 해골, 무기, 악기, 화구, 돈과 보석, 각종 메달 등이다(그림 10-1 참조). 꽃은 종종 철에 맞지 않은 것들이 함께 섞여 있으며, 이는 밖으로 보이는 화려함에도 불구하고 이들이 부자연스러우며 곧 사라질 운명에 처해 있음을 암시한다. 가끔은 떨어져 시든 꽃이 함께 놓여 있는 경우도 있고, 벌레나 쥐가 주변을 돌아다니는 경우도 있다. 해골은 인간 생의 유한함을 상징한다. 무기는 권력, 악기나 화구 등은 향락, 돈과 보석은 당연히 부, 그리고 각종 메달 등은 명예를 의미하며, 그림 속에서는 이들이 가져다주는 세속적 행복이 사실은 아무런 의미가 없다는 것을 설교한다. 여기에 종종 함께 등장하는 소재가 바로 책이다. 여기에는 책을 통한 지식조차 거리를 두고 경계하지 않은 채 탐닉하는 것은 잘못이라는 메시지가 담겨 있다.

물론 이러한 흐름을 일방적으로 과장해서는 안 된다. 고전

〈그림 10-1〉야콥 마렐(Jaob Marrel), 칼스루헤 주립 갤러리(Staatliche Kunsthalle Karlsruhe), 1637년

적 사상가들이 일반적으로 공동체의 풍족함을 비난하지 않았던 것만큼 도시나 국가 차원의 화려함까지 부정하지는 않았다. 화려함과 사치의 추구는 애국주의 담론의 맥락에서 여전히 정당화될 수 있었다. 중세 시대에도 공적인 행사의 화려함

이나 성, 교회, 도시회관과 같은 공공 건축물의 웅장함과 우아함은 왕, 귀족, 주교, 주교구, 도시 또는 도시의 권력과 부의 증거로 긍정적으로 언급되었다. 기독교 사상가들에게 도시나 국가의 화려함은 하나님의 축복의 표시일 수 있었다. 중세 로맨스는 왕의 성, 기사 갑옷의 화려함, 귀족 의상의 아름다움을 은밀하게 숨기지 않고 묘사하였다.

15세기 피렌체 공화국의 총리로 활동한 레오나르도 브루니(Leonardo Bruni)는 그의 『피렌체 찬가(*Laudatio fiorentine urbis*)』에서 도시의 공공 건물과 개인들이 소유한 빌라의 아름다움을 평가하는 데 상당한 공간을 할당하였다. 15세기 독일 휴머니즘의 대표적 인물인 콘라드 켈티스(Conrad Celtis)는 그의 『뉘른베르크(*Norimberga*)』에서 이 도시의 공공 건물의 아름다움과 화려함을 찬양하며 이를 제국의 위대함을 보여 주는 증거로 내세웠다.[30]

그러나 이러한 아름다움과 화려함에 대한 인정이 개인 차원까지 그대로 적용되지는 않았다. 그리고 앞서 사보나롤라의 경우에서 보았던 것처럼 때로 지식을 비롯한 세속적 문화와 예술의 향유에 대한 비판은 정치적 의미를 띨 수도 있었다.

이러한 비판적 전통은 이후에도 정치, 사회 및 경제 담론에 무수한 측면에서 영감을 주었다. 미국 혁명의 아이디어에 큰 영향을 미친 공화주의자 앨저넌 시드니(Algernon Sidney)는 『정부론(*Discourses Concerning Government*)』에서 부에 대한 욕망이 지나쳐 결국 허영, 사치, 낭비를 유행시킨다고 주장하였다.[31] 사치와 낭비의 소비에 대한 의혹은 에드워드 기번(Edward Gibbon)의 『로마 제국 흥망사(*The History of the Decline and Fall of the Roman Empire*)』에도 등장한다. 그는 "부유하고 사치스러운 귀족들"의 쾌락 추구를 비난하면서 국가의 중요한 업무를 농부와 군인에게 넘겨준 탓에 결국 제국 전체가 몰락의 길로 들어섰다고 적었다.[32]

특히 영국의 내전(또는 세 왕국의 전쟁)이나 프랑스 혁명에서 윤리적 개혁은 매우 중요한 주제였으며 이러한 한에서 강한 금욕주의적 성향이 표출되기도 하였다. 비록 동의하기는 어렵지만 브루스 매즐리시(Bruce Mazlish)가 1976년에 올리버 크롬웰(Oliver Cromwell)과 막시밀리앙 로베스피에르(Maximilien Robespierre)와 같은 혁명가들에게서 강한 금욕주의 심리가 발견된다고 지적한 것도 같은 맥락이다. 사실 개별 리더의 성격과 그들이 주장하는 사회정치 개혁의 비전을 직접적으로 연결하는 것은 무리가 있다. 그러나 금욕주의가 그들이 내세운 사회정치 개혁의 비전에 영향을 주었음도 사실이다.[33]

욕망, 사치, 근대

서양 정치 사회 이론에서 오랫동안 인간의 욕망은 대체로 의혹의 눈초리를 벗어나지 못하였다. 이런 금욕주의적 관점에 심각한 도전이 이루어진 것은 자본주의가 대두하던 17세기부터였다. 그러나 오늘날에도 금욕주의적 정치관은 여전히 매력을 잃지 않고 있다. 문제는 금욕주의적 정치관이 지나치게 정치인들이나 시민들의 윤리 도덕에만 초점을 맞추고 실제 구조적, 제도적인 결함을 놓칠 수 있다는 사실이다. 국가는 왜 경제적 어려움에 봉착하는가? 가장 쉽게 떠오르는 답은 벌어들이는 이상으로 쓰기 때문이다. 그러나 절약이 미덕이고 저축이 최고의 가치라는 생각은 생산과 소비, 부의 복잡한 메커니즘을 너무나 단순하게 보는 것이다.

이런 금욕주의가 복지를 요구하는 목소리에 대한 공격으로 이어지는 경우는 문제가 더 심각해진다. (갖고 쓰고 싶은 욕망을 누르고) 적게 소비하고 (더 쉬고 즐기고 싶은 욕망을 누르고) 더 많이 일해야 부유해지고 사회와 국가가 발전한다는 생각이 일방적으로 강조될 경우 복지나 생활 수준 개선의 요구를 정당하게 평가하기 어렵게 된다.

한국 사회는 특히 이러한 금욕주의의 부작용에 관심을 가질 필요가 있다. 한국 전쟁 이후 한국 사회는 이렇다 할 인프라 없이 성장을 도모하여야 했다. 기댈 것은 인적 자원뿐이었다. 인간이 가진 에너지를 최대한 동원하며 사회가 발전하였다는 뜻이다. 성장의 폭이 컸다는 것은 그만큼 단기간에 엄청난 에너지를 동원해 냈다는 것을 의미한다. 아주 간단히 말해 개인들은 덜 먹고 덜 자고 더 일해야 했다. 이런 와중에서 덜 쓰고 덜 누리는 것은 개인의 윤리가 되고 국가의 도덕이 되었다. 한마디로 금욕주의가 그야 말로 국민윤리의 일부가 된 것이다.

이런 금욕주의는 '새마을 운동'의 서사에 집약되어 있다. 한국이 지금처럼 먹고 살 만한 사회가 된 것은 모두 다 새벽종이 울릴 때 너도 나도 일어나 허리 띠를 졸라매고 뛰었기 때문이라는 것이다. 이런 서사 아래에는, 그런 정신이 무너지면 우리가 이룬 모든 성공도 신기루처럼 사라질 것이라는 불안함이 동시에 존재한다. 그리고 이러한 불안함 위에서, 혹은 이러한 불안함을 이용하여 때로 복지의 확대를 비롯한 사회경제적 개혁에 반대하는 목소리가 커지기도 한다.

과거 1980-90년대 노동자들의 임금 인상이나 생활 수준 개선을 요구하는 목소리가 높아질 때마다 등장한 '샴페인을 너무 일찍 터뜨린다'라는 염려가 그렇다. 그러나 지금 돌이켜 본다면 당시 사람들이 내거는 요구를 파티 분위기를 내며 연미

복이라도 입고 샴페인을 터뜨리자는 수준의 사치와 향락에 비교하는 것은 사실과 거리가 멀었다. 주 5일 근무제 도입을 두고도 그러하였고 주 52시간 근무제 도입을 두고도 일어난 일이지만 좀 덜 일하고 좀 더 쉬고 즐길 시간을 갖자는 이야기가 나올 때마다 등장하는 과도한 우려는 한국 사회에 여전히 널리 퍼진 금욕주의적 사고에 기대고 있다. 즉 금욕주의가 다른 선진 사회라면 충분히 받아들여질 만한 당연한 요구를 밀어내는 수단이 되고 있는 것이다.

오늘날 한국에서 새마을 운동식의 금욕주의는 쇠퇴하는 반면에 다른 금욕주의가 등장하고 있다. 지난 십 수년간 한국의 정치사회 담론에서 유난히 두드러진 소위 '이기적 인간이냐 이타적 인간이냐'에 대한 논의와 여기에 쏟아진 관심이 그 중하나이다. 앞에서 보았듯이 정치사회사상사에서 금욕주의는 인간의 이기주의에 대한 근본적인 부정적 시각 내지 우려와 관련이 깊다. 욕망에 의해 지배당하면 인간은 결국 더 많이 움켜쥐고 더 많이 누리는 것 이외에는 아무 관심도 없는, 다시 말해 가족도, 사회도, 윤리도, 종교도 개의치 않는 이기주의 괴물로 변하게 된다고 여기기 때문이다. 이런 형태의 금욕주의는 종종 자신이 아닌 전체의 이해를 자신의 이해 위에 두는 소위 이타적 인간에 대한 이상화와 한 쌍을 이룬다.

이런 이타적 인간에 대한 이상화와 기대는 여러 곳에서 발견된다. 몇 년 전 종교학자 배철현은 자신의 저서 『인간의 위대한 여정: 빅뱅에서 호모 사피엔스까지, 우리가 살아남은 단 하나의 이유』라는 책과 관련하여 『한겨레』와 한 인터뷰(2017년 7월 20일 자)에서 인간이라는 존재가 이제까지 살아남은 이유를 '이타심'이라고 이야기하면서 다음과 같이 말한다.

> "인간 본성의 핵심은 이타적 유전자다. 공감, 배려, 친절, 정의, 희생, 정직 등은 이타심이라는 씨앗에서 피어난 꽃이다. 그 열매가 바로 컴패션(compassion)이다. '다른 사람의 고통(passion)을 자신도 함께(com) 느껴 그 고통을 덜어주려고 애쓰는 마음과 행동'이다."

배철현이 그런 이타적 인간의 전형으로 드는 사람들은 "아프리카로 가서 의료봉사를 하며 일생을 보낸 슈바이처나 40여 년간 소록도에서 한센인들을 돌보며 헌신한 오스트리아 수녀들"이다.

물론 이타적 인간에 대한 기대는 한국만의 현상은 당연히 아니다. '감춰진 인간 본성에서 찾은 희망의 연대기'라는 거창한 부제를 달고 판매된 뤼트허르 브레흐만(Rutger Bregman)의

『휴먼카인드(*Humankind*)』는 그런 생각이 얼마나 손쉽게 대중의 관심을 불러일으키는가를 보여 주는 한 예이다.

이런 생각은 좀 더 대중화한 버전에서는 천국과 지옥의 이야기로 등장한다. 천국과 지옥에는 똑같이 음식이 푸짐하게 차려져 있다. 다만 문제는 숟가락(어떤 이들은 젓가락이라고도 한다)이 너무 길어서 음식을 집어 먹을 수가 없다는 것이다. 여기서 천국과 지옥의 차이가 나타난다. 지옥에서는 각자 긴 숟가락을 이용하여 입에 음식을 넣으려 하다가 아무것도 먹지 못한 채 난장판이 되지만, 천국에서는 상대방에서 서로 음식을 넣어주는 '이타심'을 발휘한 끝에 결국은 모두가 배부르고 행복하게 된다. 많이 들어본 이야기고 앞으로도 많이 들을 이야기이다.

이런 담론 하나 하나도 중요하지만 그 못지 않게 주의 깊게 살펴보아야 할 것은 여기에 쏟아진 관심이다. 많은 사람들은 오늘날 우리 사회가 안고 있는 문제의 상당수는 통제하지 못한 이기심에서 비롯된 것이며, 더 많은 이타심이 이 사회를 살기 좋은 곳으로 만들 것이라고 믿는다. 그 아래에는 과거로부터 성장해 온 금욕주의적 사고의 전통이 여전히 힘을 발휘하고 있다.

그러나 이런 생각은 정치 사회적 문제를 더 가지고 누리려

하는 개인의 도덕적 문제로 환원시키고 '회개하라'라는 식의 도덕론으로 빠지기 십상이다. 그리고 그런 도덕론은 현대 사회과학의 관점에서 받아들이기 어렵다. 현대 사회와 국가는 최초 금욕주의가 개인과 사회의 도덕적 원리로 등장할 때와 비교가 불가능할 만큼 복잡한 메커니즘에 의해 움직이고 있기 때문이다. 이러한 메커니즘을 도외시하거나, 충분히 이해하지 않은 채 이기심이냐 이타심이냐 차원에서 접근하기에는 현대 사회와 국가가 직면한 문제들이 이미 너무 복잡하기 때문이다.

11

플라톤과 욕망의 다면성

강성훈

20세기 초에 화이트헤드는 유럽 철학의 역사가 플라톤에 대한 일련의 주석이었다는 이야기를 하였다고 알려져 있다.[1] 화이트헤드의 이러한 평가에 동의하든 그렇지 않든, 역설적으로 20세기 유럽 철학의 특징은 거칠게 요약해서 반플라톤주의라고 할 수 있을 듯하다. 그리고 20세기 유럽 철학의 반플라톤주의를 다시 한번 거칠게 요약하자면, 플라톤은 이성의 화신으로서 욕망을 경시하는 잘못을 범하였다는 것이라고 할 수 있을 듯하다. 이러한 평가의 근저에는 근대 철학의 기본 전제 중 하나였던 이성과 욕망의 이분법이 놓여 있는 것 같다. 사실 이성과 욕망의 이분법은 오늘날에도 여전히 대중적으로는 유효하게 받아들여지는 것처럼 보이며, 혹자는 이러한 이분법이 바로 플라톤에서 유래하였다고 생각할 수도 있을 법하다. 하지만 플라톤이 욕망에 대해 가지고 있었던 견해들은 '이성과 욕망의 이분법'이나 '욕망의 경멸'과 같은 구호로 정리될 수 있을 만큼 단순하지 않다. 단적인 예로, 플라톤에서는 이성 자체도 욕망의 한 원천이라고 할 수 있다. 플라톤에 대한 (오랜 역사를 가진) 오해와 편견들을 벗겨내면, 그의 욕망에 대한 견해가 흔히 생각하는 것보다 훨씬 더 풍부하고 다면적이라는 사실을 보게 될 것이다.

본격적인 논의를 시작하기에 앞서 용어 정리가 좀 필요할 것 같다. 이 글에서 우리는 '욕망'이라는 말을 기본적으로 그리스어 '에피튀미아(epithumia)', 영어로는 desire의 번역어로 사용할 것이다. 그런데 영어 desire에는 어떤 사태가 발생하기를 바라는 마음 일반을 나타내는 넓은 용법과 어떤 사태가 **곧바로** 발생하기를 **강렬하게** 바라는 마음을 나타내는 좁은 용법이 있다. 그리고 좁은 용법의 desire는 보통 사태의 발생에 수반하는 쾌락을 목적으로 한다. 그리스어 epithumia는 사정이 조금 더 복잡하다. 아리스토텔레스나 스토아학파에서는 epithumia가 좁은 용법의 desire와 비슷한 뜻으로 사용되며, 넓은 용법의 desire에 해당하는 단어로는 '오렉시스(orexis)'가 사용된다. 반면에 플라톤이나 에피쿠로스는 좁은 용법의 desire와 넓은 용법의 desire를 구분하지 않고 모두 epithumia라는 용어를 사용한다. 우리말의 욕망은 보통 좁은 용법의 desire를 뜻하는 것으로 보이며, 넓은 용법의 desire에 상응하는 용어로는 '욕구'가 적합할 것으로 보인다. 그렇다면 아리스토텔레스와 스토아학파가 사용하는 orexis와 epithumia의 번역어로 각각 욕구와 욕망을 사용하고, 플라톤과 에피쿠로스가 사용하는 epithumia에 대해서는 그것이 넓은 용법으로 사용되었는지 좁은 용법으로 사용되었는지를 고려해서 그에 맞추어 욕구와 욕망으로 나누어 번역하는 것이 적절하다고 생각될 수도 있겠다.

하지만 플라톤의 epithumia에 대한 견해의 다면성을 고려하면, 넓은 용법과 좁은 용법을 구분하고 그에 따라 다른 번역어를 사용하는 것은 오히려 부적절한 측면이 있다. 아리스토텔레스나 스토아학파에서 orexis라는 용어를 도입한 이유는 그들이 이성적 욕구와 비이성적 욕구를 근본적으로 다른 것으로 간주하기 때문이다. 그들은 좋음을 목적으로 하는 이성적 욕구를 '불레시스(boulēsis, 소망)'라고 부르면서 쾌락을 목적으로 하는 비이성적 욕구인 epithumia(욕망)와 구별한다. 바로 이런 이유에서 그들은 양자를 포괄하는 상위 유개념으로 orexis(욕구)를 도입할 필요가 있었다. 뒤집어서 생각하면,

플라톤이나 에피쿠로스는 이성적 욕구와 비이성적 욕구를 서로 다른 종으로 구별하지 않았기 때문에, 이것들을 뭉뚱그려서 epithumia라고 부를 수 있었다고 하겠다.[2] 다른 말로 하자면, 플라톤이나 에피쿠로스는 아리스토텔레스나 스토아학파보다 epithumia를 다면적인 것으로 이해하였기 때문에, 욕구일반에 대해 epithumia라는 용어를 사용할 수 있었던 것이다. 이것은 단순히 언어적인 문제가 아니다. 플라톤(이나 에피쿠로스)에서는 넓은 용법의 desire에 해당하는 욕구와 좁은 용법의 desire에 해당하는 욕망의 구분이 없다. 따라서 플라톤에서 epithumia를 맥락(에 대한 번역자의 해석)에 따라 달리 번역하는 것은 부적절한 일이다. 플라톤에서 epithumia의 번역어를 일관적으로 유지하기만 한다면, 그 번역어로 욕구와 욕망 중어떤 것을 채택하는지는 상대적으로 덜 중요한 문제이다. 우리말에서 욕구와 욕망이라는 표현이 갖는 일상적 함축을 고려하면 아마도 욕구라는 번역어를 사용하는 것이 더 무난한 선택일지 모르겠다. 하지만 플라톤에서의 epithumia의 다면성을 강조하는 데에는 오히려 욕망이라는 번역어를 사용하는 것이 나은 측면이 있으며, 그에 따라 이 글에서는 플라톤에서의 epithumia에 대한 번역어로 욕망을 사용할 것이다.

욕망과 좋음에 대한 생각

좋음에 대한 표면적 믿음과 실제 믿음

플라톤에서 욕망은 좋음에 대한 생각과 긴밀한 관계가 있다. X를 욕망하는 것은 X를 좋아하는 것이고, X를 좋아하는 것은 X가 좋다고 생각하는 것이다. 그리스어나 영어에서는 '좋아한다'는 말과 '좋다고 생각한다'는 말 사이에 아무런 언어적 연관 관계가 없으나, 우리말은 언어 자체가 양자의 연관 관계를 드러내고 있다는 점은 흥미로운 일이다. 큰 틀에서 보면, X에 대한 욕망과 X가 좋다는 생각 사이에 밀접한 관련이 있다는 것이 별로 논란의 여지가 없을 것처럼 보인다. 하지만 자세히 들여다보면 이에 대해 다양한 문제를 제기할 수 있겠다. X가 좋다고 생각하면서도 X에 대한 특별한 욕망은 없을 수도 있지 않을까? 거꾸로, X가 좋다고 생각하지는 않으면서도 X를 욕망할 수도 있지 않을까? 우리는 오히려 나쁜 것, 혹은 나쁘다고 생각하는 것에 대해 더 강한 욕망을 느끼곤 하지 않는가?

이에 대해 논의하기 위해서는 먼저 좋음에 대한 생각을 두 종류로 구분할 필요가 있다. 좋음에 대한 생각 중에는 애초에 욕망과 관계 맺을 수 없는 종류의 것이 있다. 예컨대, 모든 이의 수명이 천 살 이상이 되는 것은 좋은 일이라고 생각하는 사람이 있다고 해서, 그 사람이 그에 대한 욕망을 갖는 것은 아니다. 실현 가능성이 전혀 없는 것, 혹은 전혀 없다고 생각하는 것에 대해서는 사람들이 욕망을 갖지 않는다.[3] 더 나아가, 실현 가능성이 전혀 없는 것은 아니라고 하더라도 나의 처지와 별 상관이 없다고 생각하는 것에 대해서도 사람들은 욕망을 갖지 않는다. 수영장이 딸린 대저택을 보고 "와, 좋은 집이네."라고 생각하는 사람들이 모두 그런 집에 대한 욕망을 갖는 것은 아니다. 설사 그런 집을 구매할 경제적 여유가 있는 사람이라고 하더라도 그런 집을 보고서 그냥 좋은 집이라는 평가만 내리고 그에 대한 욕망은 전혀 갖지 않을 수도 있다. 반면에, 세계 평화가 좋은 일이라고는 누구나 생각하겠지만, 세계 평화에 어떤 방식으로라도 기여하는 것이 자신과 상관있는 일이라고 생각하는 사람은 단순히 그것이 좋다고 생각하는 데에 그치는 것이 아니라 그에 대한 욕망을 가질 수 있다. 정리하자면, 자신의 능력이나 처지와 무관한(혹은, 무관하다고 여겨지는) 좋음에 대한 생각과 그렇지 않은 좋음에 대한 생각은 구별되어야 하며, 이중 오직 후자에 대해서만 욕망과의 관계를 고려할 필요가 있다. 욕망은 언제나 나의 욕망이며, 나의 능력이나 처지와 무관한 종류의 좋음에 대한 생각은 욕망을 수반하지 않는다. 이후의 논의에서 우리는 이런 종류의 좋음에 대한 생각은 논외로 할 것이다.

그런데 자신의 능력이나 처지와 무관하지 않은 좋음에 대해서 마치 그것이 자신과 무관한 것처럼 초연한 태도를 취하는 경우도 있을 수 있다. 예컨대, 자신이 참여하고 있는 일이 성사되는 것이 좋다고 이야기하면서도 이에 대한 욕망을 갖지는 않는 사람이 있을 수 있다. 하지만 이 경우 그 사람은 사실 진정으로 그것이 좋다고 생각하지는 않으면서 그냥 '립서비스'로 좋다고 이야기하는 것일 가능성이 있다.[4] 중요한 점은 이러한 립서비스가 타인을 향해서만이 아니라 자기 자신을 향해서도 이루어질 수 있다는 것이다. 위의 예에서, 일의 성사가 좋다고 타인에게 이야기하는 것은 아마도 그렇게 이야기하는 것이 그 일에 같이 참여하고 있는 사람들에 대한 일종의 예의라고 생각해서일 것이다. 이런 종류의 립서비스가 가식적인 것이 되지 않기 위해서 그는 스스로 그 일의 성사가 **좋다고 생각해야 한다고 생각**할 수 있다. 그리고 나서는 그가 자신이 그것을 **좋다고 생각한다고 생각**, 혹은 착각하게 될 수도 있다.

플라톤은 누군가가 자신이 어떤 믿음을 가지고 있다고 생각하지만 실제로는 그런 믿음을 가지고 있지 않을 가능성을 인정한다.[5] 자신이 가지고 있다고 생각하는 믿음을 '표면적 믿음', 실제로 가지고 있는 믿음을 '실제 믿음'이라고 하자. 표면적 믿음과 실제 믿음 사이의 불일치 가능성을 인정한다는 것은 내가 실제로 어떤 믿음을 가지고 있는지를 나 자신이 모를 수도 있다는 것을 인정하는 것이다. 우리는 보통 이 세계의 모습이 어떤지에 대해서 우리가 무지할 수 있다는 것에 대해서는 당연하게 여기면서 나 자신의 내적 상태가 어떤지에 대해서는 무지할 수 없다고 생각하는 경향이 있는데, 플라톤은 그러한 경향을 거부하는 것이다.[6] 표면적 믿음과 실제 믿음이 불일치할 수 있다면, 누군가가 자신이 어떤 것을 좋다고 생각하지 않는다는 굳은 믿음을 가지고 있으면서도 실제로는 그것을 좋다고 생각할 수도 있다. 그리고 욕망은 좋음에 대한 표면적 믿음이 아니라 실제 믿음을 반영한다.

욕망이 좋음에 대한 실제 믿음을 반영한다는 것은 플라톤이 초기 대화편들에서 어떻게 '아크라시아'라고 불리는 현상이 불가능하다고 생각할 수 있었는지에 대한 한 가지 설명을 제공한다. 간단히 말해서, 아크라시아란 어떤 것을 나쁘다고 생각하면서도 그에 대한 욕망 때문에 결국 그것을 행하는 것을 이야기한다. 아크라시아는 단순히 가능할 뿐 아니라 우리 주변에서 흔하게 접할 수 있는 것처럼 보이기 때문에, 어떤 철학자가 아크라시아의 불가능성을 주장할 수 있었다는 것 자체가 사실 이해하기 쉽지 않다.[7] 관건은 아크라시아 상황에서 어떤 것을 나쁘다고 생각한다고 할 때 그 생각이 표면적 믿음인가 실제 믿음인가 하는 것이다. 예컨대 누군가가 흡연을 나쁘다고 생각하면서 그와 동시에 흡연에 대한 강한 욕망을 가지고 있는 경우, 흡연이 나쁘다는 그의 생각은 사실은 단순한 표면적 믿음일 가능성이 있다. 즉, 그는 흡연이 **나쁘다고 생각해야 한다고 생각**하기 때문에 자신이 흡연이 **나쁘다고 생각한다는 착각**을 하면서, 실제로는 흡연이 **좋다고 생각**하고 있을 가능성이 있다는 것이다.

플라톤의 초기 입장은 흔히 극단적 주지주의로 알려져 있다. 아닌 게 아니라 이성과 욕망을 이분법적으로 나누는 (오늘날의 상식적인) 사유 틀을 가지고 플라톤(의 초기 대화편들)을 읽으면, 플라톤에서 이성과 욕망의 이분법이 극단화되고 있다는 인상을 받기 쉽다. 하지만 이러한 편견 없이 플라톤을 읽으면 오히려 플라톤에게 이성과 욕망의 이분법을 적용할 수 없다는 것을 깨닫게 된다. 플라톤은 좋음에 대한 생각이 우리의 행동을 지배한다고 생각하였는데, 그가 그렇게 생각한 이유는 이성이 항상 욕망을 이긴다고 생각하였기 때문이 아니라 이성과 욕망이 동전의 양면과 같은 것이라고 생각하였기 때문이다.[8]

욕망과 영혼의 세 부분

욕망과 좋음에 대한 생각의 긴밀한 관계를 고려하면, 욕망의 다면성이란 좋음에 대한 생각의 다면성과 같은 이야기가 되겠다. 그리고 욕망의 다면성과 좋음에 대한 생각의 다면성이 동전의 양면과 같은 것이라면, 플라톤이 좋음에 대한 생각을 중심에 놓고 하였던 이야기들을 우리는 욕망을 중심에 놓고 다시 서술할 수 있고, 욕망을 중심에 놓고 하였던 이야기들을 좋음에 대한 생각을 중심에 놓고 다시 서술할 수 있겠다. 그런데 플라톤이 중기 대화편들에서, 특히 『국가』에서 좋음에 대한 생각과 무관한 종류의 욕망을 도입하였다고 생각하는 사람들이 있다.[9] 『국가』에는 욕망이 좋은 것을 대상으로 한다는 이유로 식욕은 단순히 먹을 것에 대한 욕망이 아니라 좋은 먹을 것에 대한 욕망이라고 주장하는 사람을 경계해야 한다는 이야기가 등장한다.[10] 그리고 이 구절을 플라톤이 욕망이 좋은 것을 대상으로 한다는 초기의 생각을 버렸다는 증거로 여기는 사람들이 있는 것이다. 나아가 그들은 영혼을 이성 부분, 기개 부분, 욕망 부분의 세 부분으로 나눌 때 욕망 부분의 욕망들은 바로 좋음에 대한 생각과 무관한 종류의 욕망들이라고 해석한다. 하지만 이 구절은 (욕망과 좋음에 대한 생각의 긴밀한 관계를 부정하는 것이 아니라) '먹을 것을 좋다고 생각하는 것'을 '좋은 먹을 것을 좋다고 생각하는 것'과 동일시하면 곤란하다는 주장을 담고 있는 것으로 보아야 한다. 플라톤이 이 구절을 통해서 밝히고자 하는 바는, 식욕은 식욕인 한에서 먹을 것이기만 하면 다 좋다고 생각하지, 좋은 먹을 것과 나쁜 먹을 것을 가려서 좋은 먹을 것만 좋다고 생각하지는 않는다는 것이다.[11]

플라톤이 영혼의 세 부분을 각각 '이성 부분', '기개 부분', '욕망 부분'이라고 명명한 것은 오해를 사기 쉬운 일이었으며, 실제로 이에 대한 오해가 만연하다. 먼저 가장 초보적인 오해부터 바로잡기로 하자. 이성 부분과 기개 부분도 욕망 부분과 마찬가지로 욕망을 가진다. 플라톤이 영혼의 세 부분을 나눈 것은 욕망의 갈등 구조에 대한 그의 관심에 기인한다. 누군가가 서로 반대되어 대립하는 욕망들을 동시에 가지고 있을 때 이 두 욕망을 영혼의 서로 다른 부분에 귀속시켜야 한다는 것이, 영혼의 부분을 나누는 그의 논증이다. 욕망 부분은 식욕, 성욕 등과 같이 다양한 신체적 욕망을 갖는 부분이며, 이 부분이 갖는 욕망들을 아우르는 특징을 따로 찾기 어려워서 이 부분을 '욕망 부분'이라고 불렀을 따름이다. 이성 부분과 기개 부분은 해당 부분이 갖는 욕망들을 아우르는 특징에 따라 각기 '이성 부분'과 '기개 부분'이라고 불린 것이다.

그다음으로, 다소 지엽적이거나 논의하기 복잡한 오해들은 차치하고, 가장 중요하다고 생각되는 오해를 바로잡기로 하자. 주어진 상황에서 갖는 것이 적합한 욕망을 합리적 욕망이라고 하고 그렇지 않은 욕망을 비합리적 욕망이라고 한다면, 이성 부분이 비합리적 욕망을 가질 수 있고 (비이성적 부분이라고 불리는) 기개 부분이나 욕망 부분이 합리적 욕망을 가질 수도 있다. 이성 부분이 '이성 부분'이라고 불리는 이유는 그것이 헤아림의 능력을 가지고 있기 때문이다.[12] 이성 부분의 욕망은 이러저러한 사정을 따져 보고서 좋다고 판단된 것을 향한다. 그런데 이러저러한 사정을 따져 보고 어떤 것을 좋다고 판단한다고 해서 이 판단이 항상 제대로 이루어진다는 보장은 없다. 이리저리 따져 보고 나서 형편없는 것을 좋다고 판단하는 일이 얼마든지 가능하며, 이런 경우 이성 부분은 (우리가 지금 이야기하는 의미에서) 비합리적 욕망을 갖는다. 기개 부분과 욕망 부분은 헤아림의 능력이 없다. 이 부분들은 이것저것 따져 보지 않고 특정 상황에서 특정 종류의 대상에 대해 즉각적인 욕망을 갖는다. 기개 부분은 나빠 보이는 상황에 대해 즉각적인 거부 반응을 일으키며, 욕망 부분은 좋아 보이는 대상을 즉각적으로 추구한다.[13] 이 두 부분이 합하여 '비이성적 부분'이라고 불리는 이유는 단지 이 부분들이 따져 봄 없이 즉각적인 욕망을 갖기 때문이다. 하지만 그러한 즉각적 욕망이 얼마든지 그 상황에 적절한 욕망일 수도 있다.

플라톤의 영혼 삼분설은 우리가 갖는 욕망들에 서로 환원되지 않는 세 원천이 있다는 주장이다. 아리스토텔레스가 소망과 욕망을 구별한 것과 달리, 플라톤에서는 욕망이 욕망인한에서는 (그것이 영혼의 어느 부분에서 유래하였는지와 상관없이) 모두 같은 성격을 가진다. 모든 욕망은 좋음에 대한 생각(혹은 지각)을 반영하며, 그것이 충족되었을 때 우리에게 즐거움을 준다. 영혼의 부분들 사이의 차이는 욕망이 형성되는 기본적 메커니즘의 차이를 함축할 따름이다. 하지만 다른 한편으로 이러한 욕망의 형성 메커니즘의 차이는 우리가 갖는 욕망들을 다면적인 것으로 만든다. 우선, 욕망들이 형성되는 방식이 다르다 보니 이렇게 형성된 기본적인 욕망들은 전형적으로 서로 다른 지향 대상을 갖는다. 나아가, 인간이 사회화의 과정을 겪는 동안에 영혼의 세 부분, 즉 욕망의 세 원천은 다양한 방식으로 상호 작용을 한다. 그리고 사회화 과정 속의 상호 작용은 다시 복합적인 욕망들을 새롭게 산출하기도 한다.

사회화가 적절한 방식으로 이루어지는 경우, 영혼의 세 부분은 각각 알고자 하는 욕망, 존중받고자 하는 욕망, 이득을 얻고자 하는 욕망을 그 부분의 주도적 욕망으로 형성하게 된다. 그리고 지혜와 명예와 부는 각각 삶 속에서 장기적인 목표로 설정될 수 있는 것이다. 일시적 욕망의 대상들과 달리 장기적 목표로 설정될 수 있는 욕망의 대상들은 삶 전체에 질서를 부여하는 코어의 역할을 할 수 있다. 이 중 하나가 코어가 되면 그것을 중심으로 해서 그 사람이 가지는 욕망들의 조직화가 이루어진다. 욕망들의 충족 우선순위가 대략적으로 정해지고, 어떤 종류의 욕망들은 배제되며 또 어떤 종류의 욕망들은 새롭게 창출된다. 그리고 나의 욕망들이 어떤 방식으로 조직화되는지에 따라 내가 어떤 사람인지가 결정된다. 플라톤의 영혼 삼분설의 기저에 놓인 가장 중요한 생각은 나는 내 욕망의 총화라는 것이다.

물론, 내가 내 욕망의 총화라는 생각 자체는 영혼이 굳이 세 부분을 가지고 있다는 것, 즉 내가 가진 욕망들에 굳이 세 가지 서로 환원되지 않는 원천이 있다는 것을 함축하지 않는다. 영혼이 두 부분이든, 다섯 부분이든, 여전히 나는 내 욕망의 총화라는 주장을 할 수 있을 것이다. 영혼이 세 부분이라는 생각의 더 구체적인 의의는, 내가 어떤 사람인지와 상관없이, 알고자 하는 욕망, 존중받고자 하는 욕망, 이득을 얻고자 하는 욕망은 모두 나에게 필요한 욕망이라는 것이다. 알고자 하는 욕망에 플라톤이 특별한 지위를 부여하는 것은 사실이지만, 그는 존중받고자 하는 욕망이나 이득을 얻고자 하는 욕망도 그에 못지않게 중요하다고 생각하였다. 플라톤은 자연이 기본적으로 좋음을 구현하고 있다고 생각하였으며,[14] 이런 생각에 따르면 영혼이 세 부분을 가지고 있다는 것은 세 부분이 모두 자연적인 좋음을 담고 있다는 것이다. 알고자 하는 욕망이 삶의 코어가 되는 사람이 바로 지혜를 사랑하는 사람인데, 지혜를 사랑하는 사람에게도 존중받고자 하는 욕망과 이득을 얻고자 하는 욕망이 필요하다. 이득을 얻고자 하는 욕망이 전혀 없으면 그 사람은 생존을 위한 자원을 확보하지 못할 것이고, 존중받고자 하는 욕망이 전혀 없으면 그 사람은 타인으로부터 충분한 자기 보호를 하지 못할 것이다. 존중받고자 하는 욕망이 삶의 코어가 되는 사람은 명예를 사랑하는 사람이고, 이득을 얻고자 하는 욕망이 삶의 코어가 되는 사람은 돈을 사랑하는 사람인데, 이들도 알고자 하는 욕망이 필요하다. 알고자 하는 욕망이 전혀 없으면 그 사람은 명예를 확보하거나 돈을 벌 방법을 알지 못할 것이다.

알고자 하는 욕망과 존중받고자 하는 욕망, 그리고 이득을 얻고자 하는 욕망이 누구에게나 필요하다는 이야기가 이 세 종류의 욕망들은 어떤 경우에나 필요한 욕망이라는 뜻은 아니다. 상황을 불문하고 무엇이든 일단 챙기려는 욕망은 이득을 얻고자 하는 욕망에 해당하겠지만, 이런 욕망은 불필요한 욕망이겠다. 핸드폰 게임에서 일등을 하려는 욕망 같은 것은 존중받고자 하는 욕망의 일종이라고 하겠지만, 이것이 필요한 욕망이라고 할 수는 없을 것이다. 알고자 하는 욕망의 경우에도 그것이 항상 필요한 욕망인 것은 아니다. 예컨대, 연예인의 사생활을 알고자 하는 욕망 같은 것은 불필요한 욕망이라 하겠다. 알고자 하는 욕망, 존중받고자 하는 욕망, 이득을 얻고자 하는 욕망이 모두 항상 필요한 욕망이라는 이야기는, 누구에게나 그가 인간인 한 그에게 필요한 욕망의 목록 안에 이 세 가지 계열의 욕망들이 반드시 포함된다는 뜻이다.

욕망의 분류와 에로스

필요한 욕망, 불필요한 욕망, 불법적인 욕망

플라톤에서 영혼의 부분들을 나누는 기준은 욕망들의 대립에 따른 것이고, 나누어진 영혼의 세 부분은 서로 환원되지 않는 욕망의 세 원천이다. 어쩌면 누군가는 이로부터 플라톤이 영혼의 세 부분의 구별에 기초해서 욕망들을 세 종류로 분류할 것이라고 기대할 수도 있겠다. 흥미롭게도, 이런 기대는 오히려 플라톤의 방식으로 영혼의 부분을 나누지 않는 아리스토텔레스에게서 충족된다. 앞에서 우리는 아리스토텔레스(와 스토아학파)가 욕망(epithumia)과 소망(boulēsis)을 구분하였다고 이야기하였다. 그런데 아리스토텔레스는 욕망과 소망 외에 기개(thumos)를 욕구(orexis)의 한 종류로 제시한다.[15] 아리스토텔레스의 소망, 기개, 욕망의 분류는 의심의 여지 없이 플라톤의 영혼 삼분설로부터 직접 영향을 받은 것이다. 하지만, 역설적으로, 아리스토텔레스는 성격이 다른 세 종류의 욕구(orexis)를 구분하기 때문에 욕구와 관련해서 영혼의 부분을 나눌 필요가 없었다.[16] 거꾸로, 플라톤은 영혼의 부분을 나누고 각 부분에 욕망을 귀속시키기 때문에, 영혼의 부분에 따라 욕망의 종류를 나눌 필요가 없었다. 비유하자면, 빨간 옷을 입은 사람, 파란 옷을 입은 사람, 노란 옷을 입은 사람을 구별하는 방식이 아리스토텔레스식이라면, 빨간 방에 있는 노란 옷을 입은 사람, 파란 방에 있는 노란 옷을 입은 사람, 노란 방에 있는 노란 옷을 입은 사람을 구별하는 방식이 플라톤식이라고 하겠다.

물론, 알고자 하는 욕망, 존중받고자 하는 욕망, 이득을 얻고자 하는 욕망은 각기 다른 종류의 욕망이라고 이야기할 수 있다. 그래서 만약 이성 부분의 욕망은 모두 알고자 하는 욕망이고, 기개 부분의 욕망은 모두 존중받고자 하는 욕망, 욕망 부분의 욕망은 모두 이득을 얻고자 하는 욕망이라면, 욕망들이 영혼의 부분에 따라 세 종류로 분류된다고 할 수 있겠다. 하지만 이성 부분의 욕망이 모두 알고자 하는 욕망은 아니고, 기개 부분의 욕망과 욕망 부분의 욕망도 마찬가지이다. 이 세 종류의 욕망은 누군가에게 사회화가 적절하게 이루어졌을 때 그의 영혼의 각 부분에서 주도적 욕망으로 형성되는 것이지, 영혼의 각 부분의 욕망 전체를 아우르는 유개념으로서의 욕망들이 아니다.

그런데 플라톤은 영혼의 부분에 기초해서가 아닌 다른 방식으로는 욕망을 세 종류로 구분한다. 앞에서 이야기했듯이, 적절한 사회화가 이루어지는 경우 알고자 하는 욕망, 존중받고자 하는 욕망, 이득을 얻고자 하는 욕망 등을 비롯해 나에게 필요한 욕망들이 내 삶의 대부분을 주도하게 될 것이다. 하지만 적절한 사회화가 이루어지지 않은 경우에는 불필요한 욕망들이 삶을 주도하게 된다. 플라톤은 일단 필요한 욕망과 불필요한 욕망을 구분한다. 그는 "물리칠 수 없는 욕망들"과 "충족되었을 때 우리를 이롭게 하는 욕망들"을 필요한 욕망이라고 부르고, "젊어서부터 단련을 한다면 벗어날 수 있고 우리 안에 있으면서 특별히 좋은 일을 하지 않는 것들"을 불필요한 욕망이라고 부른다.[17] 나아가 그는 불필요한 욕망들 중에서 단순히 불필요한 욕망들과 불법적인 욕망들을 구분한다.[18] 즉, 플라톤은 욕망들을 필요한 욕망들과 단순히 불필요한 욕망들, 그리고 불법적인 욕망들, 이렇게 세 종류로 분류하는 것이다.

플라톤이 불법적인 욕망을 어떻게 규정하는지에 대해 이야기하기에 앞서, 플라톤이 욕망을 이렇게 세 종류로 구분한 것이 에피쿠로스의 욕망론에 미친 영향을 잠깐 살펴보기로 하자. 에피쿠로스는 플라톤처럼 영혼의 부분을 나누지도 않고, 아리스토텔레스(나 스토아 학파)처럼 욕망과 종류가 다른 욕구를 인정하지도 않는다. 대신에 그는 욕망들을 자연적이면서 필요한 욕망, 자연적이지만 불필요한 욕망, 그리고 공허한 욕망으로 구분한다. 에피쿠로스에서 필요한 욕망이란 "행복을 위해 필요하거나 몸의 휴식을 위해 필요하거나 생존을 위해서 필요한 욕망"이다.[19] 불필요한 욕망은 "충족되지 않더라도 우리를 고통으로 이끌지 않으며, 욕망의 대상이 얻기 힘들거나 그러한 욕망이 고통을 야기하는 경우 쉽게 몰아낼 수 있는 욕망"이다.[20] 헛된 욕망은 불필요한 욕망을 반드시 충족시켜야 한다고 생각할 때 생기는 욕망이다.[21]

이렇게 보면, 필요한 욕망과 필요하지 않은 욕망에 대한 에피쿠로스의 규정은 이에 대한 플라톤의 규정과 별로 다르지 않다는 것을 알 수 있다. 필요한 욕망의 경우, 플라톤이 물리칠 수 없는 욕망이라고 하는 것은 에피쿠로스가 생존을 위해 필요한 욕망이라고 하는 것에 상응하고, 플라톤이 충족되었을 때 우리를 이롭게 하는 욕망이라고 하는 것은 에피쿠로스가 행복을 위해 필요하거나 몸의 휴식을 위해 필요한 욕망이라고 하는 것에 상응하겠다. 불필요한 욕망의 경우, 플라톤이 우리 안에 있으면서 특별히 좋은 일을 하지 않는 욕망이라고 하는 것은 에피쿠로스가 충족되지 않더라도 우리를 고통으로 이끌지 않는 욕망이라고 하는 것에 상응한다고 볼 수 있고, 플라톤이 젊어서부터 단련을 하면 벗어날 수 있는 욕망이라고 하는 것은 에피쿠로스가 대상이 얻기 힘들거나 그러한 욕망이 고통을 야기하는 경우 쉽게 몰아낼 수 있는 욕망이라고 하는 것에 어느 정도 상응한다고 하겠다. 차이가 생기는 경우는 에피쿠로스의 헛된 욕망과 플라톤의 불법적 욕망이다. 에피쿠로스의 헛된 욕망은 욕망 자체의 성격 때문에 헛된 욕망인 것이 아니라, 불필요한 욕망에 헛된 생각이 더해져서 헛된 욕망이 되는 것이다. 이에 비해 플라톤의 불법적 욕망은 욕망 자체가 불법적 성격을 갖는 것으로 보인다.[22]

플라톤은 불법적 욕망을, 잠들었을 때 깨어나는 욕망으로 부끄러움과 현명함으로부터 해방되어 무슨 짓이든 감행하려고 하는 욕망이라고 이야기한다. 플라톤이 예로 들고 있는 행위들은, 어머니와의 성관계, 신들이나 짐승들과의 성관계, 아무나 죽이고 아무것이나 먹는 것 등이다.[23] 플라톤은 우리 중에 가장 절제 있어(metrios) 보이는 사람들을 포함해서 각자에게 다 이러한 욕망이 있다고 주장한다.[24] 다만 대부분의 사람들에게서 이러한 욕망들은 꿈속에서나 갖게 되는 것들이지만, 몇몇 사람들에게서는 이러한 욕망들이 현실 속에서도 영향력을 발휘한다. 이러한 욕망들이 현실 속에서 일깨워지게 하는 주범으로 플라톤은 에로스(erōs)를 지목한다. 제대로 교육을 받지 못한 사람의 에로스는 환락 파티를 즐기면서 유용한 생각이나 욕망과 부끄러움을 느끼는 생각이나 욕망들을 제거하고 불법적 욕망들의 힘을 키운다. 에로스와 이를 뒤따르는 광기가 삶을 지배하고, 주위 환경이 이러한 욕망의 폭주를 제어하지 못하게 되면, 보통 사람들이 꿈속에서나 가질 만한 욕망들이 모두 현실화된다는 것이다.[25] 에로스는 욕망들의 참주로 묘사되며, 에로스가 주도하는 사람이 '참주정적인 인간'이라고 불린다.

에로스와 욕망의 정치학

플라톤은 모든 욕망 중에서 가장 강력한 에너지를 가진 욕망을 에로스라고 생각하였던 것으로 보인다. 에로스는 기본적으로 성적 욕망을 뜻하며, 불법적인 욕망들을 일깨우는 것으로 지목된 에로스도 성적 욕망을 의미할 것이다. 하지만 알다시피 '에로스'는 보다 일반적으로 '사랑'의 의미로 사용되며, 사랑이 불법적 욕망의 대표라고 할 수는 없을 것이다. 사실 에로스를 성적 욕망이라고 생각하더라도 성적 욕망이 그 자체로 불법적인 욕망인 것은 당연히 아니다. 플라톤이 에로스를 불법적 욕망들을 주도하는 욕망의 참주로 지목한 이유는 그것의 자체적 불법성 때문이 아니라 그것에 수반하는 강력한 에너지 때문이었을 것이다.

플라톤은 욕망들 중에서 에로스에 대해 특별한 관심을 가졌다. 『향연』과 『파이드로스』는 에로스를 중심 주제로 하는 작품들이며, 지금까지의 우리 논의가 가장 크게 빚지고 있는 『국가』에서도 에로스가 특별한 중요성을 갖는다. 이 작품들에서 에로스는 일단 이중적으로 묘사된다. 에로스에 대한 여섯 명의 연설이 등장하는 『향연』에서 두 번째 연설자인 파우사니아스는 천상의 에로스와 범속의 에로스를 구별한다. 천상의 에로스는 아름답게 사랑하도록 유도하는 것이고 범속의 에로스는 닥치는 대로 무엇이든 해내려 한다는 것이다.[26] 에로스에 대한 뤼시아스의 연설과 소크라테스의 두 연설이 등장하는 『파이드로스』에서 뤼시아스의 연설과 소크라테스의 첫 번째 연설은 나를 향한 에로스를 가진 사람에게 호의를 베풀지 말아야 한다고 이야기한다.[27] 이어지는 소크라테스의 두 번째 연설은 나를 향한 에로스를 가진 사람에게 호의를 베풀어야 한다고 이야기한다.[28] 『국가』에서는 불법적인 욕망을 일깨우는 에로스가 참주를 주도하는 욕망으로 묘사되지만, 다른 한편으로 철학자를 주도하는 욕망도 에로스로 묘사된다.[29]

하지만 『향연』의 파우사니아스가 이야기하는 것처럼 두 종류의 서로 다른 에로스가 있다는 것은 플라톤의 진의라고 보기 어렵다. 『향연』에서도 소크라테스를 비롯한 후반부의 연설자들은 두 종류의 에로스에 관해 이야기하지 않는다. 『파이드로스』에서 소크라테스의 두 번째 연설은 뤼시아스의 연설과 소크라테스의 첫 번째 연설에서 에로스가 일면적으로 이해된 것이 잘못이었다는 지적을 하는 것이지, 앞에서 이야기되었던 것과 다른 종류의 에로스를 도입하는 것이 아니다. 에로스가 이중적인 성격을 갖는 것은, 그것이 둘이어서가 아니라 서로 반대되는 방식으로도 발현될 수 있기 때문이다. 에로스는 어떤 방식으로 발현되는지에 따라 불법적인 욕망의 괴수 역할을 할 수도 있고, 지혜 사랑의 원동력이 될 수도 있는 것이다. 플라톤은 인간의 욕망을 수로에 비유한다. 물길이 한쪽으로 쏠리면 다른 쪽의 물길은 약해지듯이, 욕망의 방향이 한쪽으로 쏠리면 다른 쪽을 향하는 욕망은 힘이 약해진다는 것이다.[30]

에로스는 한 방향으로 강하게 쏠린 욕망을 대변한다고 볼 수 있다. 그리고 욕망이 쏠린 방향이 어느 쪽인지는 그 사람의 삶의 지향이 어느 쪽인지에 따라 달라질 수 있다.

욕망과 좋음에 대한 생각 사이에 밀접한 관계가 성립한다는 것의 한 가지 중요한 함축은 욕망을 '단순히 주어진 것'으로 볼 필요가 없다는 것이다. 내가 가진 욕망 중 어떤 것들은 내가 느끼기에도 분명 나의 선호와 궤를 같이한다. 이러한 욕망들은 우리가 '단순히 주어진 것'이라고 여기지 않는 욕망들이다. 플라톤 철학의 맥락에서는 이런 것들이 이성 부분의 욕망이 되겠다. 하지만 내가 가진 욕망 중에는 나의 선호로부터 독립적이며 때로는 나의 선호와 직접적으로 대립하는 것으로 여겨지는 욕망들이 있다. 이러한 욕망들을 우리는 흔히 '단순히 주어진 것'으로 받아들이곤 한다. 플라톤 철학의 맥락에서는 이런 것들이 기개 부분이나 욕망 부분의 욕망들이다.

나의 선호와 나의 욕망이 대립하는 상황이란 엄밀하게 말해서 **나에게 느껴지는** 나의 선호와 **나에게 느껴지는** 나의 욕망 사이의 대립이다. 그리고 이때 느낌의 주체는 이성 부분이다. 선호의 측면에서, 이성 부분과 다른 부분이 갈등할 때 이성 부분은 자신의 선호만을 느낄 수 있다. 기개 부분이나 욕망 부분이 어떤 것을 좋은 것으로 지각하였을 때, 이성 부분이 그것을 곧바로 좋은 것으로 판단하지는 않는다. 이성 부분은 그것이 정말로 좋은 것인지 따져 보며, 따져 봄의 결과로 형성되는 선호는 온전히 이성 부분의 것이다. 그런데 욕망의 측면에서는, 이성 부분과 다른 부분이 갈등할 때 이성 부분이 자신을 이끄는 힘에 대해 이질적인 힘의 존재를 느낄 수밖에 없다. 즉, 이성 부분은 자신의 욕망과 대립하는 욕망의 존재를 감지할 수밖에 없다. 이성 부분의 입장에서는 기개 부분이나 욕망 부분의 선호는 감지할 수 없고 그 부분들의 욕망은 감지할 수 있으니, 자연스럽게 그런 욕망을 '단순히 주어진 것'으로 여기게 되는 것이다.

기개 부분이나 욕망 부분의 욕망들도 '단순히 주어진 것'이 아니라 그 부분들의 선호를 반영하는 것인 한에서, 누군가의 삶의 지향이 어떠한지에 따라 기개 부분과 욕망 부분이 어떤 욕망을 어느 정도 강도로 갖는지도 변화할 수 있다. 앞에서 우리는 지혜나 명예나 부와 같이 장기적인 삶의 목표로 설정될 수 있는 욕망의 대상이 코어가 되었을 때 그것을 중심으로 해서 그 사람의 욕망들이 조직화될 수 있다고 이야기하였다. 이것이 가능한 이유가 바로, 기개 부분이나 욕망 부분이 갖는 선호가 변경될 수 있고 그에 따라 그 부분들의 욕망이 변화할 수 있기 때문이다. 그런데 욕망의 조직화는 영혼에 모종의 질서가 있음을 전제하는 것이고, 영혼의 욕망 구조에 질서를 부여하는 원천은 이성이다. 지혜를 사랑하는 사람은 말할 것도 없고, 명예를 사랑하는 사람이나 돈을 사랑하는 사람도 그의 이성 부분이 명예나 돈을 가장 좋은 것으로 승인하지 않고서는 그런 사람이 될 수 없다.

하지만 모든 사람이 질서 잡힌 영혼을 갖는 것은 아니다. 욕망의 수로 모델은 질서 잡힌 영혼 안에서 생겨나는 욕망의 조직화와 질서 없는 영혼 안에서 생겨나는 욕망의 상호 작용을 모두 포괄하는 모델이다. 질서 없는 영혼에서는 특히 욕망의 상호 작용이 이성을 중심으로 이루어지지 않는다. 욕망의 상호 작용은 일종의 파워 게임으로 볼 수 있으며, 가장 강력한 에너지를 가진 욕망으로서의 에로스의 역할이 이런 관점에서 결정적 중요성을 갖는다.[31] 『파이드로스』에서 에로스는 일종의 광기(mania)로 분류된다.[32] 광기란 전-이성적인, 혹은 전-반성적인 영혼의 상태라고 할 수 있겠다. 참주의 에로스가 반이성적 성격을 가지는 것은 에로스가 이성적인 판단에 앞서서 힘을 발휘하는 것이기 때문이다. 철학자의 에로스는 당연히 반이성적이라고 할 수 없으나, 이때에도 에로스는 단순히 이성적인 판단으로 환원되지 않는 강력한 에너지를 갖는다. 이데아들에 대한 에로스를 가진 철학자는 이데아에 열광하는 사람이어서, 매 순간 이데아를 추구할지 말지를 고민하면서 추구하는 쪽이 더 낫겠다는 판단을 내리는 사람이 아니라 거의 자동적으로 그쪽으로 방향을 잡는 사람이다. 에로스는 다른 욕망들을 압도하는 욕망이기 때문에, 이것이 바른 방향을 잡고 있는지 그렇지 않은지에 따라 그 사람의 삶 전체가 좌지우지되는 것이다.

에로스가 욕망의 수로 모델에서 한쪽으로 강하게 쏠린 욕망을 대변한다고 할 때, 다른 쪽의 욕망들은 자연스럽게 잦아들 수도 있고 폭력적으로 제압될 수도 있다. 사실, 수로 모델 자체는 다른 쪽 욕망이 자연스럽게 잦아드는 것을 염두에 둔 모델이다. 애초에 『국가』에서 욕망의 수로 모델이 거론된 것도 철학자에 관한 논의의 맥락에서이다. 철학자는 이데아에 대한 에로스 때문에 육체적 욕망들이 약화되어 자연스럽게 절제 있는 삶을 산다는 것이다.[33] 한쪽으로 강하게 쏠린 욕망의 반대편에 있는 욕망이 폭력적으로 제압되는 상황은 수로 모델과 썩 어울리는 모습은 아니지만, 『국가』에서 에로스와 다른 욕망 사이의 상호 작용이 본격적으로 논의되는 것은 바로 그런 상황과 관련해서이다. 에로스가 주도하는 참주의 삶에서 다른 쪽의 욕망들이 폭력적으로 제압되는 상황이 극적으로, 그리고 극단적으로 묘사되는 것이다.[34] 그런데 압도적인 욕망이 있을 때 반대편의 욕망들이 폭력적으로 제압되는 것은 오히려 특별한 설명이 필요해 보이지 않는데, 어떻게 반대편의 욕망이 자연스럽게 잦아들 수 있는지는 설명이 필요해 보인다. 욕망이 '단순히 주어진 것'이 아니라 좋음에 대한 생각, 혹은 지각을 반영한다는 것은 욕망의 종류나 강도가 상황에 따라 변화할 가능성에 대한 설명의 실마리이긴 하지만 그것 자체로 충분한 설명이 되지는 않는다. 이성 부분은 좋아 보이는 욕망의 대상이 정말로 좋은지를 따져 볼 수 있어서 그러한 검토의 결과 선호의 대상과 강도를 변경할 수 있다. 하지만 기개 부분이나 욕망 부분은 그러한 검토를 수행할 인지적 능력이 없다. 이성 부분과 관련된 욕망이 자연스럽게 잦아들 수 있다는 것은 이해할 수 있으나[35] 이성 부분이 관련되지 않는 욕망이 어떻게 해서 자연스럽게 잦아들 수 있는지는 이해하기 쉽지 않다. 그리고 이와 관련한 설명을 『국가』의 맥락에서는 찾기 어렵다.[36]

『국가』 이후에 쓰인 것으로 간주되는 『향연』과 『파이드로스』에서 에로스가 주제적으로 다루어지는 것은 (부분적으로) 이 때문이라고 볼 수도 있다. 이 대화편들에서는 에로스가 아름다운 것을 대상으로 한다는 점이 강조된다. 아름다움은 이성적 판단과 독립적으로 사람들의 마음을 끄는 것이며, 에로스의 대상이 아름다움이라는 것은 에로스가 이성적 판단에 앞서 강력한 힘을 발휘한다는 사실에 대한 설명을 제공해 준다. 그리고 아름다움의 지각에는 특별히 이성적인 능력이 필요하지 않기 때문에,[37] 아름다운 것들을 보여 주는 것은 이성적 능력이 약하거나 결여되어 있는 존재에 대해서도 강력한 설득의 기제로 작동할 수 있다. 에로스를 압도적인 에너지를 가진 욕망이라는 측면에서 볼 때 그것이 어떻게 해서 반대편의 욕망을 폭력적으로 제압할 수 있는지가 설명될 수 있고, 에로스를 아름다움을 대상으로 하는 욕망이라는 측면에서 볼 때 어떻게 해서 반대편의 욕망이 자연스럽게 잦아들 수 있는지가 설명될 수 있다. 반대편 욕망의 주체가 되는 영혼의 부분에 이성적 능력이 있든 없든 그 부분이 아름다움을 지각하고서 선호를 변경할 가능성이 열리는 것이다.

이렇게 볼 때, 『향연』에 등장하는 유명한 에로스의 사다리 이야기는 넓게 보면 욕망의 사다리 이야기라고 할 수도 있다. 에로스를 가진 자가 올바른 방식으로 인도되는 경우, 처음에는 특정한 아름다운 몸, 그다음에는 몸의 아름다움 일반, 그다음에는 행실들과 법의 아름다움, 그다음에는 앎들의 아름다움, 그리고 마지막으로 아름다움의 이데아를 에로스의 대상으로 삼게 된다고 하는데,[38] 이 이야기와 욕망의 수로 모델을 결합하면 에로스의 대상이 변경됨에 따라 그 사람이 가진 욕망들의 전반적인 방향이 변경된다는 이야기가 될 것이다. 에로스의 사다리, 혹은 욕망의 사다리 이론은 신과 짐승의 중간자로서 인간의 처지를 생생하게 보여 주는 것이다. 우리의 욕망이 어느 방향을 향하는지에 따라서 인간은 짐승에 가까워질 수도 있고 신과 가까워질 수도 있다.

플라톤과 욕망의 다면성

'이성과 욕망의 이분법'이나 '욕망의 경멸'과 같은 구호는 플라톤의 생각을 잘 대변하는 것이 아니다. 플라톤은 욕망의 경멸자인 만큼 욕망의 숭배자이기도 하고, 그가 보기에 이성과 욕망은 이분법적으로 구별되는 것이 아니라 오히려 동전의 양면과 비슷한 성격을 가진 것이다. 플라톤은 욕망을 그것이 대상을 향하는 힘인 한에서는 다면적인 것이 아니라 (그와 비교할 수 있는 어떤 철학자들보다도) 일면적인 것으로 보았다. 하지만 플라톤은 욕망이 좋음에 대한 생각을 반영하는 것으로 보았고 욕망이 좋음에 대한 생각을 반영하는 것인 한에서는 (그와 비교할 수 있는 어떤 철학자들보다도) 다면적인 것으로 보았다. 플라톤이 보기에 좋음에 대한 우리의 생각은 매우 복잡하고 다면적이다. 좋음에 대한 나의 생각은 나조차도 모르는 것일 수도 있고, 더 나아가 내가 좋다고 생각한다고 생각하는 것을 사실은 나쁘다고 생각할 수도 있다. 좋음에 대한 생각의 주체가 내 안에 여럿이 있고 그중 어떤 것은 헤아림의 능력이 있어서 헤아림의 결과 좋음에 대한 판정을 내리며, 어떤 것들은 헤아림의 능력이 없어서 즉각적으로 지각되는 대로 좋음에 대한 판정을 내린다. 또한 우리는 우리에게 필요한 것들을 좋다고 생각하기도 하지만, 필요 없는 것들을 좋다고 생각하기도 하며, 더 나아가 불법적인 것들을 좋다고 생각하기도 한다. 그리고 좋음에 대한 우리의 생각은 우리 안에 있는 좋음에 대한 생각들 사이의 갈등과 투쟁과 설득 등의 상호 작용이나 외부적 영향에 의해서 이러저러한 방식으로 변화할 수도 있다. 좋음에 대한 생각의 이 모든 복잡함과 다면성은 바로 우리가 갖는 욕망의 복잡함과 다면성의 다른 모습일 따름이다. 그리고 이러한 복잡성과 다면성 속에서 우리가 어떤 욕망들을 갖는지가 우리가 어떤 사람인지를 규정하며, 우리가 좋은 삶을 살지 그렇지 않을지를 결정하게 된다.

12

푸코 철학의 실용성

: 성적 욕망의 계보학을 넘어서

도승연

특정 시대의 사상은 그것이 태동한 역사와 시대를 바탕으로 형성된다. '사상이란 시대의 아들'이라는 헤겔(Hegel)의 말이 그러하듯 사상이라는 아들은 당대의 문화적, 정치적, 경제적 상황에 기반을 두고 당대의 모순과 문제를 고민하고 태어났다는 발생적 유래를 가진다는 점에서 지금보다 나은 세상을 꿈꾸고 현실에서 이를 비판적으로 실천하고자 한다.

사상의 외연과 유사한 철학 또한 그러하다. 하지만 사상과 구별되는 철학의 본령이 있다면 그것은 자신이 태동하였던 자연 철학의 원칙, 즉 세계 작동의 원리를 탐구하려던 호기심으로부터 분리되어 인간 삶의 방향과 가치에 대한 행위 양식을 성찰한다는 점일 것이다. 그리하여 자신이 던져진 실존의 세계 안에서 성찰과 비판을 통해 타자와의 관계 및 자신을 만들어 가는 자기 변형의 이론적, 실천적 노력의 과정 안에 철학의 본령이 존재한다. 그리고 이러한 소임을 다할 때 우리는 감히 철학의 실용성을 말할 수 있을 것이다. 철학자로서의 자신의 정체성을 흔쾌히 받아들인 것은 아니었지만 적어도 미셸 푸코(M. Foucault)가 주장하였던 철학의 역할이 있다면 이러한 실용성과 그리 멀리 있지 않았다. 그는 서구 근대의 모순을 근대적 주체 개념의 거부를 통해 문제화하고 이를 기반으로 탈근대로의 이행, 현대에 이르는 궤적 속에서 현재의 우리 삶과, 그 삶이 타인, 사물과 관계를 맺고 살아가고 있는 세계라는 두 축을 '비판'과 '시학'으로 설명하고자 하였기 때문이다. 흔히들 푸코를 근대의 자율적 주체의 허구성을 비판하기 위해 '인간의 죽음'이라는 은유를 활용한 구조주의적 철학자로서, 억압과 금지로서의 권력을 넘어 생산적 효과에 주목하였던 권력의 이론가로서 알고 있지만 실제로 푸코는 연구의 대상이 지식-권력-윤리로 수차례 수정되었던 자신의 작업은 언제나 주체의 문제를 위한 것이었음을 강하게 주장해 왔다. 그리고 자신의 이러한 문제의식이 본격화된 후기의 전환을 통해 서구 고대인들의 자기 배려의 전통을 통해 새로운 주체화 가능성을 타진하는 윤리학적 작업을 감행하였다.

본 글은 지식과 권력의 효과로서 인간의 죽음을 다루었던 미셸 푸코의 논의가 아닌, 이러한 전제들로부터 보다 심화된 푸코의 윤리적 전환의 후기, 그 중에서도 고대의 '자기 배려'의 논의에 집중할 것이다. 그리하여 과연 푸코가 주장하고자 하는 철학의 실용성이 무엇인지, '비판과 시학'의 교차점으로서의 자기 변형의 가능성을 실용성의 중심 주제로서 제시하고자 한다.

근대 자율적 주체의 허구성 비판

근대 자율적 주체의 허구성을 폭로하기 위해 도입한 푸코의 권력 시기 방법론인 계보학은 앞선 시기 고고학의 심화, 혹은 변형으로서 비판의 구체화를 높였다는 점에서 사회 철학적 차원에서 더욱 주목할 만한 것이었다.

첫째, 니체로부터 빌린 푸코의 계보학적 전략은 권력 작동의 대상으로서의 인간 신체의 표면, 그 공간성을 분석의 대상으로 삼았으며 이는 시간의 흐름에 기반한 역사적 차원이 아닌 공간적 전회에 기반한 공간적 장치와 배치를 문제화하였다는 점에서 사회적 현실의 문제를 보다 구체적 차원에서 도출, 분석할 수 있다는 장점이 있었다.

둘째, 이러한 분석은 향후 권력 작동의 수준과 단계, 범위를 보다 미시적이며 거시적 수준에서 진행할 수 있는 중요한 단초가 되었다. 『감시와 처벌』보다 더 유명한 '판옵티콘(panopticon)'이라는, 근대적 감시의 은유를 도입함으로써 푸코는 공개 고문 시대의 권력이 그러하였듯 생명을 빼앗고 신체를 부수는 권력이 아닌 '유순한 신체(docile body)'를 경유하여 구성된 주체의 자발적 예속화를 감옥이라는 공간 권력의 주된 효과로 보았다. 푸코는 벤담이 고안한 판옵티콘으로부터 시공간에 대한 치밀한 배치와 투명한 감시의 시선을 통해 일탈자의 예속화를 폭로하였지만 그렇다고 해서 그러한 예속화가 단지 그들을 경제적 노동력으로 교정, 확충하려는 갱생의 순진함으로 해석하지 않았다. 오히려 푸코는 벤담의 판옵티콘의 작동이 일탈자의 신체를 유순한 신체로 재구성하듯, 그 총합으로서의 사회적 신체인 인구가 폭발적으로 증가하는 도시라는 공간에서 다수의 인구를 관리, 통치하기 위해 고안된 거시적 차원의 권력 작동 모델로서 고안되었다는 점에서 인도주의적 특징이 아닌 권력의 '경제화'를 발견한다. 그러므로 근대의 신체는 정신의 활동을 구현해 내는 어떤 형식이 아니라 권력의 테

크놀로지 그리고 지식이 작동하는 유기적인 자리가 된다. 이를 기반으로 푸코는 근대 철학이 가정해 왔던 단단한 주체, 인식과 역사의 가능성의 조건으로서의 선험적인 것이라는 주장이 본질에 호소하는 인간주의적 해석임을 폭로하면서 오히려 인간의 신체는 권력과 지식의 효과에 의해 구성되는 대상임을 보여주고자 하였다.

셋째, 이처럼 특정한 방식에서 개인을 특정한 방식의 주체로서 예속화하는 권력의 작동은 자유라는 보편적 권리를 가진 자율적 주체를 거부하는 것에서 한걸음 더 나아가 근대적 주체와 권력과의 관계를 완전히 새로운 관점에서 재설정하게 하였다. 즉, 푸코는 개인을 주체로서 구성할 수 있는 권력의 효과는 단지 억압과 금지를 통해서 작동하는 것이 아니라고 보았고 이는 곧 억압과 금지로서 권력의 설명하였던, 즉 이것이 권력의 모든 것이라는 마르크시즘 권력관의 거부를 의미하였다는 점에서 당대의 가장 강력한 권력관의 전제는 물론 그 이론적, 실천적 토대를 뒤흔들어 놓았기 때문이다.[1] 푸코는 이러한 감옥으로의 형벌 체제의 변화를 통해 권력의 작동은 더 이상 억압과 금지의 부과에 전적으로 의존하는 것이 아니라 특정한 장 속에 연관된 '지식'과 관련된 담론적 실천의 유포를 통해 효과적으로 달성되고 있다는 주장하였다. 그리고 푸코는 이러한 권력을 규율 권력으로, 이러한 규율 권력의 효과가 사회 전면을 확산된 사회를 규율 사회라고 명명하였다.

'고백하는 동물'이 되어버린 서구 근대 주체성 비판

생명 관리 권력의 등장

하지만 푸코의 이러한 주장은 서구 근대 사상의 토대인 자율적 인식과 실천의 주체에 대한 부인은 물론 사회 계약 권리의 주체를 부인하였다는 점에서 학계에 충격을 주었다. 하지만 보다 심각한 여파는 이후 푸코의 규율 권력에 가해진 이론 자체에 대한 비판이었다. 비판의 핵심은 자유의 부인과 규범성의 부재에 있었다. 푸코의 주장을 따라가면 권력에 의해 구성된 주체에게 저항의 가능성을 기대하기 어렵다는 점에서 허무주의적 결론에 도달할 수밖에 없고 규범성이 부재한 이론은 저항해야 할 권력 현상조차 구분할 수 없는 무능한 비판 이론이 되고 만다. 또한 권력의 작동을 기능적 차원으로 간주하였다는 점에서 푸코는 암묵적으로 해방의 가능성을 부정하는 새로운 보수주의자라는 공격의 대상이 된다. 이에 대해 푸코는 이러한 공격 자체가 권력을 지나치게 억압적인 것으로 간주하

고 권력의 반대항으로 자유를 두기 때문이라고 제기되는 지적
이라고 반격하지만 그럼에도 불구하고 권력에 대한 저항은 어
떻게 가능한가에 대한 묻는 자유의 가능성은 여전히 뜨거운
쟁점이 되었다.

이후 푸코는『감시와 처벌』에서 사용하였던 규율 권력
을 포기하고『성의 역사 1: 앎에의 의지』에서 생명 관리 권력
(bio-power)으로 이행한다. 이때 '생명 관리 권력'이란 18세기
의 자본주의적인 질서의 팽창과 함께 등장한 개인들을 보다
효과적으로 통제하고 그에 예속시키기 위한 일련의 일관성을
띠는 권력의 기술을 의미한다. 이는 두 측면으로 작동하는데
하나는 인간 신체에 대한 해부학적 정치학(Anatomo politics of
human body), 즉 규율 권력이 작동하는 측면으로서 개인을 과
학적 지식의 대상으로 변환시켜 특정 규범 체제에 따라 예속
적 주체를 만들어 가는 권력의 측면이라면 또 다른 하나는 인
간을 하나의 종, 혹은 인구로 대상화하여 성적인 장치들과 관
련하여 그들을 과학적인 범주로 나누는 일련의 과정과 제도,
그것에 따른 실천의 측면(bio politics of the population)을 의미
한다.

이러한 맥락에서, 근대의 성적 욕망으로서의 섹슈얼리티
(sexuality)는 '생명과 생명의 메커니즘을 명확한 계산의 영역

으로 편입시키고 권력과 지식을 통해 인간의 삶과 권력의 변화를 작동시키는 요인'[2]이면서 동시에 생명 관리 권력의 두 측면의 교집합으로 위치해 있다는 점에서 권력 작동의 전략적 거점이 된다. 섹슈얼리티는 한 인간의 몸과 종으로서의 인구 안에서 중첩적으로 활용 가능한 것이기에 섹슈얼리티가 과학적 연구와 객관적 분석의 대상이 되는 순간, 개인의 성적 활동은 정체성 판단의 기준으로 작동할 뿐 아니라 이와 동시에 인구 종과 관계하는 측면을 통해 한 사회가 지향하는 규범적 가치와 행정적 목표에 의해 인구적 차원에서 조절, 관리될 수 있기 때문이다. 이때 푸코가 주목하는 성적 욕망은 성(sex)과는 다른 것이며 성적 욕망은 다양한 문화적, 제도적 장치에 의해서 구체화되는 사회적, 역사적 산물로서 경험되는 것이라고 본다. 그리고 성적 욕망을 대상으로 구체적인 권력(biopower)이 어떻게 인간의 몸에 해부-정치적으로 인구의 생명 관리-정치적으로 작동하는가의 발생과 과정을 근대 국가의 태동과 연관시켜 파악하고 있다.

푸코는 주체의 예속화에 관계하는 섹슈얼리티의 확산은 다음의 3요소를 전제하는데 첫째, 인간의 본성의 비밀을 간직하고 있는 섹슈얼리티는 숨겨져 있거나 억압되어 있다. 둘째, 숨겨져 있거나 억압된 섹슈얼리티는 제도적 고해(confession)를 통해 발화해야 하며, 이 진실의 발화를 해석해 줄 수 있는 각종 권위자들의 지식을 통해 자신의 '본래적' 정체성, 주체성을 구축해야 한다. 셋째, 이러한 숨겨진 욕망에 대한 고해, 점검, 해석, 정체성 확립을 소위 자기 해방으로 간주하는 것이다. 푸코는 이러한 일련의 작동이 섹슈얼리티를 중심으로 구성되는 몸, 즉 욕망하는 주체의 해석학의 구도를 형성하였고 서구인들을 고백하는 동물로 만들었다고 주장한다. 이처럼 생명 관리 권력이 전제하는 '섹슈얼리티의 본성화, 과학화'를 전면적으로 거부하며 이것은 근대에 결정화된 사회적이며 역사적 구성물일 뿐이라고 보고 억압 가설을 거부하였을 뿐 아니라 한 걸음 더 나아가 억압으로부터의 해방 담론 역시 권력의 내부적 효과라고 보았다. 궁극적으로 성적 욕망에 대한 특정한 방식의 해석과 이해라는 지식의 효과를 통해 개인을 정상, 혹은 비정상의 성적 주체로 인식하게 하는 인식과 경험의 작용이야말로 권력-지식의 작동임을 주장하였다.

통치로의 전환

하지만 물론 『감시와 처벌』의 규율 권력으로부터 『성의 역사』 1권에서 제시된 생명 관리 권력으로의 이행은 확장된 권력의 외연을 제시하였음에도 불구하고 일면적인 주체의 예속화 문제나, 자유의 가능성이 부재한 권력 이론과 같은 앞서 제기된 논의에 대한 비판이 모두 해결된 것은 결코 아니었다. 특히 푸코가 주장하는 주체가 지식과 권력의 연관 작용에 의해 종속된 대상이면서 동시에 그 자신의 주체성을 스스로 경험하는 그 어떤 것이라고 하였을 때, 후자의 측면은 오직 유순한 신체만을 생산해 내는 생명 관리 권력과 같이 '대상화시키는' 성격이 강한 권력의 개념만으로는 적절하게 설명할 수 없는 부분이기 때문이었다.[3] 이러한 상황에서, 생명 관리 권력이라는 용어는 이후 푸코의 연구에서는 사라지게 되고 1978년 콜레주드 프랑스(Collège de France)의 첫 강의에서 등장한 '통치(government)'라는 새로운 용어 속에 개념적으로 포섭된다. 이때의 통치는 간명히 설명하면 '행위에 대한 행위'를 의미한다.[4] 푸코의 '통치'는 정치적인 구조나 국가의 관리를 의미하는 것으로 국한되지 않으며 오히려 이것은 개인이나 집단의 행위를 이끄는 방식으로서 구상되었다. 아이들에 대한, 영혼에 대한, 공동체에 대한, 가족에 대한, 병자에 대한 통치들이 있다. 통치한다는 말은 타인의 가능한 행위의 장을 구조화하는 것을 의미한다.[5]

　푸코는 권력과 지식의 분배와 효과, 그리고 성에 대한 계보학을 넘어서, 개인이 성적인 실천들을 통해 자기와의 관계를 구성하고 스스로를 주체로서 인식하는, 즉 자기가 맺는 자신과의 관계를 조명하고자 하였다.[6] 이것이 바로 푸코에게 주어진 새로운 과업으로서의 '주체의 계보학'을 의미한다. 그가 '욕망의 억압'에 대한 거부로부터 이른바 '주체의 계보학'으로의 전환을 감행하였다는 것은 단순히 근대적 섹슈얼리티에 대한 비판을 넘어서 종속의 관점에서 구성된 주체가 아닌, 개인 스스로 자신을 주체로서 정립시키기 위한 새로운 문제틀로 이해되어야 할 것이다. 왜냐하면 성적 욕망에 대한 담론과 해석의 태도들은 근대 국가의 탄생 이후 심리학적, 공중위생학적, 교육적, 종교적, 사법적, 행정 복지적인 차원에서 너무나 밀접하고 광범위하고 세심한 지식의 형식을 통해 지속적으로 침투해 있기 때문에 주체화의 문제를 고찰하는 데 있어서 그것이 지나치게 친숙한, 마치 초역사적인 개념처럼 사유된다는 것이 문제였다. 성(sex)이 아닌 성적 욕망(sexuality) 자체는 결코 자연적인 것이 아닌, 인간의 본질적인 것임이 아님에도 불구하고 이제 우리는 성적 욕망 없이 정체성을 사유할 수 없고 성적 욕망을 해방함으로써 스스로의 정체성에 솔직해질 수 있다는 논리는 우리 시대의 상식이 되어버렸다.

우리는 스스로 주체가 되는 방식에 대해 무지하고 심지어 그것은 중요한 질문으로 우리의 삶에 걸려들지 않는다. 우리

가 주어진 정상적 주체의 형식이 스스로와 맞지 않아 삶의 빈
곤화를 경험하는 실존들은 이해하거나 혹은 그들의 삶의 방식
을 공감할 수 있을 것인가? 혹은 삶에서 이런저런 돌부리를 만
났을 때 자기 자신을 어떻게 구원할 수 있을 것인가?

자기 배려의 윤리

도덕과 윤리의 관계

'주체의 계보학'이라는 이름으로 진행되는 푸코의 후기적 문
제 설정은, 욕망하는 주체를 해석하고 그에 대한 진리와 연관
하여 주체를 구성하기 이전의 시대인, 고대의 그리스, 로마 시
대로의 우회로를 택하고 있다. 성적 욕망을 자연적 소여, 인간
본성의 주제로 해석함으로써 자기를 도덕적 주체로 형성하는
근대적 방식으로부터 탈주하기 위해 푸코는 성적 욕망이 형성
되기 이전의 시대, 고대로 돌아가 쾌락과 행위, 욕망을 중심으
로 그들이 자신들의 경험을 도덕의 문제로 만드는 과정과 절
차를 계보학적으로 탐색하였다.

이를 위해 푸코는 도덕(moral)이라는 단어의 모호성에도
불구하고 도덕은 다음의 3개의 범주인 실제 행동(real activity),

도덕의 규범(moral code), 자기와의 관계(relation to self)로 구성된다고 보았다. 그리고 이 구성 요소 중 앞선 두 요소, 즉 도덕 행동 규약의 측면인 실제 행동과 도덕적 규범은 비교적 안정적인 반면, 윤리를 의미하는 자기와의 관계가 역사적 가변성을 띠고 있음에 고대인들의 윤리적 주체 형성 과정에 주목한다. 이때 자기와의 관계를 구성하는 윤리를 다시 4개로 하부 범주로 구분되는데 이는 윤리적 실체(ethical substance), 복종의 양식(mode of subjection), 자기의 실천, 훈련(practice of self), 목적(telos)으로 구성된다. 윤리의 하부 범주 각각에 대해 살펴보면 먼저 윤리적 실체는 "윤리적 주체가 되기 위해서 내 몸의 어떤 부분, 행동, 습관이 문제가 되는가?"의 문제이고, 복종의 양식은 "왜 나는 이러한 일련의 작업과 관계를 맺어야 하는가?"이며, 자기의 실천은 "어떤 종류의 테크닉을 통해서 나는 윤리적 주체가 되는가?"에 관한 것이며 윤리적 목적은 "이러한 일련의 작업을 통해서 나는 어떠한 종류의 인간이 되려고 하는가?"에 대한 물음이다.[7] 그리하여 이러한 윤리의 하부 범주에 의거하여 고대인들의 윤리적 주체 형성 방식을 적용해보면 다음과 같이 설명될 수 있다는 것이다.

즉 고대인들이 도덕적 주체의 형성을 위해 자기 배려하는 대상, 즉 윤리적 실체는 정화와 해석, 정상화의 대상으로서의

성적 욕망이 아닌 욕망과 쾌락, 행위의 복합체로서의 아프로
디지아(aphrodisia)였다. 그들은 쉽사리 과도해지기 쉬운 그 거
친 힘을 부정하거나 억압, 완전히 제거하려는 것이 아니라 과
도함을 방지하는 데 주력함으로써 쾌락을 활용하고 조율하는
것을 목적으로 한다. 그러한 의미에서 종속의 원리 역시 욕망
과 쾌락의 거센 힘을 배분하고 활용함으로써 자신의 삶을 아
름다운 실존으로 기억되게 하려는 자발적 선택에 의한 것이었
다. 그리고 이를 위한 자기 절제로서의 실천은 오직 진실이 인
간의 삶에 개입되는 훈련을 통해서만 가능한 것이었다. 마지
막으로 텔로스(telos)로서의 도덕적 주체는 언행일치하는 실
존으로서 자신의 스타일을 구축하는 한 인간의 방식을 말하는
것이다. 푸코는 특히 이 과정에서 도덕적 주체로 자신을 형성
하기 위한 고대인들의 절제와 훈련은 기독교에서 요구하는 금
욕적 도덕 경험과 유사한 현상으로 보일지라도 그러한 실천이
진실과 관계하는 방식은 완전히 구별되어야 한다고 주장한다.

　"우리가 알게 된 것은 인간 존재의 계급적 구조라는 형태로건,
　신중함의 실천이나 영혼이 자신의 고유한 존재를 인식하는 형
　태로건 진리와의 관계가 절제의 본질적 요소가 된다는 것이다.
　그것은 쾌락을 절도 있게 활용하고 쾌락의 격렬함을 제어하기

위해 필요하다. 그러나 분명히 알아야만 하는 것은 이러한 진리와의 관계가 결코 자기에 의한 자기 해독, 혹은 욕망의 해석학이라는 형태를 취하지는 않는다는 것이다. 그것은 절제하는 주체의 존재 양식이 된다. 그것은 주체가 자기 자신에 대해 진실을 말해야 하는 의무와는 다르다. 그것은 결코 영혼을, 쉽게 파악되지 않은 욕망이 자취들을 읽어내고 해석해 내야 할 가능한 인식의 영역 같은 것으로 열어 두지 않는다. 진리와의 관계는 개인을 절제하는 주체와 그러한 삶을 영위하는 주체로 세우기 위한 구조적, 도구적, 존재론적 조건이다. 그것은 개인이 스스로를 욕망하는 주체의 특이성 속에서 인식하고 그렇게 드러난 욕망을 스스로 정화시킬 수 있게 하기 위한 인식론적 조건이 아니다."[8]

그리고 이러한 푸코의 시도는 단순히 성적 욕망에 대한 해석 없이 도덕적 주체의 형성이 가능하다는 역사적 한 예를 제시함에 있는 것이 아니다. 이보다 중요한 것은 고대적 주체 형성 방식과 근대적 방식 사이에 드러나는 변형, 착종들을 추적하고 그 역사성을 드러냄으로써 주체라는 개념의 자명성을 공격하기 위함이다.

자기 인식을 포함한 자기 배려의 원리

이때 푸코가 주목하는 것은 도덕적 주체로 자신을 형성하는 서구 고대인들의 윤리를 관통하는 주제는 자신의 성적 욕망을 고백하고 해석하는 자기 인식의 절차가 아닌, 다름 아닌 자기 배려(epimeleia heauton, cura sui)의 전통이라는 것이다.

하지만 이때의 자기 배려는 '단순히 철학적 사유의 발명품이나 철학적 삶에 고유한 정언으로 간주되어서는 안된다. 일반적으로 고대 그리스와 로마에서 고도의 가치를 인정받은 생활의 정언, 나아가 총체적 문화 현상이라고 보아야 하며 자기 자신에 대해 갖는 의식의 태도나 주의의 형식을 단순히 지시하는 것이 아니라 규칙화된 작업, 절차들과 목표들을 수반하는 작업'9을 의미한다. 즉 고대 철학 전반에 걸쳐 등장하는 자기 배려는 자기 형성의 근본적인 의무이자 기술, 심사숙고하여 고안된 절차들의 총체였다고 점에서 자기 배려 전통의 자기 인식의 주제를 포함하게 된다. 바로 이 지점, 즉 고대인들이 자기를 배려하기 위한 쾌락의 활용과 배분은 절제와 훈련을 진실로서의 구도의 과정과 관계시키는 것이지 결코 욕망을 해석하고 정상화하려는 자기 인식이 아니라는 지점에 푸코는 주목해야 한다고 주장한다. 오직 자신의 의지와 현실의 간격을 대비하는 검사자 정도의 역할로 등장하였던 고대의 자기 인식이 욕망의 해석학을 통해 도덕적 주체 형성의 전면에 등장하게 되면서 절제와 금욕이라는 자기 배려의 방식들은 점차로 성 행위의 규약화와 욕망의 해석학, 자기 해석의 절차로 발전되게 된다. 급기야 진실과 구도, 절제와 훈련을 통한 자기 배려의 전통이 소거되고 자기 인식으로 자기 관계를 환원하는 일면화의 시대, 관계의 일대 전환이 사유의 역사에 발생하게 된다. 도대체 왜 자기 배려가 자기 인식을 포함하였던 전통적인 위계질서가 자기 인식의 우위로 전도되게 된 것일까? 심지어 자기 배려의 소거와 함께 자기 인식만이 자기 관계의 모든 것으로 사유되는 일대 전환이 역사의 순간에 일어나게 된 것일까? 그리하여 결국 자기 배려 전통의 소거와 함께 인간 실존을 분투하게 하는 철학의 실용성마저 사라지게 된 걸까?

자기 배려의 소거, 혹은 자기 인식적 관계와의 전도에 대하여 푸코는 자기 배려의 중요성에도 불구하고 자기 인식에 압도되어 배려의 전통이 철학에서 사라지게 된 이유에 대해 대략적으로 다음의 세 가지 가설을 통해 설명하고 있다. 첫째, 자기 배려의 전통은 오늘날 '일종의 도덕적 댄디즘, 극복 불가능한 미학적 개인적 단계의 단언과 위협이나 집단의 도덕을 감당할 수 없는 개인의 자폐 상태'로 비추어질 수 있다는 것이다.

푸코의 주장에 따르면, 현대인들은 가능하거나 불가능한 주체의 객관화 문제를 인식의 영역으로 보고 스스로를 법적 질서에 예속된 주체로 보는 반면 고대인들은 진실의 실천을 통한 과정 안에서 구축되는 주체로서 파악한다고 본다. 이때 자기 배려의 원리는 결코 보편적인 원칙이나 명법이 아니라 지극히 개인적인 삶의 선택의 대상이 된다는 점이다.

두 번째 이유는 서구의 문화는 자기 배려가 지향하는 원래의 방향과는 달리 스토아주의적 맥락의 다양한 금욕적 훈련의 기술들을 '자기 정화, 자기 포기'라는 기독교의 윤리를 강화하는 방식으로 전개되어 갔고 그 결과 자기 배려의 전통이 가진 윤리의 전승이 오히려 서구인으로 하여금 자기 배려의 전통을 불신하게 만들었다는 것이다.

그리고 마지막, 가장 설득적이고 결정적인 이유는 '진실과 진실의 역사에 대한 문제'와 연관된 소위 '데카르트적 순간'에 의해 자기 배려의 전통이 결정적으로 소거되었다고 보았다. 자기 배려는 진실의 준비로서 구도의 정신을 스스로에게 제기하는 것을 특징으로 한다. 여기서 구도의 정신이란 주체가 진실에 접근하기 위해서 자기 자신에게 변형을 가하는 데 필요한 탐구, 실천, 경험들을 말한다. 또한 구도는 주체가 진실에 접근하기 위해 반드시 지급해야만 하는 대가를 함축하기도 한다. 진실은 주체가 주체이고, 또 이러저러한 주체의 구조를 가지고 있기 때문에 기초될 수 있으며 정당화될 수 있는 단순한 인식 행위에 의해 주체에게 부여되는 것이 아니다. 진실은 주체가 진실에 접근할 수 있는 권리를 갖기 위해 자신을 변화시키고 변형시키고 개선해 어느 정도는 현재의 자신과 다르게 되어야만 한다는 것을 전제한다. 주체는 진실을 파악할 능력이 없기에 진실은 주체의 존재 자체를 내기에 거는 대가로서만 주체에게 주어진다. 그러나 근대인들은 더 이상 주체가 진실에 도달하기 위해 자기 변형의 훈련이 필요하지 않다고 생각하는 '데카르트적 순간', 이러한 구도와 진실이 주체와 맺는 관계는 소거된다. "진실에 접근 가능하게 해 주는 것이 오직 인식이라는 것을 용인하는 순간 우리는 근대로 접어든다. 주체의 존재가 진실 접근의 필연성에 의해 재검토되지 않고, 인식이 그 끝을 알 수 없고 무한한 진보의 차원으로 나아갈 때, 이제 진실은 더 이상 주체를 구원할 수 없으며 이때부터 주체성과 진실이 맺는 관계의 역사에 새로운 시대가 도래한다"[10]라고 푸코는 말한다.

　물론 푸코가 고대의 주체가 자기 인식의 차원을 완전히 무시하였고 기독교와 근대적 주체화의 방식이 자기 배려의 전통을 이와 동일하게 취급하였다고 일면적으로 주장하는 것은 아니다. 오히려 자기 인식과 자기 배려의 관계는 절대적인 것이 아니고 상보적인 것이라고 볼 수도 있을 것이다. 하지만 이 자기 인식과 자기 배려의 관계에서 결정적인 지점은 고대적 주체화와 근대적 주체화 모두 자기 인식과 자기 배려 사이에 종속과 우열의 관계를 설정하면서 각자 자신의 관점에 따라 전략적으로 둘 중 하나를 강조하였다는 사실이다.

하지만 기독교적이며 근대적인 주체화 방식에서 작동하는 자기 인식은 곧 자기 관계와 동일한 외연을 가진다. 나를 잘 배려하기 위한 전제에서 자기 인식이 도구적으로 요구되는 것이 아니라 자기를 인식하는 차원이 곧 자기 관계와 동일한 것이 된다. 즉 자기 배려의 전통 안에서의 자기는 특정한 담론 생산의 대상으로 존재하는 것이 아니라 진실이 신체에 기입되는 방식을 통해 구축되는 실천의 대상이자 결과로서 이해될 수 있다. 반면 근대적 주체화 방식에서의 자기는 특정한 진실의 담론 안에서, 예컨대 고해를 통해 해석되고 그러한 담론을 통해 구성된 대상에 불과하다. 더욱 문제가 되는 것은 근대의 자기 변형이 가능하다 할지라도 이것은 특정한 담론에서 해석되고 대상화된 자기 인식이 전제되고 나서야 비로소 전개되는 부수적인 차원에서만 가능하다고 믿는다는 사실이다.

하지만 진실과 관계하는 고대의 주체화 방식에 대한 푸코의 계보학적 분석을 그것의 치료적 특성을 강조하거나 감정에 대한 자기 만족적 제어로 받아들여서는 안될 것이다. 그는 고대의 주체화 방식을 통해 일견 가장 비역사적으로 보이는 성적 욕망의 모델, 자기를 해석하고 대상화하는 근대적 주체화 방식의 역사성을 드러내고자 하였고 이것을 다시 자기와의 관계를 구성하는 우리 시대의 윤리학에 새로운 저항의 가능성으로서의 의미를 부여하려고 시도하였기 때문이다. 이러한 문제틀이야말로 이전과는 다른 방식으로 실존하고자 하는 자들에게, 더 이상 동일한 방식으로 존재한다는 것이 참을 수 없는 자들을 분투하게 하는 가능성으로서의 비판과 시학의 문제, 푸코가 던지는 철학의 실용성과 관계하는 질문일 것이다.

푸코 철학의 실용성

지금까지 우리는 철학의 본령을 자신과 세계에 대한 비판 정신으로 이해해 왔고 그 비판은 자명함에 대한 새로운 사유라는 점에서 어찌 보면 고대로부터 현대에 이르기까지 새로울 것 없는 일관적인 주제였다고도 말할 수 있을 것이다. 하지만 한편으로 이러한 비판 정신은 언제나 새로운 사유의 방식을 통해 자명한 세계와는 다른 세계의 모습을 우리와 대면토록 했다. 때로는 신과 이데아, 구조와 토대와 같은 초시간적이며 영원한 실체들로부터 욕망과 무의식이라는 주제어에 이르기까지 특정한 방식을 통해 세상을 바라보도록 이끄는 철학은 기존의 인간의 생각과 행동을 변화시키면서 자신의 영향력을 행사하였던 것이다. 그리고 우리는 철학의 비판 정신이야말로 기존의 세계관의 자명성에 대해 문제를 제기하고, 새로운 방향성을 설정한다는 점에서 다양한 학제적 분파를 넘어 시대를 관통하는 자신만의 독자성을 가진다고 생각해 왔다.

하지만 이러한 우리의 상식적 견해와는 달리 푸코는 철학은 더 이상 '진리란 무엇인가'를 질문하는 총체적이며 보편적인 비판의 '정신'이 아닌 현재를 살고 있는 내가 누구인가를 질문하는 비판의 '태도'만이 우리가 철학을, 그리고 비판을 역사 속에서 의미 있게 말하는 것이라고 반박한다.

오늘날 철학은―내가 말하고자 하는 것은 철학적 활동인데― 무엇인가? 그것은 사고에 대한 사고의 비판 작업이 아니겠는가. 그리고 사람들이 이미 알고 있는 것에 정당성을 부여하는 대신에 어떻게, 그리고 어느 만큼이나 다르게 생각하는 것이 가능한지 알려고 하는 것이 아니겠는가. 철학적 담론이 밖으로부터 타인들을 지배하고 그들에게 그들의 진리가 어디에 있으며 그것을 어떻게 찾는가를 말해주고자 할 때 혹은 순수하게 실증적으로 그들의 옳고 그림을 가릴 수 있다고 자부할 때, 그 철학적 담론은 얼마간은 터무니없는 것이다. 그보다 바로 그 철학적 사고 속에서 철학과는 무관한 지식의 훈련에 의해 변화할 수 있을 것을 탐구하는 것이 철학의 권리인 것이다. '시도'―이것은 의사소통의 목적에 맞게 타인을 단순화시키는 것이 아니라 진실의 작용 속에서 자기 자신을 변형시키려는 시험으로 이해되어야만 하는데―는 철학의 살아있는 본체이다. 적어도 철학이라는 것이 오늘날에도 여전히 예전과 같은 것이라면 다시 말해 그것이 사고에서의 고행, 자기의 훈련이라면 말이다. (중략) 이것은 실용성의 관점에서 바라보건대 이 연구들은 오랫동안 모색되어 온, 그리고 종종 새로 시작하고 정정할 필요가 있었던 철학적 훈련이었다. 이 철학적 훈련의 관건은 그 자신의 역사를 사고하는 작업을 통해 사고가 어느 정도나 무언중의 생각으로부터 벗어날 수 있으며 얼마만큼이나 다르게 사고 할 수 있는지를 아는 것이었다.[11]

그리하여 '현재'를 살고 있는 '자신이 누구인가'의 질문을 철학사에서 최초로 질문했던 칸트를 푸코가 다시 호명하는 순간, 푸코는 그를 근대성을 태도로서 받아들인 비판가로서 기입하게 되고[12] 나아가 근대성이란 특정한 역사적 한 시기가 아닌 역사를 대하는 특정한 태도로서 현재의 우리를 근대 혹은 반근대의 대척점에 서게 한다. 하지만 푸코가 현재를 살고 있는 자신이 누구인가에 관한 칸트의 질문으로부터 태도적 차원을 수용했다면, 다른 한편으로 푸코는 자기 인식의 한계를 명확하게 설정하기 위한 인간학적 기획에 대해서는 분명한 거리를 둔다. 푸코는 칸트의 방식은 계몽에 통한 부정적 한계에 불과하다고 지적하며 자신의 비판은 오히려 그러한 한계를 거부하고 뛰어넘기 위한 질문이 되어야 한다고 강조한다.[13]

현재 우리가 무엇인가의 한계를 명확히 설정하는 것과 그것의 한계를 뛰어넘기 위해 한계를 바라보는 것은 완전히 다른 방식의 사유라는 점을 기억해야 한다. 예를 들어 비판의 태도로서 근대성을 취하지만 서구 근대적 권력과 지식을 통해 구성된 주체의 방식을 거부하고 뛰어넘고 그것과는 다른 것을 창조하기 위한 철학이라는 의미에서 그러하다. 이처럼 푸코에게 비판으로서의 철학은 우리가 가지고 있는 세계나 지식에 대한 어떤 원리를 주창하는 것이 아니라 오히려 개인적 차원에서 그의 삶의 방식에 특정한 변화를 추구하는 것을 목적으로 한다. 그러한 의미에서 그가 삶을 '예술'에, '창조'에 비유했다고 해서 푸코의 비판과 시학을 시대와 절연한 진공에서의 작업이나 자기 만족에 의한 표피적 구현물로서 이해해서도 안 될 것이다. 창조란 이미 주어진 자기라는 재료를 바탕으로 자기 관계라는 질서를 재배치함으로써 얻게 되는 현상적 결과이고 그것은 더 이상 참을 수 없는 삶의 실존적 분투 속에서 자기 배려의 원리를 통해 자신을 구원하고 구성하려는 윤리학적 실험과 다름아니다. 그렇기에 근대적 주체 개념의 거부와 새로운 주체화의 추동이라는 푸코의 철학적 활동은 '비판과 시학' 안에 함께 존재할 수밖에 없으며 이를 푸코 철학이 가진 철학적 실용성이라고 명명할 수 있을 것이다.

13

공맹이 사유한 리더의
공적 욕망과 사적 욕망

이강재

이 글은 중국의 전통 사상, 특히 공자와 맹자의 시각에서는 인간의 욕망을 어떻게 바라보았는지 살펴보려는 목적으로 작성되었다.

　유가에서 인간의 가장 기본적인 욕구인 욕망을 부정하지는 않는다. 가령, 유가의 경전인 『예기』의 「예운(禮運)」에는 "음식과 남녀는 사람이 가장 크게 바라는 것이며, 죽음과 빈곤은 사람이 가장 꺼리는 것이다.[飲食男女, 人之大欲存焉, 死亡貧苦, 人之大惡存焉.]"라는 구절이 있다. '음식'이란 식욕을 가리키고 '남녀'란 남녀 사이의 성욕을 가리키는데, 사람은 누구나 맛있는 음식을 배불리 먹고 싶어 하며 남녀 간의 성욕을 가지고 있다는 것이다. 죽음과 가난을 꺼린다는 것은 사람은 누구나 죽는 것이나 힘겹고 가난한 삶을 싫어한다는 말이다. 이 구절에서 '바라는 것[欲]'과 '꺼리는 것[惡]'을 대비하였다. 갖기를 바라는 것과 싫어하여 피하고 싶은 것은 인간이라면 누구나 가진 욕구라고 인정한 것이다.

식욕과 성욕은 모두가 가지고 있다

그러나 중국의 전통 사상에서 인간의 욕망을 대하는 기본적인 자세는, 욕망을 마음대로 추구하기보다는 자제 혹은 적게 가져야 한다는 것이다. 가령, 욕망의 외형적 모습이 자신의 이익 추구라는 전제에서 공자는 "자신의 이익만을 우선 생각하면서 행동하면 다른 사람에게 원망을 많이 받게 된다.[放於利而行, 多怨.]"(『논어』, 「이인(里仁)」)고 말한다. 자신의 욕망을 추구하는 것이 타인의 원망으로 이어진다는 말이다. 맹자 역시 "마음을 수양하려면 욕심을 적게 갖는 것이 가장 좋다.[養心莫善於寡欲.]"(『맹자』, 「진심(盡心) 하」)라고 욕심이 적어야 함을 강조한다.

욕망에 대한 경계는 유가 사상만이 아니라 노장사상에도 나타난다. 노자는 다음과 같이 말한다. "다섯 가지 색깔은 사람의 눈을 멀게 하고, 다섯 가지 소리는 사람의 귀를 먹게 하며, 다섯 가지 맛은 사람의 입맛을 상하게 한다. (…) 이 때문에 성인은 생존에 꼭 필요한 배를 채우는 일을 할지언정 외부적인 욕망인 눈을 즐겁게 하는 일을 하지 않는다. 그래서 욕망을 버리고 본성을 따른다.[五色令人目盲, 五音令人耳聾, 五味令人口爽. (…) 是以聖人爲腹不爲目, 故去彼取此.]"(『노자』 12장) 노자는 인간의 생존을 위한 기본적인 욕구를 채우는 것에는 동의하지만, 더 나아가 외부적인 욕망을 충족시키려고 하면 그것 때문에 귀와 눈이 멀게 된다고 말한다.

이처럼 중국의 전통 사상에서 인간의 욕망에 대한 추구는 여러 가지 폐단이 생긴다는 우려로 인하여 최대한 절제하고 적게 가지도록 해야 한다는 것이었다. 송대의 성리학(性理學)은 "하늘의 이치를 보존하고 사람의 욕망을 없앤다[存天理, 滅人欲.]"를 욕망관으로 삼아 인간의 욕망을 하늘의 이치와 대립시키고 있다. 식욕, 성욕, 부귀에 대한 욕구 등을 인정하면서도 절제를 하고 정도를 따라야 함을 강조한 공자의 생각을 이은 것으로, 이것이 욕망에 대한 유가의 기본 방향이다.[1] 즉, 유가 철학에서 이성과 욕망의 관계를 논할 때는, 자신의 사사로운 욕망을 넘어서 예를 회복하는 "극기복례(克己復禮)"를 강조하였고 이때 극복해야 할 자신의 사사로운 욕망으로 식욕, 색

욕, 부귀와 명리에 대한 욕구를 설정하였다.[2]

　나는 공맹 사상이 기본적으로 욕망의 절제를 주장하되 모든 일반 사람을 대상으로 욕망을 절제 혹은 억제해야 함을 주장하는 것은 아니라고 생각한다. 공맹 사상이 리더들에게 올바른 삶의 길을 제시한 정치사상의 측면이 강하다. 이 때문에 인간이 누구나 욕망이 있음을 인정하되 리더는 자신의 욕망을 사적인 실현이 아닌 공적인 실현을 목표로 해야 한다고 주장하였다. 따라서 이 글에서는 공자와 맹자의 언행을 기록한 『논어』와 『맹자』의 구절을 중심으로 사적 욕망을 어떻게 공적으로 실현할 것인가의 문제를 언급하고자 한다. 이를 통해 공맹 사상에서 인간의 욕망을 어떻게 보고자 하였는지를 살펴보고, 또한 현대 사회의 리더는 인간의 욕망을 어떻게 보아야 하는지에 대해 언급하고자 한다.[3]

욕망의 추구가 군자와 소인을 가른다

욕망, 욕구, 욕심 등에 쓰이는 한자로는 '欲'과 '慾'의 두 가지가 있다. 그렇지만, 『논어』에 43회 쓰인 '欲'은 무엇인가를 바란다는 뜻의 동사로 쓰일 뿐, 인간의 욕망과는 직접적인 관련

이 없다. 또한 '慾'은 '욕심이 많다'는 뜻으로 쓰이는 다음 한 용례만이 있을 뿐이다.⁴

> 공자: 나는 아직까지 강직한 사람을 보지 못하였다.
> 어떤 사람: 제자인 신정이 있지 않습니까?
> 공자: 신정은 욕심이 많은 것이지[慾] 어찌 강직하다 하겠는가?
> [子曰, "吾未見剛者." 或對曰, "申棖." 子曰, "棖也慾, 焉得剛?"] (『논어』, 「공야장(公冶長)」)

어떤 사람은 신정이라는 공자의 제자가 무엇인가 적극적으로 일을 해 나가는 모습을 갖고 있어서 강직하다고 평가하였다. 이에 비하여 공자는 외견상 강직한 것 같지만 이는 욕심이 많아서 그런 것일 뿐 강직한 것과는 다른 것이라고 평가한다. 공자에 따르면, '慾'이란 욕심이 많은 것을 가리키는데, 이것이 때로 강직함과 구별이 쉽지 않을 수 있다는 것이다. 『맹자』에는 '欲'만 95회 쓰였을 뿐 '慾'은 보이지 않는다. 이 중 91회는 바란다는 뜻의 동사로 쓰였고, 4회는 '욕망'이라는 뜻으로 쓰였는데, "從耳目之欲"(「이루(離婁) 하」, 귀와 눈이 바라는 것을 따르다)가 그 예에 속한다.⁵ 그렇다면 『논어』, 『맹자』 속의 '欲', '慾'을 통해 인간의 욕망을 설명하기에는 적절하지 않으며, 욕망의 구체적인 모습을 통해 설명해야 한다.

앞서 "음식과 남녀는 사람이 가장 크게 바라는 것"이라는 말처럼, 공자는 음식(식욕), 남녀(성욕)를 인간의 가장 기본적인 욕망으로 보았다. 또한 "자신의 이익만을 우선 생각하면서 행동하면 다른 사람에게 원망을 많이 받게 된다."라고 하였던 것처럼, 이익 추구 역시 타인의 원망을 유발하는 부정적인 욕망으로 보았다. 또한 인간은 본능적 욕망을 쉽게 버리지 못한다. 이 때문에 공자는 "여색을 좋아하는 것만큼 덕을 좋아하는 사람을 보지 못하였다.[吾未見好德如好色者也.]"(『논어』, 「자한(子罕)」)라고 말하였다. 이는 현인을 좋아하지 않는 세태에 대한 한탄이지만, 다른 한편으로는 여색을 좋아하는 것이 사람의 당연한 본성임을 인정한 것이다. 또한 공자는 "이익 자체에 대해 언급조차 하지 않으려 하였다.[子罕言利.]"(「자한」)라는 말이 있는 것처럼 이익에 대한 추구를 경계하였다.

이처럼 공자와 맹자 모두 욕망을 추구하는 것을 인정하지만 그것을 도덕의 측면에서 더 나은 가치를 추구해야 한다는 방식으로 설명한다. 사회적으로 중요한 역할을 해야 하는 리더는 욕망보다는 사회적 가치를 추구해야 한다는 것이다.

부귀는 모든 사람들이 바라는 것이지만 정당한 방법으로 얻은 것이 아니라면 부귀를 누리지 않는다. 빈천은 모든 사람들이 싫어하는 것이지만 정당한 방법으로 버리는 것이 아니라면 버리지 않는다.

[富與貴, 是人之所欲也, 不以其道得之, 不處也. 貧與賤, 是人之所惡也, 不以其道得之, 不去也.] (『논어』, 「이인」)

이 구절은 비록 누구나 모두 부귀를 갖고자 하고 빈천을 벗어나고 싶어 하지만, 부귀를 갖거나 빈천을 벗어나는 것도 정당한 방식을 통해야만 한다는 것이다. 이 또한 욕망 자체를 부정하지는 않되 그것을 실현하는 방식의 타당성에 주안점을 둔 주장이다.

맹자는 당시 사람들이 가장 원하는 것이 무엇일지에 대한 가설을 통해 현실에서 욕망을 어떻게 실현해야 하는지 다음과 같이 설명한다.

물고기 요리는 내가 원하는 것이고 곰 발바닥 요리 역시 내가 원하는 것이지만, 두 가지를 다 가질 수 없다면 물고기 요리를 버리고 곰 발바닥 요리를 취하는 것이다. 삶도 내가 원하는 것이고 의로움도 내가 원하는 것이지만, 두 가지를 다 가질 수 없다면 삶을 버리고 의로움을 취하는 것이다. 삶도 내가 원하는 것이지만 삶보다 더 심하게 원하는 것이 있기에 구차하게 얻으려고 하지 않는다. 죽음 또한 내가 싫어하는 것이지만 죽음보다 더 심하게 싫어하는 것이 있기에 환난도 피하지 않을 때가 있다. [魚, 我所欲也, 熊掌亦我所欲也, 二者不可得兼, 舍魚而取熊掌者也. 生亦我所欲也, 義亦我所欲也, 二者不可得兼, 舍生而取義者也. 生亦我所欲, 所欲有甚於生者, 故不爲苟得也, 死亦我所惡, 所惡有甚於死者, 故患有所不辟也.](『맹자』, 「고자(告子) 상」)

이 구절은 물고기 요리와 곰 발바닥 요리의 선택이라는 비유로 시작하여 인간이 가장 바라는 '삶'과 가장 싫어하는 '죽음'을 선택하는 데에 있어서 의로움이라는 잣대를 들이대고 있다. 삶이라는 가장 큰 욕망조차 의로움을 위해서는 포기할 수 있어야 한다는 주장이다.

여기에서 도덕적으로 훌륭한 리더인 군자와 그와 반대의 소인을 구별하는 기준으로 욕망을 대하는 자세가 등장한다. 공자가 "군자는 의리에 밝고 소인은 이익에 밝다.[君子喩於義, 小人喩於利.]"(『논어』, 「이인」)라는 주장 역시 한 사회의 리더가 이익에 욕심을 내어서는 안 된다는 것이다. 이익에 마음을 두고 살아가는 것은 소인일 뿐이라는 생각은 공자의 다음 말에서도 확인된다.

군자는 도덕을 기준으로 생각하고 소인은 자기가 거처하는 곳의 편안함을 생각하며, 군자는 법의 준수를 생각하고, 소인은 자신에게 어떤 혜택이 있을지를 생각한다.[君子懷德, 小人懷土, 君子懷刑, 小人懷惠.](『논어』, 「이인」)

이처럼 공자와 맹자는, 이익을 추구하며 자신의 욕망에 충실한 소인과 대비하여 군자는 의로움을 추구한다고 생각한다. 이 때문에 공자는 완성된 인간으로서의 '성인(成人)'은 "이익을 눈앞에 두면 의로움을 생각한다.[見利思義.]"(『논어』, 「헌문(憲問)」)고 강조한다.

사적 욕망을 공적으로 승화시키자

사적 욕망을 공적으로 승화시킨다는 것은, 개인의 사적 욕망을 인정하지만 리더는 욕망이 공적으로 실현되도록 노력해야 함을 말하는 것이다. 공자와 맹자 모두 욕망의 추구가 인간 모두 다 갖고 있음을 인정한 전제에서 군자가 가진 사적인 욕망을 어떻게 모두를 위한 공적인 욕망으로 승화시킬지를 언급한다. 맹자는 당시 군주가 스스로 용기를 좋아하거나[好勇] 재물을 좋아하거나[好貨] 색을 좋아하는[好色] 병폐가 있다고 고백하였을 때, 그것이 잘못되었다고 말하지 않는다. 다만 백성도 모두 용기, 재물, 여색을 좋아한다는 점에서는 같으므로 군주 혼자만이 아니라 백성도 그것을 가질 수 있도록 군주가 노력해야 한다고 강조한다. 즉, 군주 자신의 사적인 욕망을 어떻게 공적으로 바꾸어 모든 백성에게 좋은 결과를 만들어 낼지 설명하는 방식으로 대화를 이끌어 간다. 맹자와 제 선왕의 다음 대화를 보자.

제 선왕: (맹자의 말에 대해) 좋은 말씀이십니다.

맹자: 왕께서 좋다고 생각하신다면 어째서 실행하지 않으십니까?

선왕: 저에게 병이 있는데, 저는 재물을 좋아합니다.

맹자: 옛날 공유(주나라 선조 중의 한 사람)가 재물을 좋아하였는데, 이에 대해 『시경』에 이런 구절이 있습니다. "노적을 쌓고 창고에 쌓아둔 후 말린 식량과 곡식을 주머니와 자루에 담아 나라를 평화롭고 빛나게 하셨네. 활과 화살 둘러메고 방패와 창, 도끼를 가지고 비로소 길을 떠나셨네." 그러므로 머물러 사는 사람에게 노적과 창고의 곡식이 있고 길 떠나는 사람에게 싸서 가져가는 양식이 갖추어진 후에야 길을 떠날 수 있었습니다. 왕께

서 재물을 좋아하셔서 이를 백성과 함께한다면, 올바른 왕이 되는 데에 무슨 어려움이 있겠습니까?

[王曰, "善哉言乎!" 曰, "王如善之, 則何爲不行?" 王曰, "寡人有疾, 寡人好貨." 對曰, "昔者公劉好貨, 詩云, '乃積乃倉, 乃裹餱糧, 于橐于囊, 思戢用光. 弓矢斯張, 干戈戚揚, 爰方啓行.' 故居者有積倉, 行者有裹囊也, 然後可以爰方啓行. 王如好貨, 與百姓同之, 於王何有?"](『맹자』, 「양혜왕(梁惠王) 하」)

선왕: 저에게 병이 있는데, 저는 여색을 좋아합니다.

맹자: 옛날 태왕(주나라의 실질적 첫 군주)께서 여색을 좋아하여 왕비를 사랑하였습니다. 이에 대해 『시경』에 이런 구절이 있습니다. "고공단보(태왕)가 아침에 말 달려왔는데, 서쪽 물가를 따라 기산 아래에 이르렀다. 여기에서 강씨 여인을 데려와 함께 살게 되었다." 이 당시에 안으로는 시집 못 가 원망하는 여인이 없었고 밖으로는 혼자 사는 남자가 없었습니다. 왕께서 여색을 좋아하셔서 이를 백성들과 함께한다면, 올바른 왕이 되는 데에 무슨 어려움이 있겠습니까?

[王曰, "寡人有疾, 寡人好色." 對曰, "昔者太王好色, 愛厥妃. 詩云, '古公亶父, 來朝走馬, 率西水滸, 至于岐下, 爰及姜女, 聿來胥宇.' 當是時也, 內無怨女, 外無曠夫. 王如好色, 與百姓同之, 於王何有?"](『맹자』,

맹자는 군주인 제 선왕이 재물이나 색을 좋아한다고 말한 것에 대해 그것을 단순히 개인의 병폐로 간주하기보다 공적인 영역으로 확대할 것으로 요구한다. 이는 공맹 사상에서 강조하는 '서(恕)'와 관련이 있다. '서'는 보통 "자신이 바라지 않는 것을 타인에게 강요하지 말아야 한다.[己所不欲, 勿施於人.]"는 말로 설명한다. 아래 구절을 보자.

중궁이 인의 실천을 물었다. 공자가 말했다. "집 밖에 나가면 큰 손님을 만나는 것처럼 공경스러운 몸가짐을 하고, 백성을 부릴 때에는 큰 제사를 주관하는 것처럼 신중하게 하라. 자기가 바라지 않는 것을 다른 사람이 하도록 강요하지 않아야 한다. 나라에서 원망을 듣지 않고 집안에서 원망을 듣지 않아야 한다." 그러자 중궁이 이렇게 말했다. "제가 비록 총명하지 못하지만 선생님 말씀을 실천하도록 하겠습니다."
[仲弓問仁. 子曰, "出門如見大賓, 使民如承大祭. 己所不欲, 勿施於人. 在邦無怨, 在家無怨." 仲弓曰, "雍雖不敏, 請事斯語矣."](『논어』, 「안연(顏淵)」)

자공이 "한마디 말로 평생 실천할 만한 것이 있습니까?"라고 묻자, 공자가 말하였다. "그것은 '서(恕)'라는 덕목이다. 이것은 자기가 바라지 않는 것을 남에게 하지 않는 것이다."

[子貢問曰, "有一言而可以終身行之者乎?" 子曰, "其恕乎! 己所不欲, 勿施於人."](『논어』, 「위령공(衛靈公)」)

공자가 강조한 '서'는 나와 타인의 생각을 동일시하여 내가 바라는 것은 타인도 바랄 것이고 내가 바라지 않는 것은 타인도 바라지 않을 것이라고 생각하는 것이다. 여기에서 나아가 재물이나 이성에 대한 욕망은 군주뿐만 아니라 백성도 모두 원하는 것이라는 점에 생각이 미쳐야 한다. 이것이 바로 백성에 대한 리더의 사랑인 '인(仁)'의 실천 방식이다. 그렇다면 자신의 욕망이 중요한 것처럼 백성의 욕망을 이해하고 백성들의 욕망을 충족시켜 주는 것이 리더로서 해야 할 당연한 도리라는 결론에 이르게 된다. 이 때문에 맹자 역시 백이와 이윤, 공자 등 고대의 뛰어난 인물에 대한 평가에서 그들은 모두 자신의 욕심을 위해 백성들을 괴롭히거나 죽이는 일을 하지 않는다고 말한다.

공손추: 백이와 이윤은 공자와 비슷합니까?

맹자: 아니다. 이 세상에 사람이 살아온 이래로 공자만 한 사람은 없었다.

공손추: 그렇다면 같은 점이 있습니까?

맹자: 있다. 백 리의 땅을 얻어 군주가 되면 모두 제후의 조회를 받고 천하를 소유하게 되겠지만, 하나라도 의롭지 못한 일 행하거나 한 사람이라도 죄 없는 사람을 죽여서 천하를 얻는 일은 하지 않을 것이니, 이 점은 동일하다.

["伯夷伊尹於孔子, 若是班乎?" 曰, "否, 自有生民而來, 未有孔子也." 曰, "然則有同與?" 曰, "有. 得百里之地而君之, 皆能以朝諸侯, 有天下, 行一不義, 殺一不辜, 而得天下, 皆不爲也. 是則同."](『맹자』, 「공손추(公孫丑) 상」)

이상에서 언급한 '서'의 덕목은, 외견상 내가 원하지 않는 것을 남에게 시키지 말라는 것이지만, 좀 더 적극적으로 해석한다면 내가 하고 싶은 것을 타인도 할 수 있도록 배려하라는 것이다. 또 이를 도덕적 욕망과 관련지어 설명한다면, 자신에게 먼저 높은 도덕을 요구하고 그것을 바탕으로 타인도 도덕적 욕망을 실현할 수 있도록 이끌어 가야 한다는 의미이다.[6] 물론 맹자의 설명 방식은, 기본적으로는 지나친 탐욕을 경계하면서도 군주의 생각을 자신의 논리 속으로 끌어들이기 위한 수사적 기교라고 말할 수 있다. 그렇지만 여기에서 맹자가 리더의 사적 욕망을 공적으로 만들어 가야 한다고 강조한 것을 알 수 있다.

공직을 대하는 태도와 욕망

공자와 맹자의 생각은 정치 철학의 성격이 강했기에 욕망을 사적인 차원에서 머물지 않고 공적인 차원으로 논의한 것이라고 할 수 있다. 그러나 현실에서 모두가 군주처럼 사회의 리더가 될 수 없으므로 일반인과 리더에게 동일한 방식의 행동이나 사고를 요구할 수 없다. 이 때문에 맹자는 사적인 차원이 중요한 일반인과 모든 것을 공적인 차원으로 생각해야 하는 리더를 구분한다.

일정한 경제적 기반이 없어도 일정한 마음을 가질 수 있는 것은 오직 뜻있는 선비, 리더만이 가능하고, 일반 백성들은 일정한 경제적 기반이 없으면 일정한 마음이 없게 되고 일정한 마음이 없게 되면 방탕하고 편벽되고 정도를 벗어나는 어떤 일도 하지 않는 것이 없다.

[“無恒産而有恒心者, 惟士爲能. 若民, 則無恒産, 因無恒心. 苟無恒心,
放辟邪侈, 無不爲已.](『맹자』, 「양혜왕 상」)

공맹의 주장은 언제나 이처럼 경제적 기반을 최고로 여기
는 일반인과 한 사회를 이끌어가는 리더를 구분하는 전제에서
출발한다.

맹자는 더 나아가 관직을 통해 한 사회의 리더 역할을 할
사람에게 관직을 대하는 올바른 자세를 강조한다. 다음 구절
을 보자.

벼슬은 가난 때문에 하는 것은 아니지만 때로는 가난 때문에 한
다. 결혼이 살림을 위해서 하는 것은 아니지만 때로는 살림을
꾸리기 위해서도 한다. 가난 때문에 하는 사람은 높은 지위를
사양하고 낮은 지위에 있으며 부유함을 사양하고 가난한 자리
에 있어야 한다. 높은 지위를 사양하고 낮은 지위에 있으며 부
유함을 사양하고 가난한 자리에 있어야 한다면, 어떤 자리가 마
땅한가? 문지기나 야경꾼 정도의 지위일 것이다.

[仕非爲貧也, 而有時乎爲貧, 娶妻非爲養也, 而有時乎爲養. 爲貧者,
辭尊居卑, 辭富居貧. 辭尊居卑, 辭富居貧, 惡乎宜乎? 抱關擊柝.] (『맹
자』, 「만장(萬章) 하」)

이 구절은 벼슬을 하는 사람의 마음가짐을 말하고 있다. 벼슬을 하여 높은 지위에 오르는 것은 공적인 차원에서 자신의 뜻을 실현하기 위해서지만, 때로는 생계를 위하여 불가피하게 벼슬을 할 수도 있다. 그러나 이때는 존귀하고 부유한 지위가 아닌 낮은 지위에 있어야 한다. 이 구절은 생계를 목적으로 관직을 할 때 너무 높은 벼슬에 올라가서는 안 된다는 것보다는 리더의 자리에 있는 사람이 생계의 문제에만 너무 집착하면 안 된다는 점에 초점을 둔 것이다. 생계가 가장 중요할 때 더 중요한 의리를 잃게 되며 궁극적으로 올바른 리더의 모습을 갖기 어렵다. 물론 직업의 귀천이 없는 현재의 관점에서 볼 때 무조건 따를 수는 없는 말이지만, 리더란 올바른 도를 펼치기 위해 하는 것이라는 점은 수긍할 수 있다.

이 논리는 맹자가 관직에 나아갈 때와 물러날 때를 알아야 한다는 다음 주장과도 깊은 관련이 있다.

벼슬로 나아가는 경우가 세 가지이고 그만두는 경우가 세 가지이다. 맞이할 때 공경스러운 태도로 예를 갖추며 자기의 말을 장차 실행하겠다고 하면 벼슬에 나아간다. 예를 하는 모습은 쇠퇴하지 않았지만 말을 실행할 수 없다면 떠난다. 다음은, 비록 그 말을 실행하지는 않지만 맞이함에 공경스럽고 예를 다하면

나아간다. 그러나 예우가 쇠퇴해지면 떠난다. 다음은, 아침저녁
으로 먹지 못하여 굶주림 때문에 문밖을 나가지 못할 때 군주가
이 소식을 듣고 "나는 크게는 그의 도리를 행할 수 없고 그의 말
을 따를 수 없지만 내 땅에서 굶주리는 것을 나는 부끄럽게 여
긴다."라고 하면서 구제해 주는 경우 벼슬을 받지만, 죽음을 면
할 따름이다.

[所就三, 所去三. 迎之致敬以有禮, 言將行其言也, 則就之. 禮貌未衰,
言弗行也, 則去之. 其次, 雖未行其言也, 迎之致敬以有禮, 則就之. 禮
貌衰, 則去之. 其下, 朝不食, 夕不食, 飢餓不能出門戶, 君聞之, 曰, "吾
大者不能行其道, 又不能從其言也, 使飢餓於我土地, 吾恥之." 周之,
亦可受也, 免死而已矣.] (『맹자』, 「고자 하」)

관직의 길을 가는 것은 아무 때나 하는 것이 아니다. 따라서
관직에 나아가는 때와 그만둘 때를 잘 알아야 한다. 이 중 최상
의 단계는, 나에게 공경스러운 태도로 예를 다하고 내 뜻을 펼
수 있을 때는 벼슬을 한다. 그러나 예가 쇠퇴하지는 않았지만
내 뜻을 펼칠 수 없다면 그만둔다. 다음 단계는 내 뜻을 펼 수
는 없지만 나에게 공경스러운 태도로 예를 다하면 벼슬을 한
다. 하지만 예가 쇠퇴하면 그만둔다. 마지막 단계는, 내가 조석
으로 밥도 먹지 못하여 굶주릴 때 구제해 준다는 차원에서 나

를 대우해 주면 벼슬을 한다. 그러나 이는 죽음을 면할 뿐, 큰 의미 있는 벼슬은 아니라는 말이다.

벼슬을 하는 것은 한 사회의 리더가 되어 공적으로 나의 뜻을 펼치기 위한 것이지만, 때로는 생계를 위해 벼슬을 할 수도 있다. 이는 죽지 않기 위해 하는 것일 뿐, 그 자체에 큰 의미를 둘 수 없다. 이렇게 하는 관직이라면, 그저 생계유지를 위한 벼슬이 될 수밖에 없다. 하지만 높은 지위에 있는 리더라면 그런 자세로 벼슬을 해서는 안 된다. 사적인 욕망 자체가 목적이 된 관직이 아닌지 돌아보아야 한다는 것이다. 이 때문에 맹자는 관직에 나아가는 사람은, 군주가 신하에게 예를 다하고 있는 지를 보아야 한다고 강조한다. 맹자는 제 선왕에게 다음과 같은 말을 해준다.

군주가 신하를 자기 손발같이 여긴다면, 신하는 군주를 배와 심장처럼 여긴다. 군주가 신하를 개나 말처럼 하찮게 보면, 신하는 군주를 일반 사람처럼 본다. 군주가 신하를 흙이나 지푸라기처럼 보면 신하는 군주를 적이나 원수처럼 본다.

[君之視臣如手足, 則臣視君如腹心, 君之視臣如犬馬, 則臣視君如國人, 君之視臣如土芥, 則臣視君如寇讎.](『맹자』, 「이루 하」)

이 구절은 군주의 입장에서 볼 때 무척 불쾌한 말이다. 신하가 자신에 대한 절대적 복종을 하지 않고 군주가 어떻게 하느냐에 따라 신하의 태도가 달라지기 때문이다. 역사 속에서 군주의 불쾌함이 실제로 드러난 적이 있다. 명나라 태조 주원장은 이 구절을 본 후 책을 집어 던지고서, "이 늙은이가 살아 있다면 죽음을 면치 못할 것이다. 당장 이 자의 신주를 사당에서 내치고 책을 불태워라."라고 명령하였다고 전해진다. 주원장은 이후 유삼오(劉三五)를 시켜 군주를 비판한 85개의 장을 삭제한 『맹자절문(孟子節文)』을 별도로 편찬하게 하고, 과거 시험의 교재로 쓰게 하였다고 한다.[7] 관직에 나가는 사람이 사적 욕망을 버리고 공적인 입장으로 군주를 대할 때 그것은 군주의 욕망과 배치되는 것이며, 이 때문에 당연히 위의 사건이 발생한 것이다. 그렇지만 맹자의 주장은 관직에 나가는 사람으로서 반드시 되새겨야 할 내용이다. 우리 사회에서 사적인 욕망을 위해 공적인 역할을 포기하는 리더들이 많다는 점에서 더욱 그러하다.

또한 맹자는 관직에 진출하는 사람은 자신의 욕망을 따르기보다 상황에 따라 관직을 언제라도 그만둘 수 있는 마음을 가져야 함을 강조한다. 맹자는 공자에 대해 "성인 중에서 가장 때를 잘 아는 성인이다.[聖之時者也.]"라고 평가하면서 다음과 같이 말한다.

벼슬할 만하면 벼슬하고 그만두어야 하면 그만두며 오래 할 만
하면 오래 하고 빨리 그만두어야 하면 빨리 그만두는 사람이 바
로 공자이다.
[可以仕則仕, 可以止則止, 可以久則久, 可以速則速, 孔子也.](『맹자』,
「공손추 상」)

공자에 대한 평가의 의미를 갖는 이 구절은 「만장 하」에도
거의 비슷하게 다시 등장한다. 그만큼 맹자가 중시하였다는
것인데, 사람이 사적인 욕망에 눈이 가려지면 물러나야 할 때
망설이거나 자리를 고집하다가 결국 모욕을 당하는 일이 생긴
다는 것을 잘 알고 있었기 때문에 이런 주장을 한 것이다. 누구
나 자신의 거취를 정확하게 판단하기가 어렵다. 그것은 자신
의 사적인 욕망 때문에 사리를 잘 분별하지 못하기 때문이다.

공적 욕망과 사적 욕망의 충돌을 대하는 자세

관직을 해 나가는 과정에서 사적인 관계와 공적인 역할 사이

에서 충돌이 생기면 어떻게 할 것인가? 현실에서 국가의 리더가 가족의 문제로 인하여 어려움을 겪는 경우가 적지 않다. 자녀가 부모의 뜻을 그대로 따르지 않거나 배우자가 나와 뜻이 다를 때 생기는 충돌은 불가피한 면이 있다. 이때 가족이라는 사적 관계가 리더의 공적인 역할을 방해할 수 있다. 아래에서 과거의 성인이면서 가장 효가 깊었다는 순임금을 사례를 설명한 맹자의 이야기로 들어가 보자.

도응: 만약 순임금이 천자일 때, 법 집행이 엄격한 고요가 형벌을 다스리고 순임금의 부친 고수가 살인을 하였다면 어떻게 할까요?

맹자: 고요가 고수를 체포하였을 것이다.

도응: 그렇다면 순임금은 막지 않았을까요?

맹자: 순임금이 어찌 그것을 막을 수 있었겠는가? 형벌은 순임금이 앞선 군주에게서 전해 받은 것이다.

도응: 그렇다면 순임금은 어찌하셨을까요?

맹자: 순임금은 천하를 버리기를 마치 헌 짚신을 버리는 것처럼 여겼을 것이다. 몰래 부친을 업고 도망쳐 바닷가로 가서 살며 평생 기쁘게 지내며 천하를 잊었을 것이다.

[桃應問曰, "舜爲天子, 皋陶爲士, 瞽瞍殺人, 則如之何?" 孟子曰, "執

之而已矣." "然則舜不禁與?" 曰, "夫舜惡得而禁之? 夫有所受之也."
"然則舜如之何?" 曰, "舜視棄天下猶棄敝蹝也. 竊負而逃, 遵海濱而
處, 終身訢然, 樂而忘天下."] (『맹자』, 「진심 상」)

가족은 사적으로 정말 중요한 관계인데, 가족이 위법을 저
질렀다고 완전히 공적으로 처벌할 수 있을까? 어떤 리더라도
공인으로서의 자세를 버리지 않으면서도 사적인 관계를 해
치지 않을 수 있는 묘책을 찾기가 쉽지 않다. 가족 중에 잘못
을 저지른 사람이 있다고 해서 그를 매정하게 내칠 수만은 없
는 것이다. 최근의 우리 사회에서도 공직에 있는 사람의 자녀
나 배우자의 문제 때문에 논란이 되는 경우를 적지 않게 만난
다. 이는 정말 쉽지 않은 고민스러운 문제이다. 맹자는 가설의
상황을 설정하고 이에 대한 논의를 전개한다. 즉, 맹자는 우선
천자라도 법을 어길 수는 없다는 것을 주장한다. 그래서 위 구
절처럼 효자로 알려진 순임금이라면 천자의 지위를 과감하게
버리고 부모님을 모시고 도망가는 방법을 택할 것이라고 주
장한다.

순임금은 전통적으로 부모에 대한 효를 가장 중시한 것으
로 알려져 있다. 이 때문에 맹자는 순임금이 부모와의 관계를
가장 중시하였음을 아래와 같이 기술하고 있다.

(순임금은) 천하의 사람들이 그를 좋아하는 것은 사람들이 바라는 것이지만, 그것으로 근심을 해결할 수 없었으며, 색을 좋아하는 것은 사람들이 바라는 것이고 요임금의 두 딸을 부인으로 두었음에도 그것으로 그의 근심을 해결할 수 없었으며, 부유함은 사람들이 바라는 것이고 천하를 소유할 정도로 부유하였지만 그것으로 그의 근심을 해결할 수 없었다. 귀함은 사람이 모두 바라는 것이고 천자가 되었을 정도로 귀하였지만 그것으로 근심을 해결할 수 없었다. 사람들이 그를 좋아하고 색을 가까이할 수 있고 부귀하였어도 그의 근심을 해결할 수 없었다. 오직 부모님의 사랑을 받는 것만이 근심을 해결할 수 있었다.

[天下之士悅之, 人之所欲也, 而不足以解憂, 好色, 人之所欲, 妻帝之二女, 而不足以解憂, 富, 人之所欲, 富爲天下, 而不足以解憂, 貴, 人之所欲, 貴爲天子, 而不足以解憂. 人悅之, 好色, 富貴, 無足以解憂者, 惟順於父母可以解憂.](『맹자』, 「만장 상」)

현대 사회에서 범법자인 부친을 업고 도망가서 숨어 사는 것은 현실적이지 않다. 이는 전통 사회라고 해도 쉬운 것이 아니다. 다만 맹자의 주장은 공적 영역과 사적 욕망이 충돌할 때의 자세에 대해 시사하는 바가 크다. 무엇보다 공적인 정의를 사적인 관계 때문에 무너뜨리지 않는다는 점이다. 리더라고 해도 가족이 자기 마음대로 되는 것이 아니다. 하지만 리더는 순임금처럼 자기 가족의 잘못에 대해 사직할 수 있다. 그렇지 않고 자신의 지위를 이용하거나 법률을 악용해서 가족을 지키려고 해서는 안 된다는 점을 맹자는 강조한다. 사적인 관계인 가족을 지키는 것이 결국 공적인 영역에서 누군가 타인의 억울함을 전제로 하기 때문이다. 이처럼 맹자는 사적인 욕망을 인정하되 그것이 공적인 역할을 방해해서는 안 된다고 말한다. 이 때문에 사적 욕망을 공적으로 승화시킬 수 있어야 한다고 주장한 것이다.

탐욕에 대한 경계는 계속되어야 한다

이상에서 보았듯이, 공맹 사상은 기본적으로 인간의 욕망을 인정한다. 그러나 한 사회의 리더를 지향하는 사람은 욕망을 사적인 영역에 머무르게 해서는 안 되며 그것을 공적인 영역으로 승화하여 모든 사람의 욕망 실현을 위한 힘이 되어야 한다는 것을 강조하였다.

공자의 고향인 중국의 취푸(曲阜)에는 송대 이후 공자의 후손들이 살았던 집인 공부(孔府)가 있다. 역대로 공자의 후손들

〈그림 13-1〉 계탐도

에게는 취푸 지역을 다스리는 제후와 비슷한 지역 책임자의
지위를 부여하였기에, 공부는 거주 공간이면서 동시에 관청
공간이었고 전체 구조가 관청 공간과 거주 공간으로 나누어져
있다. 그런데 이곳의 거주 공간에서 관청 공간으로 가는 문에
는 〈계탐도(戒貪圖)〉(그림 13-1)가 그려져 있다.

　이는 탐욕을 경계한다는 뜻을 가진 그림이다. 그림은 '탐'
(㺱)이라는 이름을 가진 전설상의 동물을 등장시켰는데, 신

령스러운 용의 아홉째 아들로 설정되어 있다. 탐은 외형상 상서로운 기린과 비슷한 모습이지만 욕심이 매우 많았다. 그래서 세상의 온갖 귀한 물건을 다 가지려고 하였고, 끝내는 하늘의 태양까지 갖고자 하여 달려들었다가 타 죽었다고 한다. 송대 이후 공자의 적장자 후손은 제후와 같은 지위가 주어졌는데, 그 이상의 큰 욕심을 내지 않아야 한다는 것을 경계하려고 관청에 갈 때마다 이 그림을 보고 스스로를 돌아보도록 하였다고 전해진다. 이 그림을 통해 욕망이 적절하게 있을 때는 실현이 가능하지만, 정도가 지나치면 결국 자신을 패망으로 이끌게 된다는 점을 보여주었다고 할 수 있다. 계탐도는 공맹 사상에서 욕망을 어떻게 보고 있는지를 잘 나타내고 있으며, 현대의 리더들에게 자신의 욕망이 지나쳐서는 안 된다고 말하고 있다. 욕망을 자제하지 못하고 커지면 문제를 일으키게 된다는 점을 경계하라는 측면에서 항상 생각하고 있어야 할 그림이라고 할 것이다.

01 마이카로 향하는 여정

1   이 글은 「마이카로 향하는 여정: 한국인 자동차 소유 욕망의 전개와 한계」를 제목으로 『역사와 실학』 제83집(2024.4)에 실린 필자의 글을 수정하여 재수록한 것이다.

2   쿠르트 뫼저(2007), 『자동차의 역사』, 김태희·추금환 역, 뿌리와이파리, 10.

3   이러한 문제의식에서 한국에서의 20세기 대가속과 환경오염 문제를 시론적으로 제기한 연구로는 고태우(2023), 「대가속의 어두움: 20세기 한국의 역사는 발전의 역사인가?」, 『역사학보』 257, 역사학회; 고태우(2023), 「20세기 한국 환경오염사 서설」, 『생태환경과 역사』 10, 한국생태환경사학회 참고.

4   총회 기간 '오늘의 화석상' 명단은 기후행동네트워크 누리집(https://climatenet-work.org/updates/event-portal/cop-28/fossil-of-the-day-at-cop28, 검색 날짜: 2024.2.15.) 참조.

5   손정목(2005), 「18. 자동차 사회가 되기까지」, 『한국 도시 60년의 이야기1』, 한울; 전영선(2010), 『고종 캐딜락을 타다: 한국 자동차 110년의 이야기』, 인물과사상사.

6   全國經濟人聯合會 編(1996), 『韓國의 自動車産業』, 全國經濟人聯合會; 한국자동차공업협회·한국자동차공업협동조합(2005), 『한국자동차산업 50년사』, 한국자동차공업협회; 여인만(2018), 「자동차 산업의 형성과 산업 정책」, 『역사비평』 122; 김천욱(2022), 『한국 자동차 산업 발전사』, 해남; 김유진(2023), 「기업과 정부 간의 상호작용: 현대자동차의 사례를 중심으로」, 『경영사 연구』 38-2, 한국경영사학회 등.

7   現代自動車社史編纂委員會 編(1992), 『現代自動車史』, 現代自動車; 起亞自動車 株式會社(1994), 『起亞五十年史 1944-1994』, 起亞自動車 株式會社 등.

8   최영준 외(2010), 『고속도로의 인문학』, 한국도로공사; 최광승(2010), 「박정희는 어떻게 경부고속도로를 건설하였는가」, 『한국학』 33-4, 한국학중앙연구원, 2010.

9   이문석(2016), 『자동차, 시대의 풍경이 되다』, 책세상.

10   「한국 자동차 생산 지난해 376만대…3년 연속 세계 5위」, 『한겨레』 2023.3.2.

11   미국 역사에 국한되지만, 자동차와 관련된 복합적인 권력관계를 잘 보여주는 연구는 Tom McCarthy(2007), *Auto Mania: Cars, Consumers, and the Environment*, New Haven & London: Yale University Press; Christopher W. Wells(2012), *Car Country: An Environmental History*, Seattle: University of Washington Press.

12 자동차 등록 대수에 관한 상세한 추세는 통계청 지표누리 "자동차 등록 현황" (https://www.index.go.kr/unity/potal/main/EachDtlPageDetail.do?idx_cd=1257, 검색 날짜: 2023.10.1)에서 확인할 수 있다.

13 마이카(my car)는 일본에서 유래하여 한국으로 수입된 외래어로 보인다. 영어에서는 자가용차의 의미는 없으며 단순히 자신이 사용하는 '나의 차'라는 의미로만 쓰인다. 일본에서 이 용어는 1956년 승용차 판매 표어로 고안된 것으로 알려지며, 1961년 호시노 요시로 교수가 "마이카"라는 책(星野芳郎 著, 『マイ・カー』, 東京: 光文社, 1961)을 저술한 뒤부터 일반화했다고 알려져 있다. 『精選版 日本国語大辞典』(https://kotobank.jp/, 검색날짜: 2024.4.15.) 참고. 한국에 '마이카'는 1967년 중앙 일간지에서 비로소 발견되는데, 당시 신문 기사에는 일본 용어 "マイ・カー"를 그대로 음차하여 "마이·카"로 표기되기도 했다. 같은 해에 한국능률협회는 자동차 작동 원리를 설명하는 책을 발행하기도 하였다(한국능률협회 편, 『마이카百科』, 韓國能率協會, 1967). 이러한 사실로 미뤄 보아 1967년 이후 한국에서 '마이카' 용어가 본격적으로 쓰이게 된 것으로 보인다.

14 마이카 담론에 관한 개략적인 검토는 유선영(2010), 「17. 경부고속도로: 미래주의 서사의 '플래시 포워드' 효과」, 『고속도로의 인문학』, 성남: 한국도로공사 참조.

15 「'마이카時代도 不遠' 멀지 않은 生活의 平準化」, 『京鄕新聞』 1967.3.27; 「다가선 '꿈의 문턱'…마이카時代」, 『매일경제』 1968.9.24.

16 「서울 새 風俗圖(100) 자동차 時代①」, 『京鄕新聞』 1971.2.23.

17 「萬物相」, 『朝鮮日報』 1968.6.11.

18 「庶民生活」, 『京鄕新聞』 1968.1.1.

19 「서울 새 風俗圖(127) 자동차 時代[完]」, 『京鄕新聞』 1971.4.5.

20 「社說 – 사치·浪費에 대한 全面 戰爭」, 『東亞日報』 1968.3.14; 「"高度成長"과 安定에의 問題點」, 『朝鮮日報』 1969.12.23; 「車 '自家用시대'는 오는가①」, 『朝鮮日報』 1978.5.28 등 참조.

21 「總 8萬9千9百67臺, 自家用이 62%를 차지」, 『東亞日報』 1976.8.13.

22 「本社, 中堅샐러리맨 生活實態·意識구조 調査」, 『京鄕新聞』 1978.11.17; 「所得 앞지른 消費에 고민, 中堅 샐러리맨들의 家計」, 『京鄕新聞』 1978.11.17.

23 「승용차 1대 값이 변두리 서민주택 값에」, 『매일경제』 1977.2.18.

24 유선영(2010), 앞의 글 377-379. 다만, 유선영은 박정희 정권이 구체적으로 어떻게 마이카 담론을 의도했는지에 관한 근거는 제시하지 못했다. 더 연구가 필요한 대목이다.

25 「自家用車 수요가 늘고 있다」, 『매일경제』 1978.3.3; 「自家用 승용차 需要가 늘어난

다」, 『朝鮮日報』 1978.4.14; 「地方에도 마이카붐 江原…1,031대로 1년 새 40%나 크게 늘어」, 『京鄕新聞』 1978.3.16.

26 「달려오는 自動車문화(2) 自家用은 사치품인가」, 『京鄕新聞』 1985.4.2. 한 신문기사를 참조하면, "대부분 40만 원에서 70만 원의 급료 수준에 있는 30대 회사원들에게 한 달 20만 원 안팎의 차량 유지관리비란 여간한 짐이 아니"었다. 「30대 會社人間〈23〉 마이카, 아직은 '힘겨운 꿈'」, 『東亞日報』 1985.6.15 참조.

27 「달려오는 自動車문화(2) 自家用은 사치품인가」, 『京鄕新聞』 1985.4.2.

28 「달려오는 自動車문화(11) '마이카 붐'의 함정」, 『京鄕新聞』 1985.6.3.

29 「자동차 서울지역 44%가 '마이카' 보유」, 『朝鮮日報』 1994.5.10.

30 「엔진오일·배터리液 수시 점검. 마이카時代」, 『매일경제』 1988.11.24.

31 「사설 - 좀 천천히 삽시다」, 『京鄕新聞』 1989.2.9.

32 「多樣化社會(22) "집보다 車 먼저…" 마이카 붐」, 『東亞日報』 1989.7.22; 「'80年代 바람 (9) 마이카붐」, 『매일경제』 1989.12.13.

33 「격동의 10年(12) '생활革命' 몰고 온 마이카 붐」, 『京鄕新聞』 1989.12.22.

34 이와 함께 거주지 또는 거주지 근처의 주차 공간도 필수이다.

35 1970년대~1980년대 전반 자동차 산업의 상황은 한국자동차공업협회·한국자동차 공업협동조합, 앞의 책, 213-220, 249-256; 여인만, 앞의 글, 119-128 참조.

36 한국자동차공업협회·한국자동차공업협동조합(2005), 앞의 책, 348-352.

37 이문석(2016), 앞의 책, 221.

38 「헛바퀴 도는 '자동차文化'」, 『京鄕新聞』 1987.2.17.

39 李東勳, 「[每經 春秋] 自動車 문화」, 『매일경제』 1991.4.15.

40 일본의 도요타가 만든 퍼블리카를 신진자동차 회사가 들여와 조립하여 판매한 차종 을 말한다.

41 「서울 새 風俗圖(105) 자동차 時代⑥ 도시인의 소망 마이카」, 『京鄕新聞』 1971.3.3. 대도시로 인구가 집중되고 대중교통 체계가 발달하지 못했던 사정은 자가용 소유 에 대한 열망을 부채질했을 것으로 보인다. 1976년 서울의 일상적인 교통난을 살펴 보자. 당시 도봉구 상계동에서는 새벽 5시부터 "처절한 '교통지옥'이 연출"되었다. 서울 도심인 종로나 을지로 등으로 1시간이면 가는 거리지만, 주민 수에 비해 버스 등 절대 차량 수가 모자라기에 직장에 지각하지 않으려면 출근 2~3시간 전부터 일 찍 집을 나와야 하는 상황이었다. 고등학생들의 등교 시간이 오전 8시 20분까지였는 데, 새벽 6시면 집을 나서는 학생도 있었다. 퇴근 시간 비좁고 어두운 버스 안에서는 여성들이 성추행당하는 경우가 비일비재하여, 상계동 여성들이 대중교통으로 저녁 나들이를 삼갈 정도였다고 한다(「滿員 서울 무엇이 問題인가⑤ 交通難」, 『朝鮮日報』

1976.3.31). 대중교통의 부족, 도시 계획 및 교통 정책의 한계는 이후에도 상당 기간 지속되는데, 이러한 상황은 사람들에게 자가용 운전을 선호하게 했을 것이다. 너도 나도 자가용을 몰고 나오면 교통 체증이 더욱 심해지게 마련이지만 만원 버스보다 마이카 안에서 쾌적함을 느낄 수 있었다.

42 「"自家用을 빌려드립니다" 렌트카」,『朝鮮日報』1978.11.22.

43 「"소득 1千弗 넘으면 '마이카時代' 온다」,『朝鮮日報』1977.10.1;「다가올 마이카時代 80년으로 예측」,『매일경제』1977.10.7.

44 「車 '自家用시대'는 오는가① 이미 달리기 시작했다」,『朝鮮日報』1978.5.28.

45 「萬物相」,『朝鮮日報』1969.10.30.

46 「고급乘用車…내년부터 供給 과잉」,『朝鮮日報』1978.9.20.

47 「過消費문화(4) 高所得의 幻想」,『京鄉新聞』1984.6.8.

48 「달려오는 自動車문화(10) 빗나간 '裝飾붐'」,『京鄉新聞』1985.5.22;「달려오는 自動車 문화(11) '마이카 붐'의 함정」,『京鄉新聞』1985.6.3; 유현정,「自動車 - "내 돈 가지고 치장"한다지만 거부감이—」,『京鄉新聞』1987.7.10.

49 「'문턱' 넘어선 自動車시대 百만 대 돌파 - 現況 점검」,『朝鮮日報』1985.5.9.

50 이현락,「過熱 소비와 '先進祖國'」,『東亞日報』1984.10.15.

51 「달려오는 自動車문화(2) 自家用은 사치품인가」,『京鄉新聞』1985.4.2.

52 「격동의 10年(12) '생활革命' 몰고 온 마이카 붐」,『京鄉新聞』1989.12.22.

53 신문에서의 몇 사례만 열거하면「學院 입학에서 免許시험 절차까지 - 運轉을 배우려면」,『京鄉新聞』1981.8.27;「'마이카' 마련은 이렇게」,『京鄉新聞』1982.5.8;「마이 카 장만을 위한 情報가이드」,『매일경제』1983.12.23;「중산층, 燃比 높은 小型車 선호」,『매일경제』1988.5.6;「엔진오일·배터리液 수시 점검. 마이카時代」,『매일경제』1988.11.24;「출퇴근용 1,500cc 이하 소형 적당」,『京鄉新聞』1990.4.4 참조.

54 1983년 12월 현대자동차는 세종로 현대빌딩에 마이카 상담실을 개설했고, 1984 년 3월 대우자동차도 전국에 마이카 안내센터를 설치했다. 「財界短信」,『朝鮮日報』 1983.12.13;「現代, 마이카 상담 늘어」,『京鄉新聞』1984.3.9;「마이카 안내센터 개설」,『京鄉新聞』1984.9.22 등 참고. 이러한 정보 제공은 신문뿐만 아니라 TV 광고, 잡지 광고 등에서도 살펴볼 수 있다.

55 이보다 뒤 시기이지만 2001-2014년 현대자동차를 비롯한 한국 4대 재벌 대표 기업 (삼성전자, 현대자동차, SK텔레콤, LG전자)의 언론매체 광고시장 점유율은 연도별 변동이 있지만, 11.2~16.8%를 차지할 정도로 큰 영향력을 행사했다. 김상조·이승희 (2015),「4대 재벌의 언론사 광고 지배력 분석」,『경제개혁리포트』2015-13, 경제개 혁연구소, 22-24 참조.

56 점, 선, 면의 관광 용어는 전서용,「觀光여행 형태의 變化와 觀光候補地」,『매일경제』 1974.7.31 참조.

57 「마이카族 高速 달려 避暑도 디럭스化, 바캉스 絶頂」,『매일경제』1970.8.3.

58 「휴일 遊園地에 "마이카 滿員"」,『京鄉新聞』1983.5.12;「高速道 이용 마이카行樂 급증 추세」,『京鄉新聞』1984.7.23.

59 「오토캠핑 '新세대 바캉스'로 정착」,『京鄉新聞』1992.6.20.

60 「차캉스 장거리 안전하게 떠난다」,『매일경제』1989.7.20.

61 「[특집] 外食문화 - 核가족 마이카時代 새 풍속」,『매일경제』1994.10.1.

62 「外食산업 신세대층 힘입어 새소비 문화 주도」,『매일경제』1995.4.15;「외식산업 年 10% 성장, 5년 내 30兆 규모 육박」,『朝鮮日報』1996.4.28;「'마이카' 정착, 신세대 등 장. 외식산업 급팽창」,『東亞日報』1996.4.28.

63 「수도권 '레저형 쇼핑몰' 각광」,『京鄉新聞』1996.11.19.

64 「외식업체 주차공간 확보 매출 좌우」,『매일경제』1997.5.13. 이밖에 경기도 용인에 는 1997년 최초로 자동차 극장이 개관했다. 이 역시 새로운 레저 문화의 한 양상이 고, 극장의 입지를 둘러싼 부동산 시장에도 일정한 변화를 불러올 수 있는 요소였다. 「민속촌에 상설 '자동차극장'」,『京鄉新聞』1997.11.8.

65 1990년대 수도권 형성 과정과 그 다층적 의미에 관해서는 김백영(2020),「1990년대 수도권 형성과 한국 도시성의 전환」,『사회와 역사』127, 한국사회사학회 참고.

66 「마이·카 時代에 첫발, 자동차 去來所 개설」,『매일경제』1968.11.11.

67 「서울 25時〈14〉마이카 붐에 中古車市場 러시」,『東亞日報』1984.6.21;「자동차 액세 서리 총집합 - 서울 長安坪 장식품商街」,『東亞日報』1984.9.12;「서울 長安洞 자동차 部品商街」,『東亞日報』1984.12.26;「中古車 구입 - 전문시장 이용 효과적」,『매일경 제』1994.11.6.

68 「亂立…자동차 敎習所, 點檢해 본 實態」,『京鄉新聞』1969.12.22;「서울 새 風俗圖(102) 자동차 時代③ 각계각층이 모이는 学院〈上〉」,『京鄉新聞』1971.2.25.

69 「달리는 都心 … "고장난 '마이카'를 고쳐줍니다" "技術行商" 이동整備工」,『朝鮮日報』 1977.12.21;「산업구조 高度化…직업도 가지가지」,『매일경제』1988.1.5;「車는 늘고 整備는 어렵고…이달 300萬臺 돌파, 工場-人力 크게 부족」,『東亞日報』1990.6.13;「[就 業 광장] 자동차정비사 크게 달린다」,『京鄉新聞』1990.7.11.

70 「"自家用을 빌려드립니다" 렌트카」,『朝鮮日報』1978.11.22;「렌터카 이용·하려 면…」,『東亞日報』1989.5.11;「마이카 없어도 렌터카 '車캉스' 즐긴다」,『朝鮮日報』 1990.7.23;「휴가·新婚여행 렌터카로 편하게」,『매일경제』1995.5.13.

71 「카·에어콘」 붐 일 듯」,『매일경제』1969.6.4;「서울 새 風俗圖(124) 자동차 時代

[25]」, 『京郷新聞』 1971.3.30; 「"마이 카는 제2의 리빙 룸"」, 『朝鮮日報』 1984.4.20; 「자동차 室內 장식업 黃金시장으로 떠올라」, 『매일경제』 1984.8.6; 「자동차 액세서리 총집합 – 서울 長安坪 장식품商街」, 『東亞日報』 1984.9.12; 「서울 長安洞 자동차 部品商街」, 『東亞日報』 1984.12.26; 「승용차 실내장식업 盛業」, 『매일경제』 1985.6.4 등 참조.

72 「드라이브인 窓口 첫선」, 『매일경제』 1981.1.19; 「顧客이 乘用車에 탄 채 銀行일 쉽게 봐」, 『京郷新聞』 1981.1.19; 「人気 끄는 '드라이브 인 서비스'」, 『朝鮮日報』 1987.9.22; 「'드라이브 인' 점포 백화점까지 확산」, 『京郷新聞』 1992.1.29.

73 「오너 드라이버 特約 保險 인기」, 『매일경제』 1981.9.3; 「자동차보험」, 『京郷新聞』 1981.11.21; 「損保社, 自保계약 경쟁」, 『매일경제』 1985.3.22; 「저축성 자동차 보험 판매실적 6억 넘어」, 『매일경제』 1985.6.7; 「'승용차積金' 나왔다」, 『朝鮮日報』 1989.1.14; 「마이카 賦金제도 新設」, 『매일경제』 1989.1.14; 「자동차 購入자금 대출」, 『東亞日報』 1989.1.14; 「乘用車 살 때 千萬원까지 貸出」, 『京郷新聞』 1989.1.14 등 기사 참조.

74 이 법은 1995년 12월 「교통시설특별회계법」(법률 제5026호)으로 바뀐 뒤 여러 차례 개정되어 오늘에 이르고 있다.

75 교통시설 예산에서 도로의 중심성은 2000년대 들어서도 한동안 유지되다가, 2010년 이후에는 철도 계정이 30~36%, 도로 계정이 43~49%로 규정되면서 다소 완화했다. 국토해양부령에서 규정하는 현행 「교통시설특별회계법 시행규칙」(2010.7.22. 일부 개정)에서는 도로 계정을 1천분의 430 이상 490 이하, 철도 계정을 1천분의 300 이상 360 이하, 공항 계정 1천분의 70 이하, 항만 계정 1천분의 70 이상 130 이하로 하면서, 도로 계정의 비율을 낮추고 철도 계정의 비율을 높였다. 법제처 국가법령정보센터(https://www.law.go.kr/LSW/main.html, 검색 날짜: 2024.2.15) 참조.

76 도로 시설물의 변화에 관해서는 천효원(2014), 「도로 시설물의 생성과 변천」, 서울대학교 대학원 협동과정 도시설계학 전공 석사학위 논문 참조.

77 이후 횡단보도 설치 제약은 예외 사항이 늘어나면서 완화했다. 1995년 7월 시행규칙의 개정을 통해 어린이 보호 구역으로 지정된 구간 내에서는 횡단보도 설치 금지를 제한하지 않게 되었고, 1997년 12월 6일 개정으로 "보행자의 안전이나 통행을 위하여 특히 필요하다고 인정"되는 곳에도 예외를 두었다. 이후 노인 보호 구역(2007.4. 개정), 장애인 보호 구역(2011.12. 개정)에도 횡단보도 설치 금지를 제외했으며, 2016년 9월에 또 한 차례 개정이 있었다. 각 규정은 법제처 국가법령정보센터(https://www.law.go.kr/LSW/main.html, 검색 날짜: 2024.2.15) 참조.

78 지하보도와 보도육교의 통계는 서울 열린데이터 광장(https://data.seoul.go.kr/dataList/261/S/2/datasetView.do, 검색 날짜: 2024.3.3), 횡단보도 통계는 서울 열

린데이터 광장(https://data.seoul.go.kr/dataList/257/S/2/datasetView.do, 검색 날짜: 2024.3.3) 참조.

79 한국교통연구원 교통빅데이터연구본부(2019), 『2018 국가교통통계 국내편』(이하 『2018년판』), 35; 한국교통연구원 교통빅데이터연구본부(2022), 『2021 국가교통통계 국내편』(이하 『2021년판』), 35.

80 『2018년판』, 193; 『2021년판』, 193.

81 『2018년판』, 205; 『2021년판』, 205.

82 대기오염과 자동차의 관계에 관해서는 원주영(2022), 「한국의 대기오염 규제와 기준의 정치, 1960-2020」, 서울대학교 과학사 및 과학철학 협동과정 박사학위 논문 참조.

83 경제·인문사회연구회 탄소중립연구단(2022), 「수송부문 2050 탄소중립 전환 생태계 구축(요약)」, 『NRC 탄소중립연구단 Issue Paper』 vol. 8, 2.

84 참고로 개통 도로가 1947년 약 2만 1,793km에서 2022년 약 10만 5,562km로 약 4.8배 늘었다. e-나라지표 도로현황 "연도별 도로현황(2022년 말 기준)" 파일 참조(https://www.index.go.kr/unity/potal/main/EachDtlPageDetail.do?idx_cd=1206, 검색 날짜: 2024.2.15). 주차장은 2010년 1,572만 4,739면(1면은 주차 한 대 지면)에서 2016년 2,147만 907면으로 증가했다(『2021년판』, 40).

85 宇沢弘文(1974), 『自動車の社會的費用』, 岩波書店(우자와 히로후미 지음, 임경택 옮김, 『자동차의 사회적 비용』, 사월의책, 2016). 우자와 히로후미는 '사회적 비용'이라는 명칭을 사용하였으나, 이 글에서는 '사회 생태(적) 비용'을 사용하였다. 우자와는 자동차 사회가 끼친 영향을 경제학자로서 인간 사회에만 비용을 매겼고 환경 비용도 인간에 대한 피해액으로서 고려했다. 그러나 온실가스 배출에 따른 기후 변화는 인간뿐만 아니라 여러 생명체에 영향을 미치고, 도로와 주차장 건설은 인간만이 아닌 다른 생명체의 서식지와 대지를 훼손하며, 야생동물은 직접 로드킬로 생명을 잃는다. 이러한 비용을 모두 포괄하기 위해서는 '사회 생태'라는 용어를 붙이는 것이 타당하다고 생각한다.

86 Ivan Illich(1974), *Energy and Equity, Haper and Row*, Marion Boyars(이반 일리치 지음, 신수열 옮김, 『행복은 자전거를 타고 온다: 에너지와 공정성에 대하여』, 사월의책, 2018).

87 쿠르트 뫼저(2007), 앞의 책, 221.

88 볼프강 주커만(1992), 「파국을 향해 가는 자동차: 세계 자동차 위기와 인간의 책임」, 『녹색평론』 6; 마르시아 라우(1994), 「작은 행성을 위한 차」, 『녹색평론』 16; 스기타 사토시(1995), 「인간에게 자동차란 무엇인가」, 『녹색평론』 24; 임삼진(1997), 「자동차에 관한 미신들」, 『녹색평론』 36; 박용남(1997), 「지금은 자동차를 길들일 때」, 『녹

색평론』 36; 에두아르도 갈레아노(2015), 「자동차 - 보이지 않는 독재」, 『녹색평론』 142.

89 「교통문제 해결 市民이 나섰다」, 『朝鮮日報』 1993.3.6; 「'녹색교통' 범시민운동 벌인다」, 『한겨레』 1993.3.18; 「교통 체계 "'자동차'서 '사람' 중심으로"」, 『京鄕新聞』 1993.4.13; 「"차량 중심의 交通정책 잘못"」, 『東亞日報』 1993.4.13.; 김관석(1994), 「창간사: 사람을 위한 교통의 실현을 위하여」, 『녹색교통』 창간호.

90 녹색교통운동 부설 교통정책연구소 소장을 지낸 임삼진의 논의가 대표적이다. 임삼진(1994), 「녹색교통강좌 - 지속가능한 교통 체계의 구축을 위하여(1)」, 『녹색교통』 4; 임삼진(1995), 「생명 존중의 교통정책 방향 - 교통의 인간성 회복을 위하여」, 『녹색교통』 5; 임삼진(1997), 「대안적 교통문화의 모색」, 『녹색교통』 35.

91 최정한(1993), 「녹색시론: 녹색교통으로의 발상전환을 위한 정책과제」, 『녹색교통』 창간준비 3호, 6; 임삼진(1994), 「과감한 발상의 전환을」, 『녹색교통』 창간호, 29; 임삼진(1997), 「대안적 교통문화의 모색」, 『녹색교통』 35, 30-31.

92 안세홍(1994), 「포커스: 장애인에게 이동할 권리는 없는 것인가」, 『녹색교통』 2; 김정열(1995), 「한국 장애인의 삶과 교통환경」, 『녹색교통』 8 등 8호의 특집 글; 박선희(1996), 「장애인들에게 지하철은 아직도 금단의 땅인가」, 『녹색교통』 18; 강병기(1996), 「걷고 싶은 도시가 환경친화적이다」, 『녹색교통』 24; 박은호(1997), 「보행의 권리는 생활 기본권」, 『녹색교통』 29.

93 장명순(1994), 「도시교통과 자전거」, 『녹색교통』 3; 이광훈(1995), 「자전거 주행환경 조기 정착을 위한 방법」, 『녹색교통』 11; 임삼진(1995), 「자전거 이용 활성화를 위한 행정·시민의 역할(1)」, 『녹색교통』 11; 임삼진(1995), 「자전거 이용 활성화를 위한 행정·시민의 역할(2)」, 『녹색교통』 12; 강준만(1997), 「자전거 혁명을 위하여」, 『녹색교통』 39 등 참조.

94 박선희(1995), 「선택적 종합보험 가입이 낳는 사회적 피해와 불행」, 『녹색교통』 9; 임삼진(1995), 「생명 존중의 교통정책 방향 - 교통의 인간성 회복을 위하여」, 『녹색교통』 5; 임삼진(1995), 「교통 에너지 이용 실태와 그 대책」, 『녹색교통』 6; 민만기(1997), 「자동차 1,000만 대 시대, 무엇을 할 것인가」, 『녹색교통』 36; 임삼진(1998), 「합리적 교통투자를 위한 정책 방향」, 『녹색교통』 45; 임삼진(1998), 「합리적 교통투자를 위한 정책 방향」, 『녹색교통』 46.

95 자동차 중심 사회의 다른 사회로의 전환에 관한 실마리는 마티아스 슈멜처 외(2023), 『미래는 탈성장』, 김현우·이보아 옮김, 나름북스, 281-282; 샹드린 딕슨-드클레브 외(2023), 『모두를 위한 지구』, 추선영·김미정 옮김, 착한책가게, 209-222 참조.

02 프쉬케와 쿠피도의 사랑 이야기

1 "구원"이라는 말을 하게 된 것은, '욕망'이 대체로 긍정적인 것보다는 부정적인 의미로 통용되고 있기 때문이다. 이런 부정적인 시각은 대체로 중세 그리스도교의 문명을 거치면서 '욕망'이 감시와 통제의 대상으로 간주되면서 더욱 강화되었다. 물론 근세의 청교도 전통도 한몫 거들었다. 하지만, 서양 고대인에게 욕망(eros)은 양가적인 개념이었다. 대표적으로 헤시오도스(Hesiodos, 기원전 7세기 활약)는 물론 자신의 작품 『일과 나날』에서는 욕망의 부정적인 측면도 노래하지만 (욕망의 짝패인 경쟁(eris)이 욕망과 함께 다니면서 온갖 다툼과 싸움을 일으키고, 불의와 사치와 성적인 방종을 야기하는 원인으로 본다), 『신통기』 120~123행에서 욕망을 우주의 생성 원리로 노래하기 때문이다. 욕망을 우주의 생성 원리이자 작동 원리로 보는 헤시오도스의 입장을 계승하면서 동시에 비판적으로 접근하는 작품이 플라톤의 『향연』이다. 아풀레이우스의 『프쉬케와 쿠피도의 사랑 이야기』는 플라톤의 『향연』에 등장하는 파우사니아스의 연설(『향연』 180c-185c 참조)을 바탕으로 지어진 것이다. 프쉬케와 쿠피도는 천상의 에로스와 범속의 에로스, 천상의 아프로디테와 범속의 아프로디테에서, 천상의 에로스와 천상의 아프로디테의 관계를 모방하여 만든 한 쌍이다.

2 http://www.diptyqueparis-memento.com/en/love-and-psyche/ (검색 날짜: 2023.10.11) 참조.

3 *Met.* 5. 5.9, mi mellite, me marite, tuae Psychae dulcis anima!

4 욕망의 구원 가능성에 대한 아풀레이우스의 논의는 플라톤의 『파이드로스』 (245c-249d)를 이어받은 것으로 보인다. J. T. Winkle, Necessary Roughness: Plato's *Phaedrus* and Apuleius' *Metamorphoses*, in *Ancient Narrative* 11, 93-131.

5 한국어 번역으로는 루키우스 아풀레이우스(2018), 『황금 당나귀』, 송병선 옮김, 현대지성을 들 수 있다. 이 책은 라틴어 직역이 아니고 스페인어에서 한국어로 옮긴 중역이다.

6 ⟨Phi⟩losophico ⟨Pl⟩atonico ⟨Ma⟩daurenses cives ornamento suo. (RE 14.1.202. s.v. Madauros; S. Gsell, Inscriptions Latins de l'Algérie 1 (Rome 1965) 196 no. 2115.).

7 *De Civ.* 18.18 (⋯) sicut Apuleius in libris, quos asini aurei titulo inscripsit, sibi ipsi accidisse, ut accepto veneno humano animo permanente asinus fieret, aut indicavit aut finxit. Haec vel falsa sunt vel tam inusitata, ut merito non credantur.

8 이 글에서 참조한 문헌은 E.J. Kenney(ed.)(2003), *Auleius: Cupid & Psyche*, Cam-

brdige이다.

9 이는 헬레니즘 시대에 유행한 이야기 종류로, 짧고 간결한 우화와 민화의 내용을 다루며, 대개는 성애담(性愛談)을 이야깃거리로 삼는 문학 장르를 가리킨다. 기원전 2세기에 활약한 밀레토스 출신의 아리스티데스(Aristides of Miletus)가 이 장르의 효시자로 알려져 있다. 로마의 풍자작가 페트로니우스의 『사튀리콘(Satyricon)』, 초서의 『밀러 이야기(The Miller's tale)』, 보카치오의 『데카메론(Decameron)』이 장르의 특징을 이어받은 작품들이다.

10 M. C. O'Brien(2003), Apuleius' Debt to Plato in the Metamorphoses, in *Studies in Classics 21*. Lewiston, N.Y.: Edwin Mellen.

11 *De Civ*. 8.14 Apuleius tamen Platonicus Madaurensis de hac re sola unum scripsit librum, cuius esse titulum voluit 'de deo Socratis', ubi disserit et exponit, ex quo genere numinum Socrates habebat adiunctum et amicitia quadam conciliatum a quo perhibetur solitus admoneri ut desisteret ab agendo, quando id quod agere volebat non prospere fuere eventurum.

12 플라톤(2020), 『향연』, 강철웅 옮김, 아카넷, 54-55.

13 *Met*. 5.17. 3-4. Pro vero namque comperimus nec te, sociae scilicet doloris casusque tui, celare possumus immanem colubrum multinodis voluminibus serpendtem, veneno noxio colla sanguinantem hiantemque ingluvie profinda, tecum noctibus latenter adquiescere. Nunc recordare sortis Pythiae, quae te trucis bestiae nuptiis destinatam esse clamavit.

14 E.J. Kenney(ed.)(2003), *Apuleius: Cupid & Psyche*, Cambrdige, 116-225.

15 *Met*. 5.6.6. Sacralega curiositate de tanto fortunarum suggestu.

16 *Met*. 5.6.6. sed identidem monuit ac saepe terruit ne quando sororum pernicioso consilio suasa de forma mariti quaerat neve se Sacralega curiositate de tanto fortunarum suggestu pessum deiciat.

17 *Met*. 5.2.2. Nec est quicquam quod ibi non est. Sed praeter ceterarum tantarum admirationem hoc erat praecipue mirificum, quod nullo vinculo, nullo claustro, nullo custode, totius orbis thensaurus muniebatur. Haec ei summa cum voluptate visenti offert sese vox quaedam corporis sui nuda et 'quid' inquit, 'domina, tantis opstupescis opibus? tua sunt haec omnia.

18 *Met*. 5.5.5. (…) quae beati carceris custodia septa et humanae converstionis colloquio viduata nec sororibus quidem suis de se maerentibus opem salutarem ferre ac ne videre eas quidem omnino posset. Nec lavacro nec cibi nec ulla denique refectione recreata flens ubertim decessit ad somnum.

19 *Met.* 5.4.4. finitis voluptatibus vespera suadente concedit Psyche cubitum. Iamque provecta nocte clemens quidam sonus aures eius accedit. Tunc virginitati suae pro tanta solitudine metuens et pavet et horrescit et quovis malo plus timet quod ignorat. Iamque ignobilis maritus et torum inscenderat et uxorem sibi Psychen fecerat et ante lucis exortum porpere discesserat.

20 *Met.* 5.11.4-5. Quarum summa est ut te suadent meos vultus, quos,ut tibi saepe praedixi, non videbis, si vederis, (…) et si id tolerare pro genuina simplicitate proque animi teneritudine non potueris, certe de marito nil quicquam vel audias vel respondeas.

21 *Met.* 5.19.2. Nec enim umquam viri mei didi faciem vel omnino cuiatis sit novi, sed tantum nocturis subaudiens vocibus maritum incerti status et prorsus vobis merito consentio.

22 *Met.* 5.22.2. Sed cum primum luminis oblatione tori secreta claverunt, videt omnium ferarum mitissimam dulcimamque bestiam, ipsum illum Cupidinem formonsum deum formonse cubantem. Cuius aspectu lucernae quoque lumen hilaratum increbruit et acuminis sacrilegi novaculam paenitebat. At vero Psyche tanto aspectu deterrita et impos animi marcidopallore defecta tremensque …. dum saepius divini vultus intuetur publchritudinem, recreatur animi.

23 베르길리우스의 『아이네이스』의 표현이다. *Aen.* 6.62. hac Troians tenus fuerit fortuna secuta.

24 *Met.* 5.22.7. ante lectuli pedes iacebat arcus et phaeretra et sagittae, magni dei propitia tela.

25 *Met.* 5.23.1. Quae dum insatiabili animo Psyche, satis et curiosa, rimatur atque pertrectat et mariti sui miratur arma, depromit unam de pharetra sagittam et punctu pollicis extremam aciem periclitabunda trementis etiam nun articuli nisu fortiore pupugit altius, ut per summam cutem roraverint parvulae sanguinis rosie guttae.

26 *Met.* 5.23.4. Sed dum bono tanto percita saucia mente fluctuat, lucerna illa, sive perfidia pessima sive indivia noxia sive quod tale corpus contingere et quasi basiare et ipsa gestiebat. Evomuit de summa luminis sui stillam ferventis olei super umerum dei dexterum. Hem audax et temeraria lucerna et amoris vile ministerium.

27 *Met.* 5.23.1. Sic ignara Psyche sponte in Amoris incidit amorem.

28 이와 관련해서, 프쉬케는 제3막 방황의 프쉬케(Psyche errans: 5권 21장-6권 7장), 제4막 고난의 프쉬케(Psyche patiens: 6권 8장-21장)에서 쿠피도를 다시 만나기 위해 사랑하는 사람으로서 아주 적극적인 모습을 보인다는 점을 지적하고자 한다.

29 *Met.* 4.35.4. Psychen autem paventem ac trepidantem et in ipso scopuli vertice flentem mitis aura molliter spirantis Zephyri vibrantis hinc inde laciniis et reflato sinu sensim levatam suo tranquillo spiritu vehens paulatim per devexa rupis excelsae vallis subditae florentis caespitis gremio leniter delapsam reclinat.

30 이와 관련해서는 이성원(1992), 「목소리, 자아, 영상-Ovid의 Metamorphoses III. 339-510의 음미」, 『서양고전학연구』 6, 129-150를 참조.

31 *Met.* 6.1.1. Interea Psyche variis iactabatur discursibus, dies noctes mariti vestigationibus intenta et quanto magis inquieta animi, tanto cupidior iratum licet si non uxoriis blanditiis lenire certe seviliubus precibus propitiarem. Et prospecto templo quodam in ardui montis vertice "unde autem" inquit scio an meus degat dominus?"

32 나중에 태어난 이는 손녀였다. 아마도 즐거움을 뜻하는 라틴어 voluptas가 여성 명사였기 때문일 것이다. *Met.* 6.24.4. filia, quam Voulptatem nominamus.

33 *Met.* 6.13.5. rorem rigentem.

34 헬레니즘 시대의 문학에서 자주 등장하는 자살 문제에 대해서는 Michalopoulos A. N.(2002), Lucius' Suicide Attempts in Apuleius' *Metamorphoses, The Classical Quarterly.* 52(2), 538-548. doi:10.1093/cq/52.2.538 참조.

35 *Met.* 6. 16.4.

36 *Met.* 6.20-21.2. Et repetita atque adorata candida ista luce, quanquam festinans obsequium terminare, mentem capitur temeria curiositate et "ecce", inquit, "inepta ego divinae formonsitatis gerula, quae nec tantillum quidem indidem mihi delibo vel sic illi amatoris meo formonso placitura:, et cum dicto reserat pyxidem. Nec quicquam ibi rerum nec formonsitatis ulla, sed infernus somnus ac vere Stygius, qui statim copercuulo revelatus invadit eam crassaque soporis nebula cunctis eius membris perfunditur et in ipso vestigio ipsaque semita conlalsam possidet. Et iacebat immobilis et nihil aliud quam dormiens cadaver.

37 *Met.*4.34.4-6. haec erant vobis egregiae formonsitatis meae praeclara praemia. Invidiae nefariae letali plaga percussi sero sentitis. Cum gentes et populi celebrant nos divinis honoribus, cum novam me Venerem ore consono nuncparent,

tunc dolore, tunc flere, tunc me iam quasi peremptam lugere debuistis. Iam sentio, iam video solo me nomine Veneris perisse. Ducite me et cui sors addixit scopulo sistite. quid differo, quid detrecto venientem, qui totius orbis exitio natus est?

38 *Met.* 6. 19. 7.

39 *Met.* 6. 21.3-4. Sed Cupido iam cicatrice solida revalescens nec diutinam suae Psyches absentiam tolerans, per altissimam cubiculi, quo cohibebatur, elapsus fenestram, refectisque pinnis aliquanta quiete, longe velocius provolans Psychen accurrit suam, detersoque somno curiose et rursum in pristinam pyxidis sedem recondito, Psychen innoxio punctulo sagittae suae suscitat, et 'Ecce' inquit 'Rursum perieras, misella, simili curiositate. Sed interim quidem tu provinciam, quae tibi matris meae praecepto mandata est, exsequere naviter; cetera egomet videro.'

40 *Met.* 5. 24. 3.

41 이는 베르길리우스의 말이다. *Eclog.*, X 참조.

03 불가능한 기원

1 Sigmund Freud(1917), "Mourning and Melancholia", The *Standard Edition of the Complete Psychological Works of Sigmund Freud, Volume XIV(1914-1916)*, Translated and Edited by James Strachey et al, London: Hogarth, 1957, 244. 이하 괄호 안에 쪽수 표기.

2 Sigmund Freud(1933), "Femininity". *The Standard Edition of the Complete Psychological Works of Sigmund Freud, Volume XIV(1914-1916)*, Translated and Edited by James Strachey et al, London: Hogarth, 1960, 112-35.

3 Laplanche와 Pontalis가 지적하듯, 욕망을 의미하는 영어 단어로 통용되는 desire는 독일어 Wunsch의 의미를 잘 포괄하지 못한다. 오히려 wish가 그 의미에 가깝다. J. Laplanche and J.-B. Pontalis(1967), *The Language of Psycho-Analysis*, Translated by Donald Nicholson-Smith, New York, Norton, 1974, 482.

4 Gilles Deleuze & Félix Guattari(1972), *Anti-Oedipus: Capitalism and Schizophrenia*, Translated by Robert Hurley, Mark Seem, & Helen R. Lane, Minneapolis: Univ. of Minnesota Press, 1983, 49.

5 Peter Brooks(1994), *Psychoanalysis and Storytelling*, Cambridge: Blackwell Publishers, 20-45.

04 자유롭지 못한 존재의 욕망

1 『장자』(莊子)에서는 "기욕(耆欲)이 깊은 자는 천기(天機: 하늘의 오묘한 조화, 또는 천성天性)가 얕다"(其耆欲深者, 其天機淺, 『莊子』「大宗師」)라고 했다. 주희(朱熹)는 "이른바 '인심(人心)의 절반은 천리(天理)요 나머지 절반은 인욕(人欲)'이라는 말은 특히 그 선악이 서로 다투는 것을 들어 말한 것이다"(所謂'五分天理, 五分人欲'者, 特以 其善惡交戰而言爾, 『朱子語類』 권140, 北京: 中華書局, 1994, 3340)라고 했다. 한편 '욕 망'(欲望)과 '욕구'(欲求)는 한자어 의미상 차이가 있다고 하기 어려우나 서구의 현 대적 논의에서 '욕구'(besoin)는 본능적인 것 내지 생물학적 범주에 속하는 것, '욕 망'(désir)은 심리적인 범주에 속하는 것으로 구분해 본 점이 참고할 만하다. 이때 욕 구가 "그것을 만족시키는 대상 이전에 이미 존재"하는 것이라면 "욕망은 대상이 제 시되거나 암시되는 순간에 생겨난다." "욕구는 다른 대상으로 채워질 수 있으나, 욕 망의 대상은 교체가 불가능하다."(장-미셸 우구를리앙 Jean-Michel Oughourlian, 『욕망의 탄생』 *Genèse du Désir*, 2007; 김진식 옮김, 문학과지성사, 2018, 55-58)

2 말렉 슈벨(Malec Chebel), 『욕망에 대하여(*Du Désir*)』(2000: 서민원 옮김, 동문선, 2001), 11-12 참조. 욕망을 불러일으키는 대상의 선악을 따질 것 없이 욕망 그 자체 를 제거해야 한다는 생각은 고대 그리스·로마 철학에서 빈번히 확인된다(같은 책, 138-139 참조).

3 근대 철학이나 문학 비평의 영역에서 '사랑은 성적 욕망에 불과하다'라거나 '사랑은 욕망의 미사여구일 뿐이다"라는 견해가 진지하게 제기된 바 있기에 필요한 질문이 라고 본다.

4 「운영전」(박희병·정길수 편역, 『사랑의 죽음』, 돌베개, 2007), 77-78.

5 궁녀 운영의 결핍감은 같은 처지의 동료 자란이 잘 대변했다. "무지한 초목으로부터 지극히 미천한 새들에 이르기까지 음양을 품부받아 서로 사귀며 즐거워하지 않는 것 이 없지 않니. 그렇건만 우리 열 사람은 유독 무슨 죄를 지었기에 오래도록 적막한 궁궐 깊숙한 곳에 갇혀 (…) 청춘을 헛되이 보내다가 죽어서까지 공연히 한을 남겨 야 하는 걸까?"(「운영전」, 67-68)

6 안평대군의 사랑은 궁녀 금련의 말을 통해 알 수 있다. "운영은 용모와 자태가 인간 세계 사람이 아닌 듯해서 주군이 마음을 쏟은 지 이미 오래지. 그렇건만 운영이 죽기

로 거절한 이유는 다른 게 아니라 부인의 은혜를 차마 저버릴 수 없었기 때문이야. 주군은 비록 지엄(至嚴)하시나 운영이 몸을 상할까 저어하여 함부로 가까이하지 않으셨어."(「운영전」, 70-71)

7 「운영전」, 49-55.

8 「운영전」, 79.

9 「운영전」, 86.

10 「운영전」, 36.

11 「운영전」이 창작된 17세기 전반까지 이러한 생각은 명말(明末)의 이탁오(李卓吾)와 같이 혁신적인 인물에게서나 발견되는, 꽤 희귀한 것이다(이지 李贄, 「答以女人學道爲見短書」, 『분서』 焚書, 臺北: 漢京文化事業有限公司, 1984, 59). 17·18세기 유럽의 문학 작품에서도 여성 교육에 대한 폄하의 시선은 자주 발견된다(스탕달 Stendhal, 『연애론(De l'amour)』, 1822; 권오석 옮김, 홍신문화사, 2010, 204-206 참조).

12 「운영전」, 37-38. 유사한 상황에 대한 『속대전』(續大典)의 처벌 규정은 다음과 같다. "궁녀로서 외인(外人)과 간통한 자는 남녀 모두 때를 기다리지 않고 즉시 참형(斬刑)에 처한다[임신한 자는 출산한 뒤에 형을 시행하되 산후 100일 이후에 시행하는 예에 따르지 않고 즉시 형을 집행한다](宮女通姦外人者, 男女皆不待時斬[懷孕者亦待産行刑, 而不用産後百日之例]."(『續大典』 刑典 「姦犯」) 조선시대에는 추분(秋分)에서 춘분(春分) 사이의 기간에만 사형을 집행하는 것이 원칙이었다. "때를 기다리지 않고" 판결 즉시 처형한다는 것은 역모(逆謀)와 같은 가장 무거운 죄에 대해서만 적용되던 예외 규정인데, 이 규정이 궁녀의 간통에 적용되었던 것이다.

13 「운영전」, 100-101.

14 「운영전」, 34-35 참조.

15 「춘향전」은 대중의 끊임없는 애호 속에 수많은 변개를 거치며 유동한 결과 140종 이상의 이본을 가지고 있다. 1860년대 서울에서 필사된 「남원고사」는 「춘향전」의 초기 버전에 가까운 면모를 계승하고 있는 것으로 추정되며, '춘향전 문학의 최고봉'으로 지목되어 왔다.

16 「남원고사」(김진영 외 편저, 『춘향전 전집 5』, 박이정, 1997), 13-14.

17 「남원고사」, 16.

18 「남원고사」, 15-16. '사재고'는 '야멸차고', '도뜨기'는 '언행의 수준이 높음'의 뜻이고, '영소보전'과 '북극천문'은 모두 '옥황상제가 거처하는 곳'을 말한다.

19 「남원고사」, 20.

20 「남원고사」, 22.

21 「남원고사」, 23 참조.

22 「남원고사」, 27.

23 「남원고사」, 50.

24 「남원고사」, 51. '홍제원'은 서울 서대문구 홍제동에 있던 국영 여관으로, 서대문 밖의 이 일대에 숲이 우거져 있었으며, 경기도 고양 등지에서 가져온 땔감을 거래하던 시장이 인근의 무악재 아래에 있었다.

25 「남원고사」, 55.

26 「남원고사」, 95.

27 「남원고사」에서 춘향은 이 도령이 서울로 떠난 직후에 "대비정속(代婢定屬) 면천(免賤)하고, 사절빈객(謝絶賓客) 두문(杜門)하고, 의복단장 전폐"(「남원고사」, 63-64)했다. 그러나 '대비정속' 자체가 당대에 불법이어서 법적 효력을 지닐 수 없었던바, 춘향이 대비정속하여 기생 신분을 벗어났다는 이유로 절개를 지키겠다고 주장하는 것 자체는 현실적으로 큰 설득력이 없다. 당대 현실에 비추어 춘향이 기생도 사랑할 자유, '사랑의 약속'을 지킬 권리가 있다고 주장한 것으로 이해하는 쪽이 합리적이라고 본다.

28 「남원고사」, 117-118, 122.

29 「남원고사」, 136.

30 「남원고사」, 138.

31 「남원고사」, 139.

32 「남원고사」, 140.

33 「남원고사」, 156-157.

34 「남원고사」, 157.

35 결말부에서 어사의 징치와 임금의 승인이 이어지면서 춘향의 욕망을 가로막는 힘은 개인화되어 변학도 개인의 악행 형식을 띠고, 이로써 「운영전」과 달리 「춘향전」의 욕망은 사회적 환기력이 약해졌다. 후대 버전에서 '변학도'와 춘향의 대결 구도를 좀 더 치열하게 만든 것은 이 점에 대한 불만으로 보이지만 그렇다고 해서 작품 전체의 근본 구도가 흔들리지는 않았다.

36 '포의교집'이라는 독특한 제목은 '포의(布衣)의 교집(交集: 만남)', 곧 '포의지교'(布衣之交)를 뜻하는 말로 해석된다. 작자는 작품의 후평(後評)을 쓴 정공보(鄭公輔)로 추정된다.

37 「포의교집」(박희병·정길수 교감·역주, 『포의교집, 초옥 이야기』, 돌베개, 2019), 76.

38 「포의교집」, 17.

39 「포의교집」, 37.

40 「포의교집」, 21 참조.

41 「포의교집」, 22.

42 이 장면 때문에 「포의교집」 연구자들은 대체로 초옥과 이생의 사랑을 초옥의 '오해' 와 '착각'이 빚어낸 비극으로 인식해 왔다.

43 「포의교집」, 23-26 참조.

44 「포의교집」, 35.

45 「포의교집」, 39.

46 「포의교집」, 41.

47 「포의교집」, 43-44.

48 「포의교집」, 61-64.

49 「포의교집」, 64.

50 「포의교집」, 83.

51 「포의교집」, 85.

52 「포의교집」, 11, 14, 120-121 참조. 작품의 구체적 상황 설정, 디테일, 특히 초옥을 바라보는 초반부 작자의 시각과 중반부 이후 작자의 시각 사이에 큰 차이가 있는 점까지 고려할 때, 초옥은 실존 인물을 모델로 삼은 캐릭터로 추정된다. 작자가 상상해 낸 인물이라고 하기에는, 주인공을 보는 작자의 시선이 매우 심하게 분열되어 있기 때문이다.

53 "존경할 수는 있어도 친압할 수는 없고, 사귈 수는 있어도 함부로 대할 수는 없는 사람이구나!"(「포의교집」, 31)

54 "감히 시에 화답할 만한 재주가 없어서 약소한 물건 몇 가지를 보내 정을 표하니 (…)."(「포의교집」, 32) "나는 시골의 천한 선비로 (…) 용모도 볼 만한 구석이 없고 딱히 훌륭한 행실도 없으며, 집도 가난하고 나이도 많다. (…) 한갓 지푸라기 같은 존재에 지나지 않거늘, 양랑(楊娘: 초옥)은 내 어떤 점을 보고 나를 (…) 사모하는 걸까? (…) 그 정성에 보답하고자 하나 하해(河海)로도 부족하구나!"(「포의교집」, 52)

55 「포의교집」, 78.

56 「포의교집」, 89.

57 「포의교집」, 65-66 참조.

05 삼세기영지가의 영예

1 강세황에 대한 자세한 사항은 박은순(2019), 『조선 후기의 선비그림, 유화儒畵』, 사회평론아카데미, 281-364; 이경화(2016), 「姜世晃研究」, 서울대학교 대학원 고고미술

사학과 박사학위 논문; 변영섭(2016), 『표암 강세황 회화 연구(개정판)』, 사회평론 아카데미; 한국미술사학회 편(2013), 『표암 강세황: 조선후기 문인화가의 표상』, 경인문화사; 국립중앙박물관 편(2013), 『표암 강세황: 시대를 앞서간 예술혼』, 국립중앙박물관; 예술의 전당 편(2003), 『豹菴 姜世晃: 푸른 솔은 늙지 않는다』, 예술의 전당 참조.

2 정은진(2010), 「시서화로 일이관지(一以貫之)했던 표암과 그의 시문」, 강세황, 김종진·변영섭·정은진·조송식 역, 『표암유고』, 지식산업사, 708.

3 이경화, 앞의 논문, 39-41.

4 강세황, 앞의 책, 648.

5 이경화, 앞의 논문, 41; 강관식, 「표암 강세황 초상화의 실존적 맥락과 의관 초상화」, 한국미술사학회 편, 앞의 책, 129.

6 유경종에 대한 자세한 사항은 김동준(2000), 「海巖 柳慶宗의 詩文學 硏究」, 『한국한문학연구』 25, 397-427 참조.

7 강세황, 위의 책, 353-355(한문 원문은 356). 번역문의 일부를 필자가 수정하였다. 구양자(歐陽子)는 구양수(歐陽脩, 1007-1072)를, 종소문(宗少文)은 종병(宗炳, 375-443)을 지칭한다.

8 위의 책, 98.

9 위의 책, 116

10 위의 책, 107, 116.

11 이경화, 앞의 논문, 46.

12 강세황의 안산에서의 삶에 대해서는 정은진(2000), 「姜世晃의 安山生活과 文藝활동: 柳慶宗과의 교유를 중심으로」, 『한국한문학연구』 25, 367-396 참조.

13 〈현정승집도〉에 대한 자세한 사항은 이경화, 앞의 논문, 53-58; 변영섭, 앞의 책, 99-111; 국립중앙박물관 편, 앞의 책, 44-47, 275 참조.

14 강세황, 앞의 책, 101.

15 위의 책, 600-601, 603 (한문 원문은 604-606).

16 《송도기행첩》에 대한 자세한 사항은 김건리(2003), 「豹菴 姜世晃의 《松都紀行帖》 硏究: 제작 경위와 화첩의 순서를 중심으로」, 『미술사학연구』 237·238, 183-211 참조.

17 강세황, 앞의 책, 648.

18 위의 책, 601.

19 위의 책, 602.

20 위의 책, 116.

21 위의 책, 117.

22 위의 책, 647-649, 655-656, 658, 660, 663; 변영섭, 앞의 책, 27-28.

23 강세황, 위의 책, 647, 651-652.

24 《산수·사군자도》에 대해서는 국립중앙박물관 편, 앞의 책, 206-211, 299 참조.

25 강관식, 앞의 논문, 130.

26 이경화, 앞의 논문, 102-103.

27 변영섭, 앞의 책, 45.

28 위와 같음.

29 강세황의 연행(燕行)에 대한 자세한 사항은 정은주(2008), 「姜世晃의 燕行活動과 繪畵: 甲辰燕行詩畵帖을 중심으로」, 『미술사학연구』 259, 41-78 참조.

30 강세황의 금강산 여행에 대한 자세한 사항은 변영섭, 앞의 책, 236-245 참조. 《풍악장유첩》에 대해서는 박은순, 앞의 책, 331-343 참조.

31 이경화, 앞의 논문, 188.

32 국립중앙박물관 편, 앞의 책, 268-269. 삼세기영지가 된 집안은 세 가문이었다고 하는 견해도 있다. 이경화, 위의 논문, 192-193. 1784년에 윤영조(尹英祖)는 강세황이 '삼세기영'의 영예를 얻은 것을 축하하는 글에서 360여 년 동안 삼대가 연속해서 기로소에 들어간 집안은 한두 가문에 지나지 않았다고 했다. 강세황, 앞의 책, 698.

33 1783년에 이명기(李命基, 1756-1802년 이후)가 제작한 〈강세황초상(姜世晃肖像)〉(〈강세황 71세상(姜世晃71歲像)〉)에 대한 자세한 사항은 최석원(2017), 「〈강세황 71세 초상〉: 강세황(姜世晃), 이명기(李命基), 정조(正祖)가 합작한 초상」, 『미술사와 시각문화』 20, 100-129; 강관식, 앞의 논문, 166-172 참조.

34 《수역은파첩》에 대해서는 국립중앙박물관 편, 앞의 책, 156, 295 참조. '삼세기영' 인장은 〈약즙산수도(藥汁山水圖)〉(1782년, 개인 소장), 《풍악장유첩(楓嶽壯遊帖)》(1788년, 국립중앙박물관), 〈피금정도(披襟亭圖)〉(1788년, 리움미술관), 〈피금정도〉(1789년, 국립중앙박물관), 《표옹선생서화첩(豹翁先生書畵帖)》(1789년, 일민미술관) 등에도 찍혀 있다. 자세한 사항은 국립중앙박물관 편, 앞의 책, 68-69, 122, 128-129, 180, 186-187, 189-190 참조.

35 이 그림에 대한 자세한 사항은 이경화(2017), 「관모를 쓴 야인: 강세황의 70세 자화상과 자기인식의 표현」, 『미술사와 시각문화』 20, 68-99; 강관식, 앞의 논문, 161-166; 조선미(2009), 『한국의 초상화: 形과 影의 예술』, 돌베개, 289-293; 최석원(2008), 「姜世晃 自畵像 硏究」, 서울대학교 대학원 고고미술사학과 석사학위 논문 참조.

06 소설『요재지이』에 투영된 여우와 귀신의 심상한 욕망

1   『요재지이』는 포송령(蒲松齡, 1640-1715)이 20대 초반부터 수집한 이야기를 40여 년
     에 걸쳐 끊임없이 윤색하는 한편 새로운 이야기를 보충해서 세상에 내놓은 중단편
     이야기 모음집이다. 모두 491편이 실려 있으며 출간 직후 기이한 이야기 출판 붐을
     야기하였다. 이 책에서 다뤄진 서사는 시대를 초월하여 영화, 드라마, 애니메이션 등
     여러 매체에서 줄곧 다채롭게 활용되고 있으며, '사대기서(四大奇書)'와 함께 '팔대
     기서(八大奇書)'로 묶여 청대의 고전 소설뿐 아니라 중국 고전 소설의 대표적 작품으
     로 평가되고 있다. 한편 '요재지이'는 요재가 기록한 기이한 이야기라는 뜻이고, '요
     재'는 포송령 자신을 가리킨다.

2   이하에서 '여우-귀신 서사'라고 하면 여우나 귀신이 인간으로 둔갑하여 등장한 서사
     를 가리킨다.

3   이 글에서는 비인간 존재가 인간의 형상으로 등장함을 가리켜 '둔갑'이라는 표현을
     사용하기로 한다. 여우나 귀신, 정령 등이 인간으로 변함을 '변신'이라고 규정할 수
     도 있다. 그럼에도 둔갑이라고 칭하는 까닭은 변신은 다른 존재로 정체성이 변화됨
     을 가리키지만, 둔갑은 원래의 정체성은 유지한 채 양태만 변함을 가리키기 때문이
     다. 그러니까 변신은 원래의 자신과 완전히 구분되는 존재로 바뀌지만, 둔갑은 본래
     의 자신을 바탕으로 하고 있다는 점에서 이 둘은 분명히 다르다고 할 수 있다. 한편
     『요재지이』의 둔갑 서사는 절대 다수가 여우나 귀신, 동식물의 정령 등이 인간으로
     변하는 경우이지만, 「금릉을(金陵乙)」에서처럼 사람이 여우의 옷을 걸쳐 입고 여우
     로 둔갑하는 서사도 존재한다.

4   이 글에서는 『요재지이』의 편명만을 밝히기로 한다. 필자가 참조한 『요재지이』 판본
     은 주기개(朱其鎧) 주편(1989), 『전본신주요재지이(全本新注聊齋志異)』, 人民文學出版
     社이다.

5   정종의 뜻은 「기생(寄生)」의 다음 언급에 잘 드러나 있다. "아버지는 정에 눈이 멀었
     고, 아들은 급기야 정 때문에 죽었다고 칠 수 있다. 이른바 정종이란 것이 그들을 두
     고 말함이 아니겠는가?"

6   반면 신녀나 선녀 등은 도술로 어찌할 수 없다고 여겼다. 가령 신선 명부에 이름이
     올라 있는 견후(甄后)는 시어머니가 도사를 시켜 쫓아내려 하자 도술 따위로는 자신
     을 어찌할 수 없다면 도사를 죽이고는 선계로 돌아간다.(「견후(甄后)」)

7   「임사랑(林四郎)」의 귀신은 상대 남자에게, 당신의 높은 절의를 흠모하여 부부처럼
     정답게 지내고자 했고 해칠 의도는 전혀 없었다고 고백한다.「장홍점(張鴻漸)」의 여
     우와 「주우(酒友)」의 여우는 각각 상대 남자가 풍류를 알고 은혜를 잊지 않자, 또 자

신을 죽일 수 있었음에도 죽이지 않고 벗으로 대하자 이에 감동하여 상대 남자를 해코지하지 않고 도와줘 부유케 해준다.

8 「저수량(褚遂良)」에서 여우는 전생의 은혜를 갚고자 다시 태어나 저수량의 후신에게 은혜를 갚고, 「쌍등(雙燈)」과 「하화삼낭자(荷花三娘子)」에서 여우는 각각 전생의 연, 전생의 업보를 다 채웠다며 떠난다. 「사십천(四十千)」에는 전생의 채무자 귀신이 현생에서 채권자의 아들로 태어나 채권자로 하여금 채무자가 갚은 돈을 결국 다 쓰게 하였다는 일종의 복수 서사가 실려 있으며, 「노령(潞令)」의 귀신은 관과 권력에 대한 복수를 완수한다.

9 「주삼(周三)」에서의 여우는 장태화(張太華)와 전생에 좋은 인연이었는데 그가 못된 여우에게 고통을 당하자 못된 여우를 물리친 후 그 집에 눌러앉는다. 그러나 그 여우로 인한 피해는 없었고, 여우는 그저 인간 사이에 살며 인간으로 대접받는 것으로 그만이었다.

10 「영관(靈官)」에서의 여우는 늙은 도사로 둔갑해 도사와 막역한 우정을 나누며, 「우전(雨錢)」에서의 여우는 빼어난 문인다운 자질을 지닌 우아한 노인으로 변신하여 수재와 "이문회우(以文會友), 글로써 벗하다"를 구현한다. 「봉삼낭(封三娘)」에 등장하는 여우 여성은 도교 최고 경지인 제일천(第一天)에 오르기 위해 수양하는 한편 자신이 반한 여인의 벗이 되고 여인을 도와 사랑을 이루게 해주는 역할을 기꺼이 수행한다. 「진생(眞生)」에서의 여우도 도를 닦아 신선이 되는데 그 과정에서 사람과 참된 우정을 나눈다. 한편 여우나 귀신과 막역한 우정을 나눈다는 모티프는 그러한 우정을 나누지 못하는 현실의 투사로 읽을 수도 있다.

11 이러한 관점은 여우를 '호선(狐仙)' 내지 '선인(仙人)'으로 부르는 반면 '호귀(狐鬼)' 식으로 부르는 예는 없다는 데서도 목도된다. 여우와 귀신이 같은 부류라는 인식 아래 병칭되기도 하지만 이는 어디까지나 인간과 관계 맺는 방식이나 그들의 행동 양태 등의 차원에서 그러하다는 것이지 생기나 정기, 양기 등의 구비 차원에서도 그러하다는 것은 아니다.

12 외적 형식이 그 존재의 정체성을 규정하는 것이 아니라 그 내면에 들어 있는 바가 그 존재의 정체성을 규정한다는 이러한 관점은 『요재지이』에서만 목도되는 것은 아니다. 청대 말엽 평화주인(評花主人)의 『구미호(九尾狐)』 제1회에는 이러한 서술이 실려 있다. "여우인지 사람인지 모르겠지만 여우라도 사람의 마음이 있으면 나는 망설이지 않고 그를 사람이라 칭한다. 사람이 여우라면, 곧 사람이라도 여우의 마음이 있으면 나는 또한 망설이지 않고 그를 여우에 비긴다."

13 반면 「애노(愛奴)」처럼 『요재지이』에는 귀신이 인간처럼 먹고 마시며 인간이 되었음에도 아이를 못 낳는 서사도 소수이지만 존재한다.

14 여우와 선녀가 통한다는 인식은 가령 여우가 도를 닦아 신선이 된다는 서사에서도 목도 된다.

15 주 9) 참조.

16 「박흥녀(博興女)」에는 강간을 당하게 되자 이에 저항한 여인이 목 졸려 죽은 다음에 용이 되어 복수한다는 서사가 실려 있다. 이처럼 인간의 힘으로 어찌할 수 없는 바를 귀신이나 여우 등이 되어 해결한다는 서사가 판타지 서사로서 더욱 잘 어울린다. 한편 「노령(潞令)」같이, 귀신이 되어 관과 권력에 대하여 복수한다는 유의 복수 서사 대부분도 이러한 성격을 지닌다.

17 이는 『요재지이』 전체 서사를 두고 한 말이다. 여우-귀신 서사에서는 여우나 귀신이 인간 남자를 적극적으로 홀린다는 서사가 인간 남성이 적극적으로 여우 여성이나 귀신 여성에 적극적으로 다가선다는 서사에 비해 매우 소수이다.

18 『요재지이』에서는 큰 부를 소유함에 대해 부정적으로 서술된다. 가령 「구산왕(九山王)」에서의 여우는 일족을 아무 이유 없이 죽인 이생(李生)에게 복수하기 위해 이생의 부귀영화에 대한 욕망을 이용한다. 이는 부귀영화라는 욕망에 대한 부정적 인식을 환기한다.

19 반면 인간 여성이 의협을 행하는 서사는 『요재지이』에 적지만 엄연히 존재한다. 가령 「협녀」는 그 대표적 서사이다. 그래서 여우-귀신 서사에서 의협 모티프가 보이지 않는 점은 주목할 만한 양상이라고 할 수 있다.

20 적귀는 귀신을 잡아먹기에 귀신들은 적귀를 무서워한다.

21 이러한 관념은 『요재지이』에서도 목도된다. 가령 「소추(素秋)」에는 예절이 본래는 사람의 감정을 근거로 만들어진 것이라는 여우의 목소리가 나온다.

22 당새아와 심경지에 관하여는 졸고 김월회(2022), 「여성의 영웅되기—뮬란부터 당새아까지」, 김월회 등, 『영웅의 탄생—고전 속, 시대와 상황이 만들어 낸 영웅의 형상』, 서울: 혜화동 참조.

23 반면에 「황구랑(黃仇郎)」의 하사참(何師參)같이, 살아서 고달파하기보다는 죽는 한이 있더라도 즐기겠다며 미소년으로 둔갑한 여우에 대한 성욕을 거침없이 드러낸 예도 있다. 그러나 여우-귀신 서사의 경우 이 정도로 성욕에 대한 희구를 표출한 서사는 이를 제외하고는 보이지 않는다.

24 가령 「장홍점」의 여성 여우는 변치 않는 영원한 사랑을 희구한다.

07 16세기 일본 무사의 고명이라는 욕망

1 『甲子夜話』권1(國書刊行會本), 15. 해당 사료는 에도 시대의 기록이기 때문에 사실 여부에는 의문점이 있다. 다만 중세 말~근세 초 일본 무사들의 일반적인 심상을 잘 반영한 자료로는 볼 수 있다.

2 『常山紀談』권18(博文館本), 376. 이하 밑줄은 필자가 강조한 부분이다.

3 '고명사회'란 필자가 처음 제기한 개념어로서 종래 주로 무사를 중심으로 한 고명 추구 움직임이 중세 후기(특히 전국시대)에 이르러 일반 서민(백성)까지 확대된 사회를 지칭한다. 16세기 전국 다이묘 및 오다·도요토미 정권 등은 무사화한 일반 백성 등의 고명 추구를 장려하면서도 이전 시기와 달리 철저히 자신의 통제 아래 두려 했다. 필자는 이렇게 변모된 고명(또는 功名)을 '공의(公儀)의 고명'이란 개념으로 파악하려 한다. 박수철(2023), 「血統과 器量으로 본 16세기 일본 '高名사회'」, 『東洋史學研究』, 동양사학회, 164.

4 藤田達生(2012), 「御靈神社文書」, 『蒲生氏郷』, ミネルヴァ書房, 38 재인용.

5 그 시작이 언제인지 단정할 수는 없으나 오다 노부나가 이전부터 유사한 지향이 확인된다. 전국 다이묘 이마가와(今川)는 "출진할 때 (자기 부대에서 이탈해) 다른 부대에 합류해 (설령) 고명을 올렸더라도 법[法度]을 위반한 것으로서 큰 불충(不忠)이다. 영지[知行]를 몰수할 것이다. 만일 영지가 없으면 피관[被官人: 부하]에서 쫓아낸다. 통상의 군법이므로 적어둔다(「かな目録追加 第4條」, 『中世法制史料集』 3·武家家法Ⅰ, 岩波書店, 1965)라고, 개개인의 고명보다 다이묘의 법을 우선시하였다.

6 桑田忠親(2003, 첫 간행은 1944), 『武士の家訓』, 講談社, 279.

7 「南比郡佐村内池照光寺文書」, 『近江蒲生郡志』 3, 滋賀縣蒲生郡役所, 1922.

8 노부나가는 "얼마 전에 (교토) 성안(城内)의 쌀을 반출하여 금은으로 매매하셨다고 한다. 쇼군께서[公方様] 상행위라니 고금에 들어본 적이 없다."고 무사와 이익 추구의 상인을 대비시켰다. 「義昭宛異見書」, 『增訂織田信長文書の研究』 상·341호, 吉川弘文館, 1988.

9 「佐久間信盛定榮父子宛覺書寫」, 앞의 책 『增訂織田信長文書の研究』 하·894호.

10 와타나베 간베에 사토루(渡邊勘兵衛了)라는 자는 세키가하라 전투 시기 나라(奈良) 고오리야마(郡山) 성에서 훌륭히 지휘하였는데, 적이었던 도도 다카토라(藤堂高虎)가 그 모습에 반하여 2만 석으로 와타나베를 스카우트하였다. 와타나베는 오사카 전투 때 도도군의 선봉에 서서 조소카베 모리치카와 싸웠다. 형세가 불리하다고 판단한 도도 다카토라가 철수 명령을 내렸으나 와타나베는 이를 무시하고 추격하여 승리하였지만 입은 피해도 컸다. 이 때문에 다카토라와 불화가 심화되었고 와타나베는

다시 낭인이 되어 새로운 주인의 길을 찾아 나섰다. 자신의 능력에 의지하여 다이묘를 섬기는 무장의 전형적인 형태이다. 그런데 와타나베를 발탁한 도도 다카토라 역시 평생 일곱 번이나 주인을 바꾸었다고 한다. 高橋昌明(2018), 『武士の日本史』, 岩波書店, 170.

11 桑田忠親(2003), 앞의 책 106.

12 「早雲寺殿二十一箇條」, 앞의 책 『中世法制史料集』 3·武家家法Ⅰ.

13 「掟書之事」, 『近世武家思想』(日本思想大系 27), 岩波書店, 1974, 20-21.

14 高橋昌明(2018), 앞의 책 171-172.

15 『武訓』 상(井上哲次郎·有馬祐政編 『武士道叢書』 상, 博文館, 1905), 252-253. 다만 가이바라 에키켄(貝原益軒)은 이러한 일본 무도의 양태를 긍정한 것은 아니었다. "인의의 도를 버리고 문무의 법을 어기며 군신·붕우에 인륜을 속이고 남의 공명을 뺏어 나의 것으로 하고 이익을 얻는 것이 일본 무도"라면서 이는 "도적의 행위"라고 비판하는 입장이었다(같은 책, 254).

16 「極樂寺殿御消息」, 『中世政治社會思想』(日本思想大系 21), 岩波書店, 1972, 322-323.

17 남북조 이후 전통적 신불을 대신하여 천도(天道)의 개념이 널리 확산되었다. 천도에는 여전히 인과응보를 바탕으로 한 전통적 신불 관념이 남아 있지만 유·불·신(儒佛神) 관념이 합쳐져 보다 추상화된 개념으로 변모하였다. 박수철(2012), 「전국 및 오다 시대의 정치사상」, 『오다·도요토미 정권의 사사(寺社) 지배와 천황』, 서울대출판문화원; 박수철(2023), 「16세기 일본인의 자국 인식과 '무국(武國)'」, 『아시아를 상상하다: 닫힘과 열림』, 진인진 참조.

18 「賊中聞見錄」 『看羊錄』(奎章閣本).

19 구로다 간베에가 후손에게 남긴 유훈에는 "다른 곳의 이름 높은(名高き) 낭인이 있다 하더라도 많은 봉록[大祿]을 주고 초빙하는 일은 버려야 한다."고 고명을 맹종하는 사례를 경계하였다. 그러나 이는 외부인이 대상이며 내부적으로는 "군공(軍功)이 있는 자라면 신분[大身小身]에 관계없이 상록을 아끼지 말아야 한다."라고 군공 추구를 적극적으로 장려하였다. 「掟書之事」 『近世武家思想』(日本思想大系 27), 23. 가이바라 에키켄도 "일본 무사는 옛날부터 전쟁터에서 주군을 위해 싸우고 죽어 목숨을 아까워하지 않는 사람이 많다. 이 나라[國] 사람은 천성이 무용이 강하고 그래서 옛날부터 나라의 풍속에 이름(名)을 중시하는 바이다."라고 '이름 중시'를 일본의 특질로 파악하였다. 『武訓』 상, 앞의 책 『武士道叢書』 상, 258.

08 루이스 부뉴엘의 영화 속 욕망의 궤적

1 포르투갈 국경에 위치한 외딴 마을의 빈곤한 삶과 낙후성을 찍은 다큐멘터리 〈빵 없는 대지(Las Hurdes)〉(1933)조차도 무의식의 재현과 관계되어 있다. 이를테면 잠재된 남성적 공격성(닭들의 목을 따는 장면)을 드러내는 장면이 대표적이다.

2 Gwynne Edwards(2000), *The Discreet Art of Luis Buñuel: A Reading of His Films*, Marion Boyars.

3 프레디 뷔아쉬(1988), 『루이 브뉴엘의 영화세계』, 현대미학사, 68.

4 지그문트 프로이트(2010), 『성욕에 관한 세 편의 에세이』, 열린책들, 50.

5 루이스 부뉴엘(2003), *Mi último suspiro*, Barcelona: Debosillo, 239.

6 물론 이런 경향은 뒤섞이기도 하지만 주로 그렇게 표현된다. 그래서 가령 부뉴엘이 멕시코에서 만든, 부르주아들의 민낯을 신랄하게 조소한 「절멸의 천사(El angel exterminador)」(1962) 같은 작품에 대해서 그는 멕시코가 아닌 프랑스에서 찍지 않은 것을 후회한다고 말하였다.

7 콘치타를 연기한 두 여배우의 이미지가 너무 다르기 때문에─부케는 금발에 차가운 인상인 반면, 몰리나는 어두운 피부에 성적인 분위기를 풍긴다─사람이 욕망의 대상을 어떻게 보는가에 따라 시시각각 대상이 달라지는 것을 표현한다고 볼 수도 있다.

8 부뉴엘은 한 인터뷰에서 마티유의 욕망의 대상은 실패라고 하였는데 이것은 콘치타의 거부와 같은 말이다. 피터 윌리엄 에반스(1999), 「부뉴엘의 모호한 대상」, *Kino*, March, 205. 그는 콘치타와의 관계에서 그녀를 얻는 것에 실패할수록 더욱 그녀를 소유하려고 한다.

09 스탈린 시대 소련 공산당원의 욕망

1 Abbott Gleason(1997), *Totalitarianism: The Inner History of the Cold War*, New York: Oxford University Press.

2 Sheila Fitzpatrick & Michael Geyer eds.(2012), *Beyond Totalitarianism: Stalinism and Nazism Compared*, Cambridge: Cambridge University Press.

3 한편 전체주의론자들은 당원을 소련 사회의 특권 계층으로 분류하기도 하였다. 그들은 단순히 이름 없는 공권력 '집행자'를 넘어, 소련 사회가 보유한 각종 재물과 시설 이용에 특혜를 받는 집단이었다는 것이다. 이는 공산주의 이념이 내세우는 평등주의에 대한 흠집 내기 노력 중 하나로, 전체주의론자들의 반공 정서를 잘 보여준다. 당

원들은 경제적인 차원 외에도, 교육 기회나 문화 향유 등에서도 일종의 기득권을 가진 이들로 묘사되었다. 흥미로운 것은, 냉전 시대 서양의 일부 좌파 지식인들도 이와 같은 특권론에 동조하였다는 점이다. 어떤 이들은 소련 공산당원을 지배계급으로까지 격상시켜서 이론화하기도 하였다. 자칭 트로츠키주의자라 칭하였던 일부 영국의 좌파 운동가들은 소련을 자본주의 사회로, 당원을 그 주인공인 지배 계급으로 형상화하기도 하였다. 이런 주장에 대한 간략한 소개와 비판으로는 필자가 쓴 서평 참조. 노경덕(2012), 「토니 클리프(2011), 『소련은 과연 사회주의였는가?: 국가자본주의론의 분석』, 정성진 옮김, 책갈피」, 『서양사론』 제114호, 한국서양사학회, 403-406.

4   David Engerman(2009), *Know Your Enemy: The Rise and Fall of America's Soviet Experts*, Oxford: Oxford University Press.

5   Jerry Hough & Merle Fainsod(1979), *How the Soviet Union Is Governed*, Cambridge: Harvard University Press. 호프는 페인소드의 제자로 스승의 전체주의론 책 *How the Soviet Union Is Ruled*를 자기 방식으로 개정하는 방법으로 우회적으로 비판하였다. 이는 전체주의론에 대한 수정주의자들의 가장 직접적인 도전을 상징하였다.

6   Anna Krylova(2000), "The Tenacious Liberal Subject in Soviet Studies," *Kritika: Explorations in Russian and Eurasian History* 1, no. 1.

7   Олег В. Хархордин(2002), Обличать и лицемерить: генеалогия российской личности, Издательство ЕУСПб; Stephen Kotkin(1997), *Magnetic Mountain: Stalinism as a Civilization*, Berkeley: University of California Press.

8   Jochen Hellbeck(2006), *Revolution on My Mind: Writing a Diary under Stalin*, Cambridge: Harvard University Press.

9   Igal Halfin(2003), *Terror in My Soul: Communist Autobiographies on Trial*, Cambridge: Harvard University Press.

10 Sheila Fitzpatrick(1999), *Everyday Stalinism: Ordinary Life in Extraordinary Times*, Oxford: Oxford University Press.

11 Sheila Fitzpatrick(2000), "Introduction," in Sheila Fitzpatrick ed., *Stalinism: New Directions*, London: Routledge.

12 Edward Cohn(2015), *The High Title of a Communist: Postwar Party Discipline and the Values of the Soviet Regime*, Dekalb: Northern Illinois University Press.

13 Terry Martin(2000), "Modernization or Neo-traditionalism? Ascribed Nationality and Soviet Primordialism," in David L. Hoffmann and Yanni Kotsonis eds., *Russian Modernity: Politics, Knowledge, Practices*, London: MacMillan; Andrew Walder(1988), *Communist Neo-Traditionalism: Work and Authority in Chinese*

Industry, Berkeley: University of California Press.

10 서양 정치사상사에서 욕망을 바라보는 시각들

1 Horst Bredekamp(1973), "Renaissancekultur als 'Hölle': Savonarolas Verbren-
nungen der Eitelkeiten" in Martin Warnke ed., *Bildersturm. Die Zerstorung des
Kunstwerks*, Munich, 41-64.

2 Vincent L. Wimbush and Richard Valantasis eds.(1995), *Asceticism*, New York,
N.Y.; Richard Valantasis ed.(2008), *The Making of the Self: Ancient and Modern
Asceticism*, Eugene, Oregon.

3 Judith Alder(2006), "Cultivating Wilderness: Environmentalism and Legacies of
Early Christian Asceticism", *Comparative Studies in Society and History*, 48-1:
4-37; Robert H. Nelson(2014), "Calvinism Without God: American Environmen-
talism as Implicit Calvinism", *Implicit Religion*, 17-3: 249-73; Kate Soper, Martin
Ryle, and Lyn Thomas eds.(2009), *The Politics and Pleasures of Consuming
Differently*, London; Kate Soper(2020), *Post-Growth Living: For an Alternative
Hedonis*, New York.

4 Klaus Döring(1998), "Diogenes aus Sinope" in Hellmut Flashar ed. *Grundriss
der Geschichte der Philosophie. Die Philosophie der Antike*, Vol. 2/1, Basel, 280-
295.

5 J. Beere(2010), "Philosophy, Virtue, and Immortality in Plato's Phaedo", *Boston
Area Colloquium in Ancient Philosophy*, 34: 5-32.; David Ebrey(2017), "The As-
ceticism of the Phaedo: Pleasure, Purification, and the Soul's Proper Activity",
Archiv fur Geschichte der Philosophie, 99-1: 130.

6 Platon, *Phaidon*, 79e-80a.(*Samtliche Werke*, ed, Ursula Wolf, 4 Vols., Hamburg,
1994.)

7 앞의 책 82c.

8 앞의 책 84a-b.

9 Daniel C. Russell(2005), *Plato on Pleasure and the Good Life*, Oxford; Adelle
Spitzer(1976), "Immortality and Virtue in the Phaedo: A Non-ascetic Interpre-
tation", *Personalist*, 57: 113-25.; F. C. White(2006), "Socrates, Philosophers and
Death: Two Contrasting Arguments in Plato's Phaedo", *The Classical Quarterly*,

56, 445-58.

10 Daniele Iozzia(2015), *Aesthetic Themes in Pagan and Christian Neoplatonism. From Plotinus to Gregory of Nyssa*, London.

11 Platon, *Politeia*, 416c-421c.(*Samtliche Werke*, ed, Ursula Wolf, 4 Vols., Hamburg, 1994.)

12 Aristoteles, *Nikomachische Ethik*, trans. and comment. Olof Gigon, 3. ed, Munich, 1998, 1176a 10ff.

13 Aristoteles, *Politik*, trans. Franz Susemihl, ed. Ursula Wolf, Hamburg, 1994, 1262b36-1266a29.

14 앞의 책, 1261a10-1262b35.

15 Cicero, *De Officiis*, Latin-German, trans. and comment. Heinz Gunermann, Ditzingen, 1992, 1. 106.

16 Platon, *Critias*, 120-121.(*Samtliche Werke*, ed. Ursula Wolf, 4 Vols., Hamburg, 1994.)

17 Tacitus, *The Histories*, 2. 38.(*The Histories* (=*Historiae*), ed. D. Levine and trans. W. Fyfe, Oxford, 1999.)

18 Augustine, *De civitate dei*, eds. Bernhard Dombart and Alfons Kalb, 2 vols., in *Corpus Christianorum Series Latina*, vol 32 (Brepols: Turnhout, 1962), vol. 1, 4.4.

19 Einhard, *Vita Karoli Magni*, Latin-German, trans. and comment. Evelyn Scherabon Firchow, Ditzingen, 1986, Chapter 24.

20 Bee Yun(2017), "Ptolemy of Lucca's Distrust in Politics and the Medieval Discourse on Government" in Laszlo Kontler and Mark Somos eds., *Trust and Happiness in the History of European Political Thought*, Leiden, 36-37.

21 Bee Yun(2008), "Ptolemy of Lucca A Pioneer of Civic Republicanism? A Reassessment", *History of Political Thought*, 29-3: 421-22.

22 Niccolò Machiavelli, *Tutte le Opere storiche, politiche e letterarie*, ed. Alessandro Capata, Rome, 1998, 1.1

23 Bee Yun(2020), "A Long and Winding Road to Reforming the Corrupt Republic. Niccolò Machiavelli's Idea of One-Man Reformer and His View of the Medici", *History of Political Thought*, 41-4: 417-39.; Bee Yun(2021a), *Wege zu Machiavelli. Die Rückkehr des Politischen im Spätmittelalter*, Cologne, 209-11.

24 Bee Yun(2021b), "Das Komische, das Moralische und das Politische. Der Pfaffe Amis in der Gedankenwelt der Stauferzeit", *Archiv für Kulturgeschichte*, 103-2:

349.

25 Franziscus von Assisi, *Epistola ad fideles* (*Recensio posterior*), in: *Fontes Franciscani*, ed. Enrico Menesto et al., Assisi, 1995, 83: "Non debemus secundum carnem esse sapientes et prudentes, sed magis debemus esse simplices, humiles et puri."

26 Peter J. A. Jones(2018), "Humility & Humiliation: The Transformation of Franciscan Humour, *C.* 1210-1310", *Cultural and Social History*, 15-2: 160-61.

27 Yun(2021b), 347-49.

28 앞의 책(2021b), 346-47.

29 Bernhard Clairvaux, S. *Bernardi Opera*, ed. J. Leclercq and H. M. Rochais, 8 Vols., Rome, 1957-77. Vol. 3, 106: "Ceterum in claustris, coram legentibus fratribus, quid facit illa ridicula monstruositas, mira quaedam deformis formositas ac formosa deformitas? Quid ibi immundae simiae? Quid feri leones? Quid monstruosi centauri? Quid semihomines? Quid maculosae tigrides? Quid milites pug- nantes? Quid venatores tubicinantes? Videas sub uno capite multa corpora, et rursus in uno corpore capita multa. Cernitur hinc in quadrupede cauda serpentis, illinc in pisce caput quadrupedis. Ibi bestia praefert equum, capram trahens retro dimidiam; hic cornu- tum animal equum gestat posterius. Tam multa denique, tamque mira diversarum formarum apparet ubique varietas, ut magis legere libeat in marmoribus, quam in codicibus, totumque diem occupare singula ista mirando, quam in lege Dei meditando. Proh Deo! si non pudet ineptiarum, cur vel non piget expensarum?"

30 Conrad Celtis(2000), *Norimberga*, German trans. G. Fink, Nuremberg, 2000, 36-40.

31 Algernon Sidney(1996), *Discourses concerning Government*, ed. T. G. West, Carmel, 254-55.

32 Edward Gibbon(1994), *The History of the Decline and Fall of the Roman Empire*, ed. D. Womersley, London, 273.

33 Bruce Mazlish(1976), *The Revolutionary Ascetic: Evolution of a Political Type*, New York.

11 플라톤과 욕망의 다면성

1   화이트헤드의 이야기는 다소 과장되게 해석된 채로 유통되고 있는 듯하다. 그가 한 이야기의 원문은 "유럽 철학 전통에 대한 가장 안전한 일반화는 그것이 플라톤에 대한 일련의 주석으로 이루어져 있다는 것이다."이다.("The safest general characterization of the European philosophical tradition is that it consists of a series of footnotes to Plato.", *Process and Reality*, 1978년 The Free Press 판 기준으로 39쪽, 1929년 맥밀란 판에서는 63쪽).

2   불레시스(boulēsis)와 에피튀미아(epithumia)의 구별은 소피스트인 프로디코스로부터 유래한 것으로 보이며, 플라톤은 프로디코스의 이 구별을 알고 있었다(『프로타고라스』340b, 『카르미데스』167e). 또한, 플라톤이 죽고 나서 초기 아카데미에서 정리된 것으로 보이는 용어집에도 양자는 구별되어 등재되어 있다. 사실, 플라톤 연구자 중에는 플라톤도 아리스토텔레스와 마찬가지로 불레시스와 에피튀미아를 구별하였다고 주장하는 이들도 있다. 하지만 플라톤이 이 구별을 알고 있었고 그의 제자들인 아리스토텔레스와 초기 아카데미의 구성원들이 이 구별을 활용하였음에도 불구하고, 플라톤이 에피튀미아를 본격적으로 논의하는 맥락들(대표적으로 『국가』의 영혼 삼분설 논의)에서 그는 불레시스를 따로 구분해서 논의하지 않는다. 이러한 사실은 그가 불레시스와 에피튀미아를 아리스토텔레스와 같은 방식으로 구별하지 않았다는 결정적인 증거라고 하겠다.

3   cf. 『프로타고라스』358b-c.

4   또 다른 가능성은 그 일의 성사를 좋은 일이라고 생각하는 것은 맞지만, 그것이 사실은 자신과 무관한 종류의 좋음이라고 (자신도 모르게) 생각하는 것이다. 이런 종류의 좋음에 대한 생각은 지금 우리의 논의에서 논외로 하기로 하였으나, 이 경우도 결국 자신에 대한 일종의 립서비스일 가능성이 있다.

5   『고르기아스』466e.

6   이것이 데카르트의 "나는 생각한다. 고로 존재한다."와 (플라톤적인) 소크라테스의 "너 자신을 알라." 사이의 가장 큰 차이라고 할 수 있다. 데카르트는 "나는 생각한다. 고로 존재한다."로부터 외부 세계와 달리 내 정신의 상태에 대해서는 내가 분명한 인식을 가지고 있음을 이끌어 내는데, 소크라테스의 "너 자신을 알라."라는 명령이 의미를 가질 수 있는 가장 기초적인 조건은 내가 나 자신의 영혼의 상태에 대해서 무지할 수 있다는 것이다.

7   플라톤의 초기 대화편들에서 소크라테스가 하는 이야기들은 종종 역사적인 소크라테스의 이야기로 간주되며, 아크라시아의 불가능성 주장은 흔히 '소크라테스적 역

설'이라고 불린다.

8 더 정확하게 이야기하자면, 좋음에 대한 생각과 욕망이 동전의 양면이라고 해야 하겠다. 뒤에서 이야기하겠지만, 중기 이후의 플라톤에서는 영혼의 부분에 대한 논의가 등장하면서 좋음에 대한 생각의 주체를 단순히 '이성'이라고 부를 수 없게 된다.

9 20세기 중반까지는 이것이 오히려 표준적인 해석이었다고 할 수 있으며, 21세기에 들어와서 이와 반대되는 해석을 제시하는 연구자들이 많이 생겼지만, 아직도 이런 식으로 해석하는 플라톤 연구자들이 있다.

10 『국가』 438a.

11 물론, 식욕이 무슨 생각을 한다는 이야기는 이상한 이야기이다. 식욕을 갖는 부분인 욕망 부분이 그런 생각을 한다고 이야기해야 할 것이다. 더 나아가, 욕망 부분에 부여할 수 있는 인지적 능력이 기껏해야 지각 정도라고 한다면, 식욕을 가질 때 욕망 부분은 먹을 것을 (좋은 것으로 인지한다기보다) 좋은 것으로 지각한다는 식으로 이야기하는 것이 더 정확한 이야기이겠다.

12 '이성 부분'이라고 번역되는 그리스어 'to logistikon'은 '계산 능력을 가진 것' 정도의 의미이다.

13 지금의 이야기는 기개 부분과 욕망 부분의 가장 기본적인 반응 방식을 거칠게 묘사한 것이다. 당연하게도, 욕망 부분이 어떤 것을(예컨대, 추위를) 즉각적으로 거부할 수 있고 기개 부분이 어떤 것을(예컨대, 승리를) 즉각적으로 추구할 수도 있다.

14 간단히 말해서, 플라톤의 이상적인 통치자는 자연에 구현되어 있는 좋음을 파악하고 그에 따라 인간 세상에 좋음을 구현하는 자이다.

15 아리스토텔레스는 여러 저작에서 이러한 구별을 하는데, 대표적으로 『영혼론』 432b3-7, 『에우데모스 윤리학』 1223a26-27, 1225b22-37 등을 보라.

16 욕구를 갖지 않는 이성 부분과 욕구를 갖는 욕구 부분의 구별은 통념과 달리 플라톤에는 적용되지 않고, 오히려 아리스토텔레스에게 적용된다고 할 수 있다. 아리스토텔레스는 영혼이 영양 능력, 감각 능력, 욕구와 운동 능력, 사유 능력 등을 갖는다고 생각하며(『영혼론』 414a31-b19 등), 이런 식의 능력 구분이 아리스토텔레스에서의 영혼의 부분 구별에 상응한다. 아리스토텔레스에서 소망, 기개, 욕망은 모두 욕구 능력의 발현이며, 사유 능력의 발현과 엄밀하게 구분된다.

17 『국가』 558d-559a.

18 『국가』 571a-d.

19 『메노이케우스에게 보내는 편지』 127.

20 『핵심교설』 26.

21 『핵심교설』 30.

22 이런 점에서 보면, 에피쿠로스보다 플라톤에서 욕망이 더 다면적이라고 할 수 있을 것으로 보인다.

23 『국가』 571c-d. 아무것이나 먹는 행위가 여기에 포함된 것이 좀 의아할 수도 있는데, 등장한 예들의 비극 신화적 배경을 고려하면 여기에 인육이 포함되었으리라고 생각해 볼 수 있겠다. 그리고 꿈속의 욕망으로 제시된 첫 번째 것이 어머니와의 성관계임을 고려하면, 프로이트가 여기에서 큰 영향을 받았으리라고 짐작할 수 있다.

24 『국가』 572b.

25 『국가』 572e-576b, 특히 574e-575a.

26 『향연』 180d-181b. 세 번째 연설자인 에뤽시마코스도 두 종류의 에로스에 관해 이야기하는데, 그는 에로스를 욕망의 차원을 넘어 우주적인 힘의 차원으로 확장해서 논의한다(186a-188d).

27 『파이드로스』 231a-233b, 238e-241d.

28 『파이드로스』 244a-257b.

29 『국가』 485b, 490b, 499c. 특히 490b에서 철학자가 있는 것들 자체, 즉 이데아들에 대해 에로스를 갖는다고 이야기될 때의 에로스는 다분히 성적인 뉘앙스를 갖는다. 여기에서 (등장인물) 소크라테스는 진정으로 배움을 사랑하는 자는 영혼의 이성 부분이 진정으로 있는 것에 가까이 가서 그것과 결합하여 지성과 진리를 낳을 때까지 에로스를 멈추지 않는다고 이야기한다.

30 『국가』 485d.

31 『국가』의 논의는 질서 잡힌 영혼들에 초점을 맞추고 있으므로, 영혼의 질서를 완벽하게 결여한 참주를 논의할 때를 제외하고는 『국가』에 에로스에 대한 논의가 중요하게 등장하지 않는다. 욕망의 수로 모델이 『국가』에 등장하는 것이지만, 이 모델의 중요성과 함축을 오히려 『국가』에서 충분히 찾을 수 없는 이유도 마찬가지라고 볼 수 있다.

32 『파이드로스』 249d-257d.

33 『국가』 485a-e.

34 『국가』 572e-576b.

35 '이성 부분의 욕망'이 아니라 '이성 부분과 관련된 욕망'이라고 이야기한 이유는 인간의 욕망이 모두 영혼의 특정 부분의 욕망으로 규정될 수 없기 때문이다. 영혼의 세 부분은, 앞에서 이야기하였듯이, 환원되지 않는 욕망의 세 원천이며, (각 부분에 전형적인 욕망들이 있으나) 이들의 상호 작용을 통해서 다양한 새로운 욕망들이 산출될 수 있다. 영혼의 부분들 사이의 상호 작용은 매우 복잡한 양상을 띨 수도 있지만, 간단한 예를 들자면 돈에 대한 욕망은 영혼의 세 부분 모두가 관여하는 욕망일 수 있

다. 이성 부분은 돈이 많이 있으면 이러저러한 좋은 것들을 얻을 수 있다는 판단으로 이것을 욕망하고, 기개 부분은 돈이 많은 것이 칭송받을 일로 보여서 이것을 욕망하고, 욕망 부분은 돈이 단순히 좋아 보여서 이것을 욕망할 수 있는 것이다. 재물욕이 이성 부분과 관련한 욕망이라면, 이성 부분이 현재 정도의 재산으로 충분하다는 판단을 내린다면 재물욕이 어느 정도는 자연스럽게 약화될 수 있을 것이다.

36 『국가』에 이와 관련된 사례들에 대한 언급이 전혀 없는 것은 아니다. 신체적 조건이나 주변 환경이 어떤 종류의 욕망들을 추구하기 어렵게 만드는 경우(329b-d, 496b-c)나 신의 가호(368a, 496c) 같은 것이 그러한 사례라고 할 수 있다. 하지만 이런 사례들은 매우 특수한 사례들이기에 이로부터 일반적인 설명을 도출하기는 어렵다.

37 『국가』에서도 교육의 핵심은 이성이 발달하기 전인 어렸을 때부터 아름다운 것들을 접할 수 있는 환경을 만들어 주는 것이다. 이성은 아름다움의 지각에 관여한다기보다 나중에 아름다운 것이 왜 아름다운지를 파악하는 과정에 관여한다고 하겠다. 『국가』 401b-402a, cf. 538c-e.

38 『향연』 210a-211b.

12 푸코 철학의 실용성

1 푸코의 마르크시즘적 권력관에 대한 거부는 그것의 이론적 무능함을 체감하게 된 계기인 푸코의 68혁명 경험과도 밀접한 연관을 맺고 있다. 역사적 발전 사관이나 국가 중심의 권력이 아닌, 계급보다 앞선 각자의 차이와 그 가치를 추동하는 신체에 대한 이슈들이 68혁명 이후 당대의 가장 뜨거운 정치적인 문제로 부상하였기 때문이다. 이들의 중요한 투쟁의 목표는 권력의 획득(혹은 해방)이 아니었을 뿐 아니라 기존의 권력에 대한 틀로는 포착하기 어려운 것이었다. 적어도 정부, 군대처럼 굳건한 듯 보이지만 특정한 기관, 조직, 제도의 부분적 효과에 불과한 권력에 대한 이해를 멈추어야만 비로소 권력의 구체적 작동에 주목할 수 있는 주제들이었다는 점이다. 이는 지금까지 정치의 영역에 해당한다고 여겨져 왔던 민족적, 종교적 투쟁이나 경제적 착취에 대한 거시적 수준의 정치적 저항의 범주를 탈자연화하였다. 그리고 한걸음 더 나아가 인간이 특정한 방식의 주체로서 평가하고 이해하도록 인도하는 각종 권력의 기술들과 장치들의 예속적 효과들을 거부하게 함으로써 '정치적인 것'의 외연의 확장에 기여하였다.

2 M. Foucault(1976), *The History of Sexuality Vol.I*: Will to Know.(Trans., Robert Hurley, New York: Vantage Books, 1978) 139.

3 M. Foucault(1982), "The Subject and Power", *Michel Foucault: Beyond Structuralism and Hermeneutics.* 208(이하 SP로 칭함).

4 M. Foucault(2007), *Security, Territory, Population: Lectures at the Collège de France 1977-1978*, 11.

5 SP, 220.

6 이때 '통치라는 보다 포괄적인 방식으로 이해된 행위에 대한 작용의 작용', 혹은 관계를 형성함으로써 작동하는 권력의 효과들은 근대 국가 체제 안에서 새롭게 탄생한 연구의 대상을 통해 개인에게 개인적으로 동시에 전체적으로 작동한다. 또한 개인적, 전체적 차원의 작동은 상호 분리될 수 없으나 본 글에서는 인구의 안전에 관한 전체적 차원이 아닌 개인적 차원의 자기 통치의 논의로만 한정할 것이다.

7 M. Foucault(1984), *The History of SexualityII: The Use of Pleasure*, 25-26(이하 UP로 칭함).

8 UP, 88-89.

9 M.Foucault(2005), *The Hermeneutics of The Subject: Lectures at the Collège de France 1981-1982.* (Trans. Graham Burchell, New York: Macmillan. 『주체의 해석학』 심세광 옮김, 동문선, 2007, 53-55).

10 『주체의 해석학』 61-63.

11 UP, 23-24.

12 칸트는 1784년 논문 『계몽이란 무엇인가』에서 "계몽이란 우리가 마땅히 스스로 책임져야 할 미성년의 상태로부터 벗어나는 일이다. 미성년 상태란 다른 사람의 지도 없이는 신의 지성을 사용할 수 없는 상태이다. 이 미성년 상태의 책임을 마땅히 스스로 져야 하는 것은 이 미성년의 원인이 지성의 결핍에 있는 것이 아니라 다른 사람의 지도 없이도 지성을 사용할 수 있는 결단과 용기의 결핍에 있을 경우이다. 그러므로 과감히 알려고 하라, 너 자신의 용기를 가져라 하는 것이 계몽의 표어이다."라고 말하고 있다. 푸코는 칸트가 계몽에 대해 성찰하면서 형식화한 현재와 우리 자신에 대한 비판적 태도야말로 현대 철학이 던지는 질문에 답변하려는 자신의 시도와 동일한 출발점이라는 것을 주장하고 있다. M. Foucault(1984), "What is Enlightenment?" *Michel Foucault: Ethics, Subjectivity and Truth*, Edited by Paul Rabinow, New York: The New Press, 1997, 304-305.

13 "칸트의 성찰은 지난 2세기 동안 중요시되고 효과를 발휘해 온 철학함의 한 방식이다. 우리 자신에 대한 비판적 존재론은 이론이나 교리 또는 축적되고 있는 앎의 영원한 총체로 간주되어서는 안된다. 그것은 현재의 우리 모습에 대한 비판이 우리에게 부과되어 있는 한계들을 역사적으로 분석하는 동시에 그러한 한계들을 넘어서 갈 수

있는 가능성을 실험하는 태도, 에토스, 철학적 삶으로 인식되어야만 한다."(앞의 책 319).

13 공맹이 사유한 리더의 공적 욕망과 사적 욕망

1 정상봉·황갑연·전병술·안재호(2003), 「중국 유가 철학에 있어서의 이성과 욕망의 관계 연구」, 『시대와 철학』, 한국철학사상연구회, 503.

2 황갑연(2002), 「중국 유가 철학에 있어서의 이성과 욕망의 관계」, 『중국학보』 제45집, 한국중국학회, 405-409.

3 공맹 사상을 리더의 덕목과 연결해서 설명하는 것은 이강재(2023)의 『논어처럼 이끌어라』(21세기북스).

4 楊伯峻의 『論語譯注』(1980년 제2판의 1992년 11차 인쇄 판본 기준, 北京 中華書局)에 포함된 「論語詞典」, 276 및 301.

5 楊伯峻의 『孟子譯注』(1960년 초판의 1992년 11차 인쇄 판본 기준, 北京 中華書局)에 포함된 「孟子詞典」, 425.

6 전병욱(2010), 「인과 서: 욕망의 호혜적 공감 능력」, 『철학연구』 제41집, 고려대학교 철학연구소, 29.

7 張佳佳(2006), 「『孟子節文』事件 本末 考辨」, 『중국문화연구』 秋之卷.

찾아보기

교 인제니움 학부대학 교수. 뉴욕주립대학교에서 푸코의 후기 사상의
]학적 함의 연구로 박사학위를 받았다. 주요 논문으로는 「푸코와 68
]이 아닌 경험, 신화가 아닌 비판으로서의 혁명」과 「푸코(Foucault)
]' 방식으로 스마트시티를 사유하기」가 있고 지은 책으로는 『현대철
(공저), 『푸코와 철학자들』(공저) 등이 있다. 최근의 연구 주제로는
디지털 문명에서의 개인과 공동체의 규범성으로 연구 영역을 확장
] 주요 활동으로 인문교양교육 전반에 대한 기획과 평가 활동에 참
].

역사학부 교수. 16세기 일본의 국가 체제 및 사회 변동을 시야에
오다 노부나가와 도요토미 히데요시 시기 무사 권력과 종교(천
구하고 있다. 일본 교토대학에서 해당 주제로 박사학위를 받았으
] 교수를 지냈다. 지은 책으로 『오다·도요토미 정권의 사사(寺社)
『오다 노부나가와 도요토미 히데요시는 어떤 인물인가』(편역),
]사』(공저) 등이 있고 그 밖에 다수의 논문이 있다.

문학연구원 HK교수. 서양고전문헌학을 연구한다. 독일 괴팅엔
] 2세기의 수사학자인 알렉산드로스 누메니우가 지은 『단어 문
론』에 대한 비판 정본으로 박사학위를 받았다. 지은 책으로는
]길』과 『라틴어 중용』 비판 정본 등이 있고, 옮긴 책으로는 『키
]등이 있다.

저자 소개

가나다 순

강성훈

서울대학교 철학과 교수. 서양 고대의 존재론, 영혼론 등에 관심을 가지고 연구하고 있다. 프린스턴대학교에서 플라톤의 초기 사상과 중기 사상의 연속성과 불연속성을 다룬 연구로 박사학위를 받았다. 플라톤의 『프로타고라스』와 『에우튀프론』을 번역했으며, 주요 논문으로 「플라톤에서 자기서술을 어떻게 이해할 것인가?」, 「플라톤의 『국가』에서 정의와 강제」, 「플라톤은 심신이원론자였는가?」, 「아리스토텔레스는 계사와 존재사를 구별했는가?: 『명제론』 11장을 중심으로」, 「고대 그리스어 'einai'에 해당하는 한국어는?: 비정언적 존재개념으로서의 '있음'과 'einai'」 등이 있다.

고태우

서울대학교 역사학부(대학원 국사학과) 교수. 한국 근대 사회사, 20세기 한국 생태환경사를 연구하며, 인간과 비인간이 지구에서 잘 공존할 수 있는 세상을 꿈꾸고 있다. 연세대학교에서 한국 근대사 연구로 박사학위를 받았으며, 조선대학교 HK연구교수를 지냈다. 지은 책으로 『기후와 인간, 그리고 재난: 생태환경사의 관점』(공저), 『새로 쓴 한국사특강』(공저) 등이 있고, 주요 논문으로 「공해의 민중사: 1970년대 한국의 공해재난과 반(反)공해운동」, 「대가속의 어두움: 20세기 한국의 역사는 발전의 역사인가?」 등이 있다.

김월회

서울대학교 중어중문학과 교수. 고대 중국○으로 재구성하는 연구를 수행하고 있으며양교육과 인문교육에 대한 연구도 병행하우는 나를 지키며 사는 법』, 『깊음에서 비『춘추좌전: 중국문화의 원형이 담긴 타'논어』 등이 있으며, 『인문정신이란 무엇엇이 좋은 삶인가: 동서양 고전에서 찾를 읽다』 등을 공동 저술하였다.

김정하

서울대학교 영어영문학과 교수. 트계문학을 연구하고 가르친다. 미크sylvania)에서 미국 소수문학과 트으로 『The Limits of Cosmopolito의 『저항의 인문학』이 있다. 주의 디아스포라 로맨스」, "돈 드펜데믹과 아시아라는 스타일," Endless Labor in Jane Jeong Ethics of the Gift in Aimee F

노경덕

서울대학교 역사학부 교수다. 미국 시카고 대학 사초교육학부, 이화여자대Economic Advisors: ThPolicy』, 『사료로 읽는 ㅅPlans」, 「스탈린 외교를

도승연

광운대학윤리와 ㄷ혁명: 사의 '문제호학매뉴얼,패션 철학하고 있으여하고 있ㄷ

박수철

서울대학교두면서, 주로황) 관계를 안며 전남대학ㅍ지배와 천황』『아틀라스 일

안재원

서울대학교 인ㅁ대학교에서 서기채론과 의미문ㅊ『원천으로 가는케로의 수사학」

윤비

성균관대학교 정치외교학과 교수. 독일 훔볼트 대학교에서 서양중세 및 르네상스 정치사상을 연구하였으며 마키아벨리에 대한 논문으로 박사학위를 받았다. 같은 대학 정치학과에서 서양 고중세 및 르네상스 정치철학을, 역사학과에서 서양중세정치사상사를 강의하였고 독일 에를랑겐 대학교 국제 인문학 컨소시움, 파리 고등사회과학원, 베를린 고등연구원 등 다수의 기관에서 펠로우로 초청받아 연구하였다. 저서로는 『*Wege zu Machiavelli: Die Rückkehr des Politischen im Spätmittelalter*』(Ways to Machiavelli. The Return of the Political in the Later Middle Ages)가 있으며, 최근 논문으로는 「Was the Peloponnesian War Inevitable? Athens' Campaign to Egypt (460-454 BCE) and the Evolution of its Grand Strategy」, 「Das Komische, das Moralische und das Politische. Der Pfaffe Amis in der Gedankenwelt der Stauferzeit」 등이 있다.

이강재

서울대학교 중어중문학과 교수. 유가 문헌의 해석 방법에 대해 주로 연구한다. 중국의 고대 언어와 문헌을 전공하였고, 서울대학교에서 「『논어』 상십편의 해석에 대한 연구」로 박사학위를 받았다. 서울대학교 인문학연구원 원장과 한국연구재단 인문사회연구본부장, 한국경학학회 회장을 지냈다. 지은 책으로 『고려본 논어집해의 재구성』, 『논어처럼 이끌어라』 등이 있다. 옮긴 책으로 『고대중국어 어휘의미론』, 『고대중국어』(공역), 『고대중국어 어법론』(공역) 등이 있다.

임호준

서울대학교 서어서문학과 교수. 스페인을 중심으로 스페인어권의 문학과 영화를 연구하며, 이 지역의 다양한 분야에 관심을 갖고 있다. 스페인 마드리드 대학에서 스페인 현대연극 연구로 박사학위를 받았으며, 한국예술종합학교 영상원에서 영상이론 전문사를 받았고 연구교수로 재직했다. 지은 책으로『시네마 슬픈 대륙을 품다: 세계화 시대 라틴아메리카 영화』,『스페인 영화: 작가주의 전통과 국가정체성의 재현』,『즐거운 식인: 서구의 야만 신화에 대한 라틴아메리카의 유쾌한 응수』,『한국인의 눈으로 본 스페인』 등이 있고, 옮긴 책으로 『백년 동안의 고독』,『현대 스페인 희곡선』,『마쿠나이마』 등이 있으며, 한국어와 스페인어로 게재한 다수의 논문과 북챕터가 있다.

장진성

서울대학교 고고미술사학과 교수. 한국 및 중국 회화사를 연구한다. 서울대학교 고고미술사학과를 졸업하고, 미국 컬럼비아대학교에서 석사학위, 예일대학교에서 박사학위를 받았다. 지은 책으로『단원 김홍도: 대중적 오해와 역사적 진실』,『Landscapes Clear and Radiant: The Art of Wang Hui(1632-1717)』(공저) 등이 있다. 옮긴 책으로『화가의 일상: 전통시대 중국의 예술가들은 어떻게 생활하고 작업했는가』가 있다.

정길수

서울대학교 국어국문학과 교수. 한국 고전소설을 공부해 왔고, 동아시아 소설 비교 연구, 신소설 연구로 공부 영역을 넓혀 가려 한다. 서울대학교에서 한국 고전장편소설의 형성 과정 연구로 박사학위를 받았으며, 조선대학교 교수를 지냈다. 저서로『구운몽 다시 읽기』,『17세기 한국소설사』 등이 있고, 역서로 『구운몽』,『선가귀감』 등이 있으며, 주요 논문으로「전쟁, 영웅, 이념」,「춘향전 인간학」,「「남원고사」, 혹은 '경계인'의「춘향전」」 등이 있다.